中国古典哲学名著研读书系

学术顾问　陈　来　　总主编　孙熙国　张加才

兼爱天下的情怀

《墨　子》

林存光　化　涛　◎著

中国出版集团
研究出版社

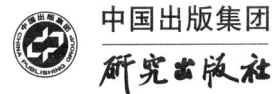

图书在版编目(CIP)数据

兼爱天下的情怀：《墨子》/ 林存光, 化涛著. --
北京：研究出版社, 2022.4
　ISBN 978-7-5199-1168-3

Ⅰ.①兼… Ⅱ.①林…②化… Ⅲ.①墨家②《墨子》
－研究 Ⅳ.①B224.5

中国版本图书馆CIP数据核字(2022)第009216号

出 品 人：赵卜慧
出版统筹：张高里　丁　波
责任编辑：安玉霞

兼爱天下的情怀：《墨子》

JIAN AI TIANXIA DE QINGHUAI：MOZI

林存光　化涛　著

研究出版社 出版发行

（100006　北京市东城区灯市口大街100号华腾商务楼）
北京中科印刷有限公司印刷　新华书店经销
2022年4月第1版　2022年4月第1次印刷
开本：710毫米×1000毫米　1/16　印张：27.25
字数：312千字
ISBN 978-7-5199-1168-3　定价：69.00元
电话（010）64217619　64217612（发行部）

版权所有·侵权必究
凡购买本社图书，如有印制质量问题，我社负责调换。

中国古典哲学名著研读书系
编委会名单

学术顾问： 陈　来

总 主 编： 孙熙国　张加才

编　　委（以姓氏笔画为序）：

　　　　　　王英杰　化　涛　白　奚　朱　岚　刘成有

　　　　　　李　琳　李良田　李道湘　肖　雁　宋立卿

　　　　　　张旭平　张艳清　林存光　董　艺

总序

著名哲学家、哲学史家
清华大学国学研究院院长

中华优秀传统文化是中华民族的"根"和"魂",是中华民族的精神命脉,是涵养社会主义核心价值观的重要源泉,也是我们在世界文化激荡中站稳脚跟的坚实根基。在这一意义上说,丢弃了中华优秀传统文化就等于割断了我们的精神命脉。党的十八大以来,习近平总书记多次强调中华优秀传统文化之于中华民族的重要意义,强调中华优秀传统文化积淀着中华民族最深沉的精神追求,包含着中华民族根本的精神基因,代表着中华民族独特的精神标识。

"文以载道,文以化人。当代中国是历史中国的延续和发展,当代中国思想文化也是中国传统思想文化的传承和升华,要认识今天的中国、今天的中国人,就要深入了解中国的文化血脉,准确把握滋养中国人的文化土壤。"这是2014年9月24日习近平总书记在纪念孔子诞辰2565周年国际学术研讨会暨国际儒学联合会第五届会员大会开幕会上的讲话中提出的一个重要论断。千百年来,中华优秀传统文化已深深地植根在中国人的内心和血液之中,潜移默化地影响着中国人的思想方式和行为方式。因此,要了解中国,做一个真正意义上的中国人，必须学习中华优秀传统文化，明白我们从哪里来，将来要到哪里去。

学习中华优秀传统文化，最有效的方式就是读中华文化经典，学中华文化原文，悟中华文化原理。但是，中华文化典籍浩如烟海，究竟应该读哪些典籍，从哪些典籍入手学习中华优秀传统文化呢？德国哲学家雅斯贝尔斯在《历史的起源与目标》一书中提出，公元前800年至公元前200年是人类文明的"轴心时代"，是人类文明精神的重大突破时期。这一时期产生于古代希腊、古代中国、古代印度等国的伟大思想家的著述和思想塑造了人类文化的不同传统，直到今天还影响着人类的生活和实践。因此，本丛书选取了中华文明"轴心时代"具有重要代表意义的典籍《易经》《老子》《论语》《孙子兵法》《墨子》《大学·中庸》《孟子》《庄子》《荀子》《韩非子》，请相关专家进行注释、梳理和阐释，最后形成了《中华文化的源头：〈易经〉》《道法自然的境界：〈老子〉》《儒家思想的奠基：〈论语〉》《兵家圣典的智慧：〈孙子兵法〉》《兼爱天下的情怀：〈墨子〉》《止于至善的诠释：〈大学·中庸〉》《内圣外王的追寻：〈孟子〉》《天地精神的融通：〈庄子〉》《礼法并举的方略：〈荀子〉》《经世治国的谋略：〈韩非子〉》等十项成果。

我理解，本套丛书所做的这一工作，不仅仅是让读者读懂和了解中国先秦时期的思想和文化，还希望读者在学习和阅读的过程中，领会中华优秀传统文化的主要内容和独特创造，思考中华优秀传统文化的价值理念和鲜明特色，把握中华文化的历史渊源、发展脉络、基本走向。正如恩格斯所说："在希腊哲学的多种多样的形式中，差不多可以找到以后各种观点的胚胎、萌芽。"中国也是一样。在中国先秦哲学的多种多样的形式中，差不多可以找到后来中

国哲学演变发展的各种观点的胚胎、萌芽。只有学习了解和把握了先秦哲学，才能进一步了解和把握汉唐以来的中国哲学乃至整个中华文化的演变和发展。

参加本套丛书撰写的作者都是中国哲学专业的博士、有多年教学和研究经验的专家学者。我在阅读他们的初稿时，感受到他们有强烈的社会责任感、民族自信心和文化自豪感。他们的工作力图达到两个目的，一是让读者通过阅读中国古典哲学名著学习中华优秀传统文化，了解中华优秀传统文化是我们这个古老民族的"根"和"魂"，二是力图用当代中国的生活和实践激活中国古典哲学名著中所蕴含的思想智慧与合理内容，实现中华优秀传统文化的创造性转化和创新性发展，从而服务于当代中国的文化建设和文化发展。

不忘本来才能开辟未来，善于继承才能更好创新。我愿意向各位读者郑重推荐本套丛书，并期待本套丛书能够为各位读者了解中华优秀传统文化，增强文化自觉和文化自信，坚定道路自信、理论自信、制度自信，发挥应有的作用。

2022 年 3 月于清华园

目 录

导　言 … 01

亲　士 … 001

修　身 … 009

所　染 … 015

法　仪 … 021

七　患 … 029

辞　过 … 039

三　辩 … 049

尚　贤 … 053

尚　同 … 083

兼　爱 … 117

非　攻 … 145

节　用 … 173

节　葬 … 187

天　志 … 207

明　鬼 … 237

非　乐 … 249

非　命	259
非　儒	281
大　取	295
小　取	313
耕　柱	323
贵　义	333
公　孟	347
鲁　问	365
公　输	385
附　言	389
参考书目	397
后　记	399

导言

公元前475年至公元前221年，是中国历史上的一个特殊时代——战国时期。

这是一个战争频繁、民不聊生的时代，也是一个思想活跃、哲人辈出的时代；这是一个动荡不安、充满危机与苦难的时代，也是一个革故鼎新、充满生机与活力的时代。

这一时代，社会政治领域正经历着前所未有的一场深刻转型的大变革，从而使它成为中国历史上的一大分水岭；这一时代，思想文化领域也正发生着震古烁今的一场诸子百家的大争鸣，从而使它成为中国历史上迄今仍然令人心向神往的一个"学无拘禁，思想自由"的"黄金时代"。

正是在这样一个时代，诸子百家异说蜂起，大放异彩。孔子之温良仁爱，老子之柔弱谦下，墨翟之侠风义行，孟轲之雄辩豪迈，庄周之逍遥放达，荀况之思想宏富，韩非之孤愤冷峻……无不散发出一种令人难以抗拒的无穷魅力和耀眼光彩，令世世代代的中国人"高山仰止，景行行止"！

在诸子百家中，有一位思想家，不仅开创了一个独具特色的学术思想流派，而且最富有宗教家的精神和情怀，并勇于以自己的理想仪法为世间的统治者立法，这位思想家就是——墨子。

墨子：一位胸怀大爱、苦行救世的哲人

墨子，名翟，鲁国人（一说宋国人），曾做过宋国的大夫。关于他的生卒之年，虽然有许多的说法（如有说他生活于公元前468年至前376年之间，有说他生活于公元前490年至前403年之间，还有说他生活于公元前475年至前390年之间，或公元前470年至前381年之间，或公元前480年至前390年之间），但我们只要记住一点就够了，那就是，他是一位主要活动于战国初年的思想家。

墨子出身社会下层，他的木匠技艺高超，与当时的能工巧匠公输般齐名。据说他曾制造过一只木鸟，可以高翔天空，三日不落。

墨子最初所学的虽然是"儒者之业""孔子之术"，但他特别不满于孔子和儒家的那种格外讲究繁文缛节和厚葬久丧的礼乐之教，从而走向儒家的对立面，对儒家展开了激烈的批评，并另创一个独立的学派与儒家相抗衡，这就是所谓的墨家学派。儒、墨争锋，两家的弟子徒属"充满天下"，并"皆以仁义之术教导于天下"（《吕氏春秋·有度》），故韩非将儒、墨称作战国之世的两大"显学"。

稍晚于墨子而早于孟子的另一位战国初期的思想家名叫杨朱，他极力倡导"为我""贵己"之说，与墨子"兼爱"之说恰好形成鲜明的对照。杨、墨并称，名满天下，故孟子不无夸张亦满怀嫉恨地愤然道："圣王不作，诸侯放恣，处士横议，杨朱、墨翟之言盈天下。天下之言不归杨，则归墨。杨氏为我，是无君也；墨氏兼爱，是无父也。无父无君，是禽兽也。"（《孟子·滕文公下》）

杨朱的"为我""贵己"之说极端重视个体生命的价值，在他看来，个体的生命既是最神圣不可侵犯的，也是最脆弱而易受到伤害的，故而

主张"拔一毛而利天下，不为也"（《孟子·尽心上》），或者是"不以天下大利易其胫一毛"（《韩非子·显学》）。杨朱不愿意从自己的身上拔下一根汗毛，即使这对整个天下是有利的，或者是可以用这一根汗毛来换取整个天下。他计较的不是这一根小小的汗毛，而是认为这有损于个体完整的生命价值。

最足以彰显杨朱"为我""贵己"之人生观和生命观意义的，应该说还是他自己那最富哲学意味的一"哭"。据《荀子·王霸》，"杨朱哭衢涂曰：'此夫过举蹞（kuǐ）步而觉跌千里者夫！'"。另据《淮南子·说林训》，"杨子见逵路而哭之，为其可以南可以北"。虽然整个故事仅仅是简单的一句话，却寓含着深刻的人生哲理，"衢涂""逵路"或"歧路"在其中扮演着关键性的象征作用，即人生道路充满着歧途。而人生道路的歧异性本身，就使得"选择"具有了高风险性，以致个体的生命因此而极易遭受到无法挽回的损伤，唯其如此，杨朱的哲人之"哭"才绝非脆弱的表现，别具一种振聋发聩的人生哲学意味。

《淮南子·说林训》的作者在杨朱的故事之后，接着讲的是"墨子见练丝而泣之，为其可以黄可以黑"的故事，《墨子·所染》也有关于墨子"见染丝者而叹"的类似故事的记载。不过，与杨朱哭"歧途"不同的是，墨子之所以见"练丝"或"染丝"而叹泣，是因为在他看来，人是易受他人或外在环境影响的，正所谓"近朱者赤，近墨者黑"，因此，墨子要人"慎所染"，唯"所染当"，即亲近有德而贤能的人并受其影响熏染，自己的行为才能得当合理，并因此而能够成就功名事业。而更与杨朱"为我""贵己"乃至"拔一毛而利天下，不为也"所不同的是，"墨子兼爱，摩顶放踵利天下，为之"（《孟子·尽心上》）。

为了解民于倒悬、拯民于水火而平治天下，墨子古道热肠，他有着与孔子一样的入世情怀和力行救世的精神，甚至更有过之而无不及。孔子曾经周游列国，墨子的足迹亦曾遍及鲁、宋、齐、卫、楚等诸国，他们上说下教，以道救世，栖栖遑遑，席不暇暖，故后人赞之曰："孔子无黔突，墨子无暖席……蒙耻辱以干世主，非以贪禄慕位，欲事起天下利而除万民之害。"（《淮南子·修务训》）。

然而，孔子痴迷于音乐，即使在周游列国途中，虽屡遭困厄，却仍然"讲诵弦歌不衰"；墨子却对弦歌乐舞之事极度地厌恶和反感，以为"说乐而听之"者，必然败坏政治，废弃职事。因此，与孔子以"制礼作乐"的周公作为自己的榜样不同，墨子的榜样则是为了治理洪水而"形劳天下"以至于搞得自己"腓无胈，胫无毛，沐甚雨，栉疾风"的圣人大禹，在他的带领下，"后世之墨者，多以裘褐为衣，以跂蹻为服，日夜不休，以自苦为极"（《庄子·天下》）。

墨子及其弟子形成了一个组织严密、纪律性很强的学者团体，称为"墨者"。墨者的首领叫"钜子"（也写作"巨子"），墨子在世时，由他任"钜子"，墨子死后通过选贤推举出新的"钜子"。另外，墨者还有"墨者之法"，其中有一项严格的规定："杀人者死，伤人者刑。"这些是墨家与其他诸子各家学派在组织上极为不同的一个最鲜明的特色。

墨子和整个"墨者"集团的成员都有着满腔的侠肝义胆，他们乐于帮助弱小国家抵御、抗击外强的进攻，可以为了他人、为了他人的国家，为了整个天下和公义，而宁愿舍弃和牺牲自己的生命，正所谓"墨子服役者百八十人，皆可使赴火蹈刃，死不还踵"（《淮南子·泰族训》）。

有一个人所熟知的墨子止楚攻宋的故事。楚国欲攻打宋国，公输般为楚制造云梯等攻城器械，墨子听说后，从齐（一说鲁）地出发，日夜兼程，奔赴楚国首都郢，一路上奔波，整整走了十天十夜，"足重茧而不休息，裂衣裳裹足"（《淮南子·修务训》），到郢之后，苦口婆心，最后终于说服了楚王和公输般放弃了攻打宋国的图谋（《墨子·公输》）。

后来，有一位名叫孟胜的墨家钜子，在为与他友善的楚国的阳城君守卫都城时，为了信守墨家的大义，不惜为阳城君舍身殉难，而一起跟他自杀死难的弟子有一百八十人（《吕氏春秋·上德》）。

再后来，还有一位居住在秦国的墨家钜子腹䵍（tún），他唯一的儿子杀人后，秦惠王因其年老，又无他子，便打算赦免他儿子的罪行，而他却对秦惠王说："墨者之法曰'杀人者死，伤人者刑'，此所以禁杀伤人也。夫禁杀伤人者，天下之大义也。"结果，他还是坚持遵行"墨者之法"，将他唯一的儿子杀掉了（《吕氏春秋·去私》）。

综上，如果我们要给先秦诸子百家描画一幅群像图的话，那么，在这幅群像图中，墨子及墨家集团当是需要用浓墨重彩描绘的一个非常特殊的群体。他们大公无私、大义灭亲、舍生取义以及兼爱天下、苦行救世的人道主义的博大情怀与大无畏精神，无论在当时，还是千百年之后，都罕有能比者。

如果拿墨子和孔子相比的话，那么，读《论语》，我们会深切地感受到孔子是一位快乐主义者，而墨子却是一位苦行主义者。他们看上去完全相反，但是，他们其实怀抱着同样的救世情怀：孔子倡导仁者爱人，而墨子更大声疾呼仁者要爱人如己。他们都是乐于向世人传播爱的讯息的爱的使者和爱的哲人。

而如果我们再拿墨子和杨朱相比的话，那么，他们一个主张"为我"，要人们爱惜个体自我的生命；一个主张"兼爱"，要人们将他人的生命、家庭和国家看作自己的生命、家庭和国家一样来爱惜。他们的主张看上去也同样完全相反，其实综合杨、墨的意思，我们倒可以扪心自问一个最有意义的问题，那就是：这世界上还有什么比个体的生命和对他人的爱更重要更可贵的呢？我想，答案应该是不言而喻的。

总之，像孔子一样，墨子也是一位苦行救世的哲人，他们都主张爱他人，然而，墨子所主张的爱更加博大无私，大爱无疆，真正博大的爱是无疆界、无畛域、无差等的；像杨朱一样，墨子也是一位偏爱极端的思想家，他们的主张都有些偏激，然而，如果说爱他人与爱自己一样重要的话，那么墨子对兼爱、利他的偏爱恰可以弥补杨朱对"为我""贵己"的偏爱之不足。他们都是可爱而令人敬佩的思想家，而墨子尤其是一位胸怀大爱、苦行救世的一代伟大哲人。

《墨子》与墨子的思想世界

《墨子》一书，是墨子及其后学的著作总集，《汉书·艺文志》著录有七十一篇，现存五十三篇，学者们一般将这些篇章大体划分为五大部分。第一部分，从第一篇至第七篇，即《亲士》《修身》《所染》《法仪》《七患》《辞过》《三辩》，是对墨子思想的纲要概述，其中前两篇带有一定的儒家思想的色彩。第二部分，从第八篇至第三十九篇，即从《尚贤》至《非儒》，其间缺八篇，现存二十四篇，是墨子的讲学录，其中，除了《非儒》篇分为上下两篇之外，其余各篇都分为上中下三篇，这是由于墨子死后，墨家分为了三派，这些分为上中下的篇章便是墨家三派分别对墨子有关同一主题的讲学内容的不同记录。第三部分，从第四十篇至第四十五篇，即《经》上下、《经说》上下、《大取》《小取》六篇，一般称为《墨经》，主要讨论认识论和逻辑问题。第四部分，从第四十六篇至第五十篇，即《耕柱》《贵义》《公孟》《鲁问》《公输》五篇，是墨子及其主要弟子的言行录。第五部分，从第五十二篇《备城门》至第七十一篇《杂守》，其间缺九篇，现存十一篇，是讲城防问题的军事著作。上述第三、第五部分属于墨子后学的作品，而第一、第二、第四部分则为我们了解和研究墨子本人和早期墨家的思想提供了最基本可靠的材料。基于篇幅限制，本书在品评注释原著过程中有所取舍，并非全文注释品评，在此特加说明。

通过阅读《墨子》一书的相关篇章，作为一代思想大师的墨子，他那更加充实、丰富和完整的人格风范和思想世界便会鲜活地展现在我们的面前。身处战国乱世之中，墨子虽然"上无君上之事，下无耕农之难"（《墨子·贵义》），但他以上说下教为己任，积极投身于以道救世的伟大事业当中，而且，所到之处，"必择务而从事焉"，即根据一个国家的不同状况来提出相应的救治之方。他说：

> 凡入国，必择务而从事焉。国家昏乱，则语之尚贤、尚同；国家贫，则语之节用、节葬；国家憙（同"喜"）音沉湎，则语之非乐、非命；国家淫僻无礼，则语之尊天、事鬼；国家务夺侵凌，即语之兼爱、非攻。故曰必择务而从事焉。（《墨子·鲁问》）

尚贤、尚同，节用、节葬，非乐、非命，尊天、事鬼，兼爱、非攻，这些便是墨子提出的一系列用以救治国家昏乱的重要思想观念。可以说，墨子的整个思想世界正是由这一系列简明的观念或教义构成的，它们形成了一个既彼此相关而又相互循环论证和支持的、具有紧密的逻辑关联性的观念链条。我们可以从这一链条的任何一个观念环节切入其中，以作为了解其整个思想世界的开始，或者说，无论我们从哪一个观念环节切入其中，都必然会连带地牵引出其他的观念环节。我们不妨就选择先从墨子的宗教信仰来开始我们对墨子思想世界的解读吧。

1. 墨子的天志与三表法

虽然生活在战国初年，墨子已深切地感受到了自己所处的是一个"天下之为学者众"（《墨子·法仪》），乃至"今天下之士君子之书，不可胜载，言语不可尽计，上说诸侯，下说列士"（《墨子·天志上》）的时代，这样一种时代的精神状况，让墨子深感有必要树立一种统一的仪法标准，以便用来考量、评判各种言论及现实政治的是非得失和利弊功效。那么，墨子所树立的用以衡量、检验思想言论、价值观念和政治论说之是非问题的最高标准或终极依据究竟是什么呢？那就是所谓的"天志"和"三表法"。对天志、鬼神的传统信仰，可以说正是墨子本人力行救世的精神动源，亦构成了他整个思想世界的信仰基础。那么，所谓的"天志""天意"或天之所欲所恶究竟意味着什么呢？其含义主要包括以下几个方面：

首先，天志主要体现为"天必欲人之相爱相利，而不欲人之相恶相贼也"，而且天可主持正义赏罚，"爱人利人者，天必福之；恶人贼人者，天必祸之"（《墨子·法仪》）。

其次，墨子认为，天对天下所有的人是"兼而爱之，兼而利之""兼而有之，兼而食之"（《墨子·法仪》）的。

第三，在墨子看来，人类良好的社会政治生活秩序的建立，国家的形成，天子、国君和各级政长的置立，以及天下之义政、善政，皆出自天志。

第四，墨子所崇信的"天志"，既是一监临天下、主宰一切而可予人祸福赏罚的具有人格意志的至上神，又是墨子心目中可用以审视、衡量、评判一切的最高的理想仪法或客观标准。

与上述"天志"说相辅相成，墨子还提出了他的"三表"法，它们共同构成了墨子审视、衡量、评判人世间的一切及墨子自己各项理论主张的正当与效用性的标准与方法。据《墨子·非命上》：

子墨子言曰："必立仪。言而毋仪，譬犹运钧之上而立朝夕者也（就像在旋转着的陶钧上测量早晚的日影一样），是非利害之辨，不可得而明知也。故言必有'三表'。"何谓三表？子墨子言曰："有本之者，有原之者，有用之者。于何本之？上本之于古者圣王之事。于何原之？下原察百姓耳目之实。于何用之？废（通'发'，实施）以为刑政，观其中国家百姓人民之利。此所谓言有'三表'也。"

"三表"法的提出，可以说是墨子在认识论方面的一个非常重要的理论贡献，他以"三表"法作为检验、判断人们言论、认识之是非真伪的客观标准，可以说是中国思想史上最先明确提出真理标准问题的思想家。具体来说，第一表，"上本之于古者圣王之事"，这是以前人的间接经验作为判断是非的依据，可见他是十分重视历史经验教训的。第二表，"下原察百姓耳目之实"，这是以群众耳闻目见的、直接的亲身经验作为认识的本原或判断是非的标准和根据，把劳动人民的感官经验与认识论或真理标准问题联系起来，这是墨子在认识论上提出的一大非常之创见。第三表，"废以为刑政，观其中国家百姓人民之利"，这是以运用于社会政治实践的实际功利效果作为检验认识、判断是非的标准。综观墨子的整个思想体系，可以说他立说的原则和宗旨尤其以第三表最为根本和重要，因为无论是主张尊天事鬼，还是倡导尚同尚贤以及兼爱非攻，墨子最终都是要给他的这些思想主张以一个功利的"理由"的，故他所有的思想主张莫不以用来治世而"必务求兴天下之利，除天下之害"为根本出发点和归宿。

墨子对天志鬼神的信仰以及他的三表法，显然也是有着极大的思想局限性的，由于过于迷信天志鬼神，过于相信耳目感官的经验，过于讲究功利和实用性，使他常常深陷于鬼神论和对"圣王之事"与"先王之书"的盲信的泥沼中而难以自拔，有时也因过于强调事物的功利与实用性价值而流于思想的狭隘。

2. 墨子的社会理想

生活在战争年代里的人们，会更加渴望和平；生活在社会无序状态下的人们。会更加向往有序的生活；生活在政治黑暗岁月中的人们，会更加追求光明的未来。

那么，作为一个真正的思想家，处在这样一个时代，他又该怎样担负起自己的社会责任和历史使命呢？

他理应代表这个时代的心声与社会的良知，向不义的战争提出谴责和指控，对社会生活的失范无序及其因应解决之道做出理论的思考和回答，用希望和理想来激励和引领这个时代的人们有信心战胜黑暗，走向光明的未来。

墨子正是这样的一位思想家。

墨子是一位崇尚和平的思想家。他勇敢地站出来大声疾呼，正是不义的战争破坏了人世间的和平，正是那些喜好攻伐并兼之战的国家及其统治者，为了满足自己对土地和财富的贪婪欲望，"亏人自利"而"繁为攻伐""贼灭天下之万民"，耗竭"天下百姓之财用""以攻伐为利"而"实天下之巨害"。如果说"入人园圃，窃其桃李"而"亏人自利"的行为是不义的，应加以谴责，那么，攻人之国而掠人土地和财富的行为就更不义了，也就更应加以谴责。（《墨子·非攻》）

墨子是一位倡导兼爱的思想家。他认为，人世间的混乱无序，诸如攻伐、盗贼、祸篡、欺诈与怨恨等种种现象，都是由人与人不相爱乃至一心想着亏人而自利引起的，所以，"诸侯不相爱则必野战，家主不相爱则必相篡，人与人不相爱则必相贼，君臣不相爱则不惠忠，父子不相爱则不慈孝，兄弟不相爱则不和调。天下之人皆不相爱，强必执弱，众必劫寡，富必侮贫，贵必敖贱，诈必欺愚"。那么，救治此世道人心的善谋良方究竟是什么呢？那就是"兼相爱、交相利之法"，它要求人们"视人之国，若视其国；视人之家，若视其家；视人之身，若视其身"(《墨子·兼爱》)。

在墨子看来，如果天下人都能按照上述"兼相爱、交相利之法"或一视同仁的平等待人的精神和原则行事的话，那么，什么不孝不慈、盗贼攻伐之类的人世间的各种祸患也就自然会消除，一种良好的天下秩序也自然可得以实现了，乃至"老而无妻子者，有所侍养以终其寿，幼弱孤童之无父母者，有所放依以长其身"(《墨子·兼爱》)。

非攻反战，提倡兼爱，表达了墨子对这样一种美好的社会理想和原景的渴望和追求，在这个社会中，没有攻伐与战争，人们之间彼此相互关爱，互助互利，"有力者疾以助人，有财者勉以分人，有道者劝以教人"，因此，在这样的社会，"饥者得食，寒者得衣，乱者得治"(《墨子·尚贤下》)。这是一个和平、安乐、充满着人道主义的平等相待和关爱真情的社会。

儒家的仁爱，最重视的是亲情，他们主张一个人的爱应首先施与自己身边的亲人，然后再向外推及而施与他人，然而，一般人的爱常常止步于施与自己的亲人和熟识的朋友，却不能一视同仁地向外推及而施与陌生人。墨子正是深切地感受和认识到了这种"爱有差等"的局限性，因此，他才不遗余力地倡导他的兼爱主义。在他看来，只有那种不仅施与亲人和熟人，而且能够一视同仁、平等地施与陌生人的兼爱，才能真正消融掉人际的隔膜和疏离，从而造成一个真正充满爱的生活世界。

也许你会觉得墨子的上述观点太过空疏迂腐，不过，你不妨诉诸你的生活体验并扪心自问：在一个缺乏爱的世界里生活是否有安全感，并真的过得开心和快乐？在我看来，我们至少可以从墨子"兼爱"的观点得出这样一个富有意义而耐人寻味的推论和看法，那就是：在一个文明的社会中，真正的成熟的爱是对陌生人的一视同仁的平等的爱，只有这种爱才能真正照亮由陌生人构成的人类世界。这一看法和观念，对于一个掌握着公共权力并肩负着治理之责的人来讲，尤其值得重视和深长思之，因为他直接面对的是广大的陌生的民众，由造福一方的人民"公仆"沦为祸害一方的社会"公害"，也许只是因为一念之差，即有没有兼爱之心与责任心！对墨子而言，一个缺乏兼爱之心的统治者肯定是不值得信赖，也是绝对不可靠的！

3. 秩序产生的政治维度

社会秩序是如何产生并得以维系的，天下祸患篡乱的根源何在，如何重整天下的社会政治秩序，可以说是中国古典思想家最为关心的问题。换言之，先秦诸子思考的原动力可以说都来自对人间秩序的关怀，墨子亦不例外，而且，墨子对这一问题更有其自身独特的思考。除了诉诸人与人之间的"兼相爱、交相利之法"外，在墨子看来，一种良好的社会秩序的产生和形成从根本上还有赖于政长的出现和选立。

墨子认为，在人类产生之初的历史阶段，人们生活在一种没有刑政和政长的社会状态下，我们可以称之为人类历史上的"原初状态"，这种状态是以一人一义而且彼此各持异义以相非为其根本特征的。墨子是这样描述这种"原初状态"的，他说：

> 古者民始生，未有刑政之时，盖其语人异义。是以一人则一义，二人则二义，十人则十义。其人兹众，其所谓义者亦兹众。是以人是其义，以非人之义，故交相非也。是以内者父子兄弟作怨恶，离散不能相和合，天下之百姓，皆以水火毒药相亏害，至有余力不能以相劳，腐朽余财不以相分，隐慝良道不以相教，天下之乱，至若禽兽然。（《墨子·尚同上》）

可见，在墨子那里，"原初状态"只不过是一种前政治的混乱无序状态或如禽兽一般的无政府状态，生活在这种状态下的人们皆从自爱自利或是己而非人的立场与态度出发而各持异义,彼此之间交相怨恶贼害。那么,人们怎样才能从这种混乱无序的"原初状态"中走出来呢?墨子说:

> 夫明乎天下之所以乱者,生于无政长。是故选("选"下当有"择"字,今本脱)天下之贤可者,立以为天子。(《墨子·尚同上》)

> 明乎民之无正长,以一同天下之义,而天下乱也,是故选择天下贤良圣知辩慧之人,立以为天子,使从事乎一同天下之义。(《墨子·尚同中》)

> 是故天下之欲同一天下之义也(孙诒让注曰:"上'天下'二字疑当作'天'。"),是故选择贤者,立为天子。(《墨子·尚同下》)

由上述引文,我们了解到,依墨子之见,人类的历史是以混乱交争为其开端的,一人一义是整个天下祸乱的根源,因此,要消除祸乱,就必须结束一人一义的状态,使之走向统一。那么,这一历史任务应由谁来完成或怎样才能实现呢?那就由"政长"来完成,或者说,只有通过建立一套完善的"刑政"制度、设立一个完备的"政长"系统,才能实现这一历史任务。

具体就政长产生的顺序来讲,首先被上天选立出来的是天子,其职责便在于"从事乎一同天下之义",而由于天子一人难以恃一己之力独自完成这一重大职责,故又需选择天下贤良圣知辩慧之人,置立之以为"三公",协助天子以"从事乎一同天下之义";然而,天下博大,"远国异土之民"只能分而治之,故又需分天下为万国,立诸侯国君,"使从事乎一同其国之义";由于诸侯国君一人亦不能恃一己之力独自"从事乎一同其国之义",故又需选择国中贤良之人,"置以为左右将军大夫,以远至乎乡里之长,与从事乎一同其国之义"(《墨子·尚同中》)。当从天子、诸侯国君以至乡里之长的"政长"系统完备地建立起来之后，天子即可发政施教于天下百姓，其言曰：

> 闻善而（与）不善，皆以告其上。上之所是必皆是之，上之所非必皆非之。上有过则规谏之，下有善则傍（访）荐之，上同而不下比者，此上之所赏而下之所誉也。意若闻善而不善，不以告其上。上之所是弗能是，上之所非弗能非。上有过弗规谏，下有善弗傍荐。下比不能上同者，此上之所罚而百姓所毁也。（《墨子·尚同上》）

接下来，便是各级政长遵从天子之令而发政施教于其治下的百姓，并相率而逐级上同，乃至"天下之百姓皆上同于天子"，而"天子唯能一同天下之义，是以天下治也"（《墨子·尚同上》）。这便是墨子的尚同主张，以为只要将圣贤们选立为各级政长，并以尚同一义为政于天下，天下便可得而大治。

从混乱无序的"原初状态"到政长产生之后的政治社会的良好秩序，天选的圣王天子的出现乃是一个关键性的决定因素，他天然就是为治天下而生的，正所谓"圣人以治天下为事者也"（《墨子·兼爱上》）。具体而言，他是通过"禁恶而劝善"以贯彻"兼相爱、交相利之法"，从而为天下"兴利除害"的。

4. 政治：圣贤们的事业

墨子在《尚同》篇中对秩序的产生和形成以及"政长"和"刑政"的起源问题所做的上述探讨，特别是设想了一种"原初状态"，对于推动和促使后来的思想家更进一步地从理论上深入探究和思考政治和国家的起源及其本质和作用的问题，无疑是有积极意义的，也做出了自己独特的贡献。

不过，他的尚同主张在政治思维方式上也存在着重大的理论上的缺陷和认识上的误区,他过于强调是非异义的同一,过于强调下对上的绝对服从,所谓"上之所是必亦是之,上之所非必亦非之。"以至于"天子之所是必亦是之,天子之所非必亦非之"(《墨子·尚同中》)。而且,他主张主要以赏罚的强制性手段自上而下地来实现"尚同一义",如他说:"富贵以道其前,明罚以率其后。为政若此,唯欲毋与我同,将不可得也。"(《墨子·尚同下》)从社会秩序的整合方式的意义上讲,这无疑是一种高度专制性的社会整合方式,而绝非基于通过协商以达成的基本共识基础之上的民主性整合方式。也就是说,墨子的尚同主张很容易被利用来为专制主义的目的服务,这也许不是墨子的本意,但他的确疏忽了一个至关重要的政治性问题,即当"尚同一义"的政治目标真的完全实现的那一天,可能人世间再也没有任何真实的力量可以制约和限制最高当权者专断的权力意志。墨子的不是办法的办法便是借助于天志鬼神可予人以赏罚的威慑力量,来要求作为最高统治者的天子最终要上同于天,这对于无神论者或自居为神天神帝的统治者来讲,恐怕根本不起任何作用。

那么,怎样才能约束和控制执政当权者的权力及其滥用并使之能够服务于人道的政治目的呢?墨子首先想到的,当然不是主要依靠人民或通过一种分权制衡的制度安排来实施对权力的有效控制或预防权力的任意滥用,而是期望各级"政长"都由圣贤之人来担任,因此,墨子在倡言"尚同"的同时,又是极力主张"尚贤"的。如果我们无须过多地苛责古人,那么,可以说,墨子的"尚贤"主张中又是蕴含着许多的精妙要义的。

对墨子来讲,并不是无论什么样的政长,而是唯有圣贤式的政长才是维持良好社会秩序、实现天下太平大治的唯一可靠保障,圣贤是奉行天志、贯彻兼爱、实行义政乃至从事乎一同天下之义的理想政长。反之,如果政长既不圣也不贤的话，那么，有政长与无政长便没有任何差别，也可以说，有政长的时代与无政长的"原初状态"没有任何差别，甚至更加糟糕，因为他们不是任贤举能并为天下兴利除害，而是任人唯亲并谋取个人私利，这正是"方今之时，天下之政长犹未废乎天下也，而天下之所以乱"的根本原因（《墨子·尚同中》）。因此，墨子乃大声疾呼："夫尚贤者，政之本也！"（《墨子·尚贤上》）

墨子论政之所以以"尚贤"为政本、为急务，那是因为，在他看来，政治理应是圣贤们从事的事业，故而他那"尚贤"的主张和言论在先秦诸子中可以说是最为激切和响亮的。如他说，"官无常贵，而民无终贱，有能则举之，无能则下之""虽在农与工肆之人，有能则举之"（《墨子·尚贤上》），"不党父兄，不偏贵富，不嬖颜色，贤者举而上之，富而贵之，以为官长；不肖者抑而废之，贫而贱之，以为徒役"（《墨子·尚贤中》）。墨子的这一主张对于上自天选的天子下至乡里之长的各级政长都是无一例外地普遍适用的。因此，按照墨子的理想，圣王以尚贤使能为政，则"民皆劝其赏，畏其罚，相率而为贤"，以至众贤毕进而不肖者退寡，这就是所谓的"进贤"（《墨子·尚贤中》），也就是所谓的"众贤"（《墨子·尚贤上》），然后"圣人听其言，迹其行，察其所能，而慎予官"，这叫"事能"，故"可使治国者，使治国；可使长官者，使长官；可使治邑者，使治邑。凡所使治国家、官府、邑里，此皆国之贤者也"（《墨子·尚贤中》）。一言以蔽之，墨子心目中的理想政长乃清一色的圣贤人物，而"尚贤"实际上主要反映了当时新兴士人阶层的参政要求。

除了上述尊天、事鬼、兼爱、非攻、尚同、尚贤的主张之外，墨子另外还提出了一系列其他的主张，诸如节用、节葬、非乐、非命等，他崇尚节俭、主张薄葬、反对命定论，都有其积极的思想意义。其中，最难能可贵的是，从这些主张中，我们能够深切地体会到，墨子还是一位格外关注民生、重视民利的思想家。

墨子说:"衣食者,人之生利也。"(《墨子·节葬下》)然而,在他所处的时代,情况恰恰是统治者使众多劳动人民丧失了起码的衣食之利。"饥者不得食,寒者不得衣,劳者不得息"(《墨子·非乐上》),这是墨子对当时人民所遭受的三大巨患的概括,墨子为此大声疾呼,不遗余力地抨击统治者腐朽堕落、奢华浪费、"厚作敛于百姓"的强盗行径,强烈要求统治者应给人民以衣、食、息的条件,极力主张统治者应节用、节葬。墨子认为,凡是财物都应尽其功用,不可糟蹋和浪费,每个人都应遵守珍惜财物、尽其所用的原则,而且还要从实际效用出发,用财、用物都应获得实际利益,收效应超过支出,即统治者取之于民,还应用之于民、"反中民之利",一切支出都必须考虑到实际效果和对民是否有利,否则,就是有害的,应加以制止。另外,墨子还主张一切器物都应只要求质朴耐用,而不务华丽,否则也应加以禁止,如他说:"凡足以奉给民用则止,诸加费,不加于民利者,圣王弗为。"(《墨子·节用中》)

综上所述,墨子可以说是一位尊天信鬼而苦行救世的宗教家,是一位爱好和平、富有爱心和理想、关注民生、重视民利而讲究功利和实用的思想家,是一位主张尚同一义、推崇圣贤政治的政治哲人。他的整个思想世界是由这样一些观念和主张编织而成的:尚贤,尚同,兼爱,非攻,节用,节葬,天志,明鬼,非乐,非命,这就是墨子的十大"教义"。

墨家后期的发展

墨子是一位既尊信天鬼而又极端崇尚理智思维、重视功利与实用的哲学家,在我国古代哲学发展史上做出了特殊的理论贡献。而他的后学即战国中、后期的后期墨家学者,摒弃了墨子对天志鬼神的虚妄信仰,继承了墨子的兼爱理想与功利主义的哲学原则并做了进一步的申论、辩护和发展,更在理智思维方面做出了极其重大的创造性的理论突破和贡献,特别是在认识论、逻辑学和科学方面无疑为我国古代学术思想放一异彩而达到了当时的最高水平。

墨子本人是一位极富论辩精神的哲学家,在驳斥对手而申论自己思想主张的具体论辩中,他不仅系统提出了"三表"法以作为评判、检验人们思想言论是非性的客观标准,而且还提出了"取实予名"的唯物主义认识论的名实观。依墨子之见,"实"是第一性的,"名"取决于"实"而是第二性的,"名"(概念)的真实意义不是根据主观的观念而必须依据("取")它所反映的客观事物来判断("予")的,故"仁"之名必取"仁"之实。根据这一取实予名论,因此墨子强调要用"行"来检验言论,主张言行一致,而一种言论或学说也只有付诸实践并能给人带来实际利益,才是值得推崇的言论或有价值的学说。

在论辩中,墨子还尤其重视人运用逻辑推理来认识、把握事物和探明事物之间因果联系的能力,提出"察类明故"这一富有光辉的逻辑思想命题。墨子首先将"类"作为一个逻辑学的基本概念加以使用,所谓"察类"就是区分事物类的同与异,这是进行类比推理的重要基础,"类"亦由此而成为人类理性认识的一个重要范畴。墨子在驳斥论敌时是善于运用类比推理的,如他在《墨子·非攻上》篇中将窃人桃李、攘人犬豕、取人马牛、妄杀无辜皆归为"亏人自利"而不仁不义一类,而且是"苟亏人愈多,其不仁兹甚矣,罪益厚",对此"天下之君子皆知而非之,谓之不义"。于是墨子诘问道:"今至大为攻国,则弗知非,从而誉之,谓之义。此可谓知义与不义之别乎?"当然,墨子并非不加区别地反对一切战争,他在驳斥"昔者禹征有苗,汤伐桀,武王伐纣,此皆立为圣王,是何故也?"的诘问时,根据"异类不比"的原则,反驳说:"子未察吾言之类,未明其故者也。彼非所谓攻,谓诛也。"(《墨子·非攻下》)也就是说,墨子所非之"攻"与"诛"是异类概念而不能混淆,他反对的是不义的"攻国"而非正义的"诛伐"。而所谓"明故",就是要探求事物之间的因果联系及事物的所以然之理。墨子曰:"仁人以其取舍是非之理相告,无故从有故也,弗知从有知也,无辞必服,见善必迁。"(《墨子·非儒下》)可见,"故"这一概念在墨子思想中占有极其重要的位置,他将"有故无故"作为判断人们有知与否及其言行合理与否的一项特别的标准。

后期墨家(《墨经》六篇)在继承墨子上述可贵思想的基础上,既克服了其思想中的局限性和狭隘性,又不断丰富和发展它,进一步建构了一套更为完善的认识论和逻辑学的理论体系,其认识论可以说代表了先秦唯物主义认识论的最高水平,而其逻辑学作为世界古代三大逻辑学之一,更可与亚里士多德的逻辑学和印度的因明学相媲美。

后期墨家十分重视人类对外部客观世界的认知,充分肯定人类自身具有获取外部知识的知觉、认识能力。《墨子·经上》说:"知,材也。"这是说"知"是人类感知、认识事物的能力。但是,人虽然具有认知的能力,却未必就能获得知识,所以说"知也者,所以知也,而不必知"(《墨子·经说上》)。而要获取知识就必须通过人的感官与认识对象即外物相接触,即"知,接也"(《墨子·经上》)、"知也者,以其知过('过'疑当为'遇')物而能貌之"(《墨子·经说上》)。与外物接触而获得知识,一般要通过耳、目、口、鼻、肤五种感觉器官,即"惟以五路智"(《墨子·经说下》),但知识的获取并不限于此,所以后期墨家还特别重视人类理性思维的心智器官,所谓"循所闻而得其意,心之察也""执所言而意得见,心之辩也"(《墨子·经上》),也就是说,对于耳目之所闻见，还要进行心智思维的辨察分析，才能真正"得其意"。因此，后期墨家克服了墨子狭隘经验论的缺点，从而避免了由于过于信从耳目见闻而陷入有神论的错误，而墨子本人之所以尊天事鬼，是因为他过于相信一般人所说的耳闻目见过鬼神，从而就轻率地信以为真了。

后期墨家还对知识进行了分类，即"知：闻，说，亲，名，实，合，为"（《墨子·经上》）。具体来说，首先，他们按照人们获取知识的途径和方式，将知识分为三类：闻知是指通过耳目感官，从他人那里获取的间接知识；说知是指不受感官的限制而由已知推断未知，即得自演绎推论的知识；亲知是指得自认识者直接观察或亲身经验的知识。其次，他们还按照认识的对象，将知识分为四类：有关名的知识，有关实的知识，有关名实相合即"名实耦"（《墨子·经说上》）的知识，以及能应用于行为的知识。

据《墨子·经说上》："所以谓，名也。所谓，实也。"而且，《墨经》把"名"（概念）分为三类，即《墨子·经上》所谓："名，达、类、私。"《墨子·经说上》说："名：物，达也，有实必待文多（'多'当作'名'）也命之。马，类也，若实也者，必以是名也命之。臧，私也，是名也，止于是实也。"也就是说，"物"是达名，泛指一切物体；"马"是类名，凡具有马的共同属性特征的一类动物，都可称之为"马"；"臧"（人名）是私名，私名是指称个体事物的名，即此名仅能限于指代此"实"。

在上述对"名"（概念）的分类、定义和界说的基础上，后期墨家系统、缜密地展开了他们逻辑学的理论建构。《墨子·小取》篇说："夫辩者，将以明是非之分，审治乱之纪，明同异之处，察名实之理，处利害，决嫌疑焉。摹略万物之然，论求群言之比。以名举实，以辞抒意，以说出故。以类取，以类予。"这可以说是后期墨家对逻辑学的性质和作用及论辩的原则和方法的总论。具体地讲，论辩的作用在于明是非、审治乱、明同异、察名实、处利害、决嫌疑，通过理论思维活动来正确反映和认识外界事物和客观世界，探求和把握社会治乱的规律，并比较各种思想言论的是非长短以便提出正确的主张。而"以名举实，以辞抒意，以说出故"则是论辩的方法，即用概念（名）反映事物（实），用判断（辞）表达思想（意），用推理（说）揭示原因（故）。所谓"以类取，以类予"，意即根据事物的类别进行归纳和演绎，大致相当于西方逻辑学的从个别到一般的归纳推理和从一般到个别的演绎推理。

由上可见，后期墨家对人类借助于名（概念）、辞（判断）、说（推理）进行的理性思维活动有着极为深刻的理解。不仅如此，他们对人类理性思维活动的复杂性和本质特征有着十分精湛而独到的分析。如《墨经》说"故"曰："故，所得而后成也。"（《墨子·经上》）即"故"是事物形成的原因和条件。而"故"又可分为"小故"和"大故""小故，有之不必然，无之必不然""大故，有之必然，无之必不然"（《墨子·经说上》），即"小故"是指事物形成的部分必要条件，而"大故"是指事物形成的全部必要条件。"故"用于人的思维活动，则是指立论或推理的理由、根据与前提，而且与"理""类"三者都具备了，才能形成正确推理和判断，故曰："夫辞，以故生，以理长，以类行者也。"（《墨子·大取》）

可以说，后期墨家是当时推崇理性思维而又精通辩术的最杰出的一批学者，在他们看来，人类具有认识和把握事物"所以然之理"的能力，而论辩之术正是人类进行理性思维的强有力的武器，人们可以通过正确地运用论辩的方法以"论求群言之比"、申明己见、表达思想或说服论敌，正所谓："辩，争彼也。辩胜，当也。"（《墨子·经上》）"辩也者，或谓之是，或谓之非，当者胜也。"（《墨子·经说下》）然而，"物所以然，与所以知之，与所以使人知之，不必同"（《墨子·经下》）。更何况事物的类千差万别，错综复杂，要正确地察类、明类已非易事，而要探明事物的所以然就更难，不仅如此，人类理性思维的方法与形式如后期墨家所最重视、论述也最多的类比推理又有其局限性或缺陷，在具体运用中难免会出现差异、转为诡辩、发生错误乃至背离事物的根本法则。正是基于由"推类之难"（《墨子·经下》），以及"言多方，殊类、异故，则不可偏观"（《墨子·小取》）而来的对人类理性思维活动的深刻反省意识，所以，后期墨家又建议人们必须审慎地运用类比推理。

后期墨家还运用他们所精通的论辩方法，为墨子的兼爱学说进行辩护，遵循墨子功利主义的哲学原则并做了进一步的阐发。他们以"周"释"兼"，以为墨子所谓兼爱人即是普遍地爱一切人，如《墨子·小取》篇所言："爱人，待周爱人而后为爱人。不爱人，不待周不爱人；不周爱，因为不爱人矣。乘马，不待周乘马，然后为乘马也；有乘于马，因为乘马矣。逮至不乘马，待周不乘马而后为不乘马。"意思是说，必须普遍地爱一切人，才算是爱人；但却不必普遍地不爱一切人，才算不爱人。这与乘马正好相反，不必遍骑一切马才算骑马，但却必须不骑一切马，才算是不骑马。

为了维护墨家的兼爱学说，后期墨家对两种诘难他们上述爱人理念的观点进行了驳斥。第一种诘难是根据古人一般相信南方无穷的观念，而认为南方有穷，则人是可以数尽的，而南方无穷，则人是不可数尽的。如果南方究竟有穷还是无穷无法知晓，则南方之人可以数尽还是不可数尽也无法知道。既然人是否充满了天下是不可知的，那么天下之人可否数尽也必定是不可知的，因此，认为必定可以尽爱一切人，这就悖谬了。《墨子·经说下》反驳说：人如果没有充满无穷的地区，那么人数就是有穷的。数尽有穷的人数，并不困难。人如果已经充满无穷的地区，那么所谓无穷的地区其实是有穷的。历尽有穷的地区，也不困难。所以

说:"无穷不害兼。"(《墨子·经下》)

第二种诘难是说,盗也是人,杀盗即是杀人,那么,承认盗可杀,也就与兼爱一切人的主张相矛盾了。《墨子·小取》篇反驳说:"获(奴婢)之亲,人也;获事其亲,非事人也。其弟,美人也;爱弟,非爱美人也。车,木也;乘车,非乘木也。船,木也;人船,非人木也(两'人'字均当作'入')。盗人,人也;多盗,非多人也;无盗,非无人也。奚以明之?恶多盗,非恶多人也;欲无盗,非欲无人也。世相与共是之。若若是,则虽盗人('人'字衍),人也;爱盗,非爱人也;不爱盗,非不爱人也;杀盗人('人'字衍),非杀人也。无难盗无难('盗无难'三字衍)矣。"意思是说:女婢的父母是人,女婢侍奉她的父母不等于侍奉人。女婢的弟弟是美人,女婢爱她的弟弟不等于爱美人。车是木头做的,乘车不等于是木头。船是木头做的,进入到船内不等于进入木头内。强盗是人,强盗多不等于人多,没有强盗不等于没有人。根据什么来说明这一点呢?憎恶强盗多,并不是憎恶人多,希望没有强盗也不是希望没有人。一般人都认为这是对的。如果这确实是对的,那么,虽主张"强盗是人,爱强盗不等于爱人,不爱强盗也不等于不爱人,所以杀强盗并不是杀人",也就不难成立了。

最后,后期墨家遵循着墨子功利主义的哲学原则,他们同样以"利"释"义",即认为"义,利也"(《墨子·经上》),并据此而给各种道德下定义:所谓"忠,以为利而强君也""孝,利亲也""功,利民也"(《墨子·经上》)。而且,后期墨家认为,人的一切行为都可归结为趋利避害,并应遵循"利之中取大"而"害之中取小"的理性准则,因此,《墨子·大取》篇说:"断指以存腕,利之中取大,害之中取小也。害之中取小,子非取害也,取利也……遇盗人,而断指以免身,利也;其遇盗人,害也……利之中取大,非不得已也;害之中取小,不得已也。"意思说：砍断手指以便能保存手腕，这是在利之中选择大利，在害之中选择小害。在害之中选择小害，并不是选取其害，而是选取其利。比如一个人遇到了强盗，用砍断手指的办法来避免杀身之祸，这是事情有利的一面，而遇到强盗，则是事情有害的一面。在利之中选取大利，并不是出于不得已，而在害之中选取小害，却是出于不得已而为之。另外，后期墨家还对墨家功利主义的哲学原则做了新的解释，即认为"利，所得而喜也""害，所得而恶也"（《墨子·经上》），从而也就将墨家所推崇的趋利避害的功利主义行为准则置于快乐主义的避苦求乐的心理基础之上了。

总之，后期墨家不仅朝着自己最擅长的认识论、逻辑学和科学的方向更进一步发展和完善了墨家的思想体系，而且继续坚持和捍卫了墨子的兼爱学说和功利哲学。

影响与评价

墨子的思想学说在战国时代产生了广泛的影响，在先秦诸子书中往往是孔、墨或儒、墨并称，号为"显学"。当然，在诸子蜂起、百家争鸣的时代精神氛围下，当时的各种学术思想流派之间相互进行激烈的辩难、批评和攻讦，墨子批评儒家，他同样也遭到了儒家及其他各家的批评，相互的批评虽然促进了思想的自由争鸣与发展，但批评中也包含着许多的偏见。因此，彼此的评价往往有失公允，如孟子"辟杨墨"，将杨朱的"为我"和墨子的"兼爱"主张视为异端邪说，称为"禽兽"之道（《孟子·滕文公下》）。

除了孟子，其他的思想家也常常站在各自的理论立场上去批评墨子，如庄子主张"钳杨墨之口，攘弃仁义"（《庄子·胠箧》），认为他们的仁义学说只会扰乱和破坏人的自然本性；荀子批评墨子的"非乐""节用"

主张，认为他并不了解儒家所主张的礼乐对人的真正教化意义，所以说他"蔽于用而不知文"（《荀子·解蔽》）；韩非更专门写过一篇名文《显学》，虽然他开篇即言"世之显学，儒、墨也"，但他写作此文的目的却正是为了排诋和批判在他看来是"愚诬之学"的儒墨。不过，从这些批评中，我们也可以看出墨子的思想学说在战国时代引发了多么广泛的争议和影响。

然而，先秦诸子对墨子的评价也并不都是负面的，其中《庄子·天下》篇的作者便对墨子的思想学说做出过较为全面而客观公允的评价，他虽然批评墨子教人勤劳自苦，为之太过，"天下不堪""其行难为"，故"不可以为圣人之道"，但他也肯定墨子"氾爱兼利而非斗，其道不怒，又好学而博，不异，不与先王同"，并赞赏道："墨子真天下之好也，将求之不得也，虽枯槁不舍也，才士也夫！"另外，《吕氏春秋》一书乃杂采诸子百家之说以成，其中墨学的影响在该书中的分量是相当突出的，而且，在肯定和褒扬的意义上并称"孔、墨"，清代学者毕沅曾言："其书沈博绝丽，汇儒墨之旨，合名法之源"（《吕氏春秋新校正序》），后来的《淮南子》一书亦是如此。

战国至汉初，由于孔、墨的共同特点都是布衣之士，而且好学而博，弟子徒属满天下，因此，有时他们甚至被看作是圣、智的代表，故有"乔松之寿，孔、墨之智"（《史记·李斯列传》）的说法，而《淮南子·修务训》的作者更把孔、墨看作布衣圣人，特别称赞他们"蒙耻辱以干世主，非以贪禄慕位，欲事起天下利，而除万民之害"。另外，尤其值得一提的是，作为一位非攻反战、崇尚和平的思想家，墨子止楚攻宋的故事在战国以至汉初亦是被学者们广为传诵的。

墨家学派在战国之世虽为"言盈天下"的一大"显学"而名重一时，但可惜的是它不到百年便衰亡了，至汉初其影响犹在，但作为一个独立的学派已不复存在，这着实令古今学者备感惊奇，并百思不得其解。墨学衰亡的原因相当复杂，既有其思想学说本身的原因，亦有外在客观的政治环境方面的原因。一方面，墨子的苦行救世之教，理想过高，自苦太过，迷信太重，诚如《庄子·天下》篇所言，"墨子虽独能任，奈天下何！"而另一方面，秦汉统治者禁止人们的思想自由，严重地限制了私学的自由传播与发展，而墨家又后继无人，不能使其思想学说推陈出新以适应时代环境的变化，故而其衰亡的命运亦可以说是在情理之中的。

自汉武帝"罢黜百家，独尊儒术"之后，墨学的影响更趋浸微，研究《墨子》和墨学者罕有其人，直到清代，被冷落了一千多年的《墨子》一书才又真正引起了学者们新的关注和重视。毕沅首注《墨子》使《墨子》成为可读之书。孙诒让充分吸收有清一代学者的研究成果，撰著了《墨子间诂》一书，可谓清代学者校释《墨子》的集大成之作。时至民国，墨学"一时贵盛"，有关《墨子》的研究曾一度出现过一个高潮。新中国成立之后以迄今日，众多的学者在继续深入全面地研究《墨子》和墨学。

对于近现代的中外学人来讲，深深地吸引和打动他们的是墨子的平民色彩、宗教人格、平等精神、兼爱主义、和平主张、墨辩思想及其科学成就等等。他们如是高度评价墨子及其思想学说的价值和意义：

今欲救之（指中国——引者注），厥惟墨学。——梁启超《子墨子学说》

古时最讲爱字的莫过于墨子。墨子所讲的"兼爱"，与耶稣所讲的博爱是一样的。——孙中山《民族主义》

墨翟也许是中国出现过的最伟大的人物。——胡适《先秦名学史》

墨子是中国的脊梁。——鲁迅《故事新编》

墨子之学说，固陈义圆满，而其人格之伟大崇高，及所以救世之急者，不独在二千年之中国史中无其俦匹，即求之世界史中，亦不一二觏也。——方授楚《墨学源流》

墨子是个劳动者，他不做官，但他是比孔子高明的圣人……是古代辩证唯物论大家。——毛泽东《毛泽东点评古今人物》

我认为墨子的爱，比孔子的爱更为现代人所需要。——［日］池田大作《展望21世纪——汤因比与池田大作对话录》

把普遍的爱作为义务的墨子学说，对现代世界来说，更是恰当的主张，因为现代世界在技术上已经统一，但在感情方面还没有统一起来。只有普遍的爱，才是人类拯救自己的唯一希望。——［英］汤因比《展望21世纪——汤因比与池田大作对话录》

当然，有的现代学者亦对墨子及其思想学说给予了尖锐而深刻的批评，最著名者如郭沫若，就曾批评墨子的"尊天""尚同"的学说说到底是为专制主义政治服务的，他说："尊天既是绝对的神权统治，尚同便是绝对的王权统治。王权为天所授与。"(《十批判书》之《孔墨的批判》)

无论是颂扬也好，批评也罢，那都不过是别人的结论和看法。对于有着独立思考头脑的读者来说，至关重要的是，我们必须善于运用自己的理性自由而独立地进行思考，如果我们想对墨子的人格及其思想学说的价值和意义有一个系统而全面的了解和领悟，如果我们想给墨子其人及其思想学说是否具有吸引你的魅力下一个自己的论断和评价，那就从阅读本书开始，通过自己独立的思考来与我们的先哲墨子进行一场心灵的碰撞和对话吧！

亲　士

亲士，就是亲近、重用贤士的意思，本篇着重探讨国君应该亲士、用士的问题。墨子认为贤士关系到国家的兴衰成败，一国之君要想治理国家，实现国富民强、政通人和，就必须重用贤士。文章还进一步探讨了重用贤士的两个基本问题：首先，国君应该具有"伯乐"精神，能慧眼识珠，区分何为贤能之士，何为阿谀奉承的平庸之辈，在用人机制上能够真正做到使贤者在位、不肖者无以立足。其次，国君要具有海纳百川的精神，以宽容、博大的心态，广泛招纳各类人才，善于倾听不同意见，做到博采众长，为己所用。只有如此，才能功成名就，成为贤君圣王；只有如此，也才是名副其实的称王天下的为君之道。

士作为西周宗法贵族中最低的一个等级，在春秋以前主要指的是武士，而且具有相对的稳定性，"士之子恒为士"。春秋以后，随着宗法世袭等级制的衰落和解体，社会结构和政治体制的急剧变革，尤其是西周"学在官府"局面的打破，学术下移到民间，文士作为社会上的一个独立阶层开始迅速崛起和壮大，成为一个联系上层统治者、官吏与下层民众的中间阶层。士一般而言具有广博的知识、特殊的技能，成为当时统治者所急需的一种自由流动的人力资源。墨子生活的战国时代，正是诸侯争霸、烽烟四起的时代，各诸侯国内政、外交、军事等方面矛盾重重，在处理这些复杂的矛盾斗争中，实力固然发挥着举足轻重的作用，然而实力必定依赖于人的智慧和才能。抑或说，礼贤下士、重用贤人成为决定当时各国胜败的关键因素，墨子以睿智的眼光洞察到了这一切，因此积极倡导亲近、重用贤士，这一主张与他"尚贤"的思想是一脉相承的。

墨子的"亲士"主张含有一些普遍意义，在今天仍然适用。当代的世界正可以说是一个"新战国时代"，国际竞争日趋激烈，任何一个国家都好比"逆水行舟，不进则退"，而竞争的实质恰恰是人才的竞争。21世纪最需要的是人才，因此，当代优秀的领导者或者管理者，应该坚持"识才"、"爱才"和善于"用才"的原则，真正做到"人尽其才""才尽其用"。

【原文】

入国而不存其士①,则亡国矣。见贤而不急,则缓其君矣②。非贤无急,非士无与虑国③。缓贤忘士,而能以其国存者,未曾有也。昔者文公出走而正天下④,桓公去国而霸诸侯⑤,越王勾践遇吴王之丑⑥,而尚摄中国之贤君。三子之能达名成功于天下也,皆于其国抑而大丑也。太上无败,其次败而有以成,此之谓用民⑦。

【注释】

① 入国:治理国家。存,恤问,优待。

② 缓:怠慢。

③ 虑:谋划。

④ 文公:即晋文公,春秋时晋国的国君,春秋五霸之一。

⑤ 桓公:即齐桓公,春秋时齐国的国君,春秋五霸之一。

⑥ 勾践:春秋末年越国的国君,后经十年卧薪尝胆、奋发图强,灭掉吴国,成为东方霸主。

⑦ 太上无败,其次败而有以成,此之谓用民:君主最好是常胜不败,其次是失败后仍能成就功业,这就叫善于用人。太上,最上等,特指君主。

【品鉴】

非贤无急,非士无与虑国。缓贤忘士,而能以其国存者,未曾有也。

没有比重用贤士更紧迫的了，如果没有贤士就没有同君主商量国家大事的人。怠慢贤者轻视士人，而能够使国家长治久安的，还未曾有过。

墨子在此强调贤士的重要性，贤士关系到国家的兴衰成败、长治久安，执政当权者应该以国家为重，从大局出发来亲近和重用他们，要充分发挥贤士的才智，让其献言献策，乃至委以治国理政的重任。如历史上大汉帝国的开创者刘邦曾说过："夫运筹策帷帐之中，决胜于千里之外，吾不如子房；镇国家，抚百姓，给馈饷，不绝粮道，吾不如萧何；连百万之军，战必胜，攻必取，吾不如韩信。此三者，皆人杰也，吾能用之，此吾所以取天下也。项羽有一范增而不能用，此其所以为我擒也。"（《史记·高祖本纪》）显然，刘邦能够战胜项羽，平定天下的重要因素，就是他能够做到爱惜人才、知人善用。俗话说："千军易得，一将难求。"对于那些想成就一番事业的人而言，只有得到有过人之处、能独当一面的贤才良将的辅佐，并博采其长、为己所用，才能实现自己远大的理想和抱负。

【原文】

吾闻之曰："非无安居也，我无安心也；非无足财也，我无足心也①。"是故君子自难而易彼，众人自易而难彼。君子进不败其志，内究其情；虽杂庸民，终无怨心，彼有自信者也。是故为其所难者，必得其所欲焉②；未闻为其所欲，而免其所恶者也。是故偪臣伤君③，谄下伤上。君必有弗弗之臣，上必有謇謇之下④。分议者延延，而支苟者詻詻，焉可以长生保国。臣下重其爵位而不言，近臣则喑⑤，远臣则唫⑥，怨结于民心。谄谀在侧，善议障塞，则国危矣。桀纣不以其无天下之士邪？杀其身而丧天下。故曰："归国宝，不若献贤而进士⁷。"

【注释】

① 非无安居也，我无安心也；非无足财也，我无足心也：不是没有安适的居所，而是自己没有安定的心；不是没有丰足的财产，而是自己的心不能满足。

② 为其所难者，必得其所欲焉：严于律己的人，必定能得到自己所希望的东西。

③ 偪（bī）臣：权势过重欺逼君主之臣。偪，同"逼"。

④ 君必有弗弗之臣，上必有谔（è）谔之下：君主必须有敢于直言诤谏的臣下，上级必须有耿直的下属。弗，同"咈（fú）"，违逆。谔谔，直言论争貌。

⑤ 喑（yīn）：缄默不语。

⑥ 唫（jìn）：闭口不言。

⑦ 归国宝，不若献贤而进士：向国家进献宝物，不如向国家举荐贤人。

【品鉴】

君子自难而易彼，众人自易而难彼。

君子总是严于律己，宽以待人；而普通人却宽以待己，严以律人。

君子，古代指有地位的人，后来指道德高尚的人。即道德高尚的人总是以严于律己、宽以待人为做人处世的原则。严于律己，就是处处、时时以高标准、严要求对待自己，要不断加强自身的修养，发生问题时不要怨天尤人，要敢于主动承担责任，自觉进行反省。宽以待人，对待别人要有一颗宽容的心，忍耐别人的小过失，切不可采取"打棍子""扣帽子""抓辫子"的过激行为，以免伤害了他们的自尊和自信。严于律己，宽以待人是要求我们在日常生活中看到别人的缺点时要内省，看到别人的优点时要乐于学习，这一原则对于建构新时期和谐的人际关系大有裨益。

君子进不败其志，内究其情；虽杂庸民，终无怨心，彼有自信者也。

君子得到进用时，不会丧失自己的志向，得不到进用时，就退而反省自己；即使被淹没在平庸的民众之中，也始终没有怨愤之情，因为他们是有自信心的人。

墨子此语是告诫国君要具有"识才"的眼光，因为很多贤能之人有时会被淹没在平庸的人群中。真正贤人君子的风范就是在仕途顺利、得到重用时也不改变自己为国为民的坚定志向；而当人生失意、仕途不顺时，也不会怨天尤人，而是做深刻的自我反省，分析情况、找出原因，以便重新崛起，因为他们具有"天生我材必有用，千金散尽还复来"的心态和不甘心于命运摆布的精神。

诌谀（chǎn yú）在侧，善议障塞，则国危矣。

如果国君身旁都是些阿谀奉承之徒，正确的进谏就会受到阻塞，那国家也就危险了。

"忠言逆耳利于行，良药苦口利于病"，英明的国君不可宠幸阿谀奉承、溜须拍马之徒，而是要重用敢于诤谏劝善的耿直之人，显然这对统治者而言需要超人的胆识和魄力。管理之道在于广开"善议"之途，善于倾听不同的意见和呼声，并且积极采纳正确的意见，杜绝阿谀奉承之言。这对于那些只喜欢"报喜不报忧"的不良的领导作风有一定的警诫作用。

【原文】

　　故虽有贤君，不爱无功之臣；虽有慈父，不爱无益之子①。是故不胜其任而处其位，非此位之人也；不胜其爵而处其禄，非此禄之主也。良弓难张，然可以及高入深；良马难乘，然可以任重致远；良才难令，然可以致君见尊②。是故江河不恶小谷之满己也，故能大。圣人者，事无辞也，物无违也，故能为天下器。是故江河之水，非一源之水也；千镒之裘，非一狐之白也③。夫恶有同方取不取同而已者乎④？盖非兼王之道也。是故天地不昭昭⑤，大水不潦潦⑥，大火不燎燎，王德不尧尧者⑦，乃千人之长也。其直如矢，其平如砥，不足以覆万物。是故溪陕者速涸，逝浅者速竭，硗埆者其地不育⑧。王者淳泽，不出宫中，则不能流国矣⑨。

【注释】

① 虽有贤君，不爱无功之臣；虽有慈父，不爱无益之子：即使是贤明的君主，也不会爱没有功劳的臣下；即使是仁慈的父亲，也不会爱无所作为的儿子。

② 良弓难张，然可以及高入深；良马难乘，然可以任重致远；良才难令，然可以致君见尊：好弓难拉，但可以射得高入得深；好马难驾，但可以载得重行得远；良才难以支配，但可以使国君备受人们的尊敬。

③ 千镒(yì)之裘，非一狐之白也：价值千金的白裘皮，不是一只狐狸的白腋毛所能做成的。镒，古代的重量单位，二十两为一镒，也有二十四两为一镒之说。

④ 夫恶有同方取不取同而已者乎：哪里有与自己的意见相同就采纳，不相同就不采纳的道理呢？

⑤ 昭昭：光明，明亮。

⑥ 潦潦：清澈。

⑦ 尧尧：至高无上。

⑧ 是故溪陕者速涸，逝浅者速竭，硗埆（qiāo què）者其地不育：太狭窄的溪谷，会很快干涸；太浅的河流，会很快枯竭；太贫瘠的土地，会五谷不生。陕，通"狭"，狭窄，狭隘。硗埆，土地贫瘠。

⑨ 王者淳泽，不出宫中，则不能流国矣：国君的恩泽不出宫中，就不能泽被全国。

【品鉴】

不胜其任而处其位，非此位之人也；不胜其爵而处其禄，非此禄之主也。

没有能力，不能胜任其工作而处在某个职位上，就是不适合这个职位的人；不能胜任其爵位而享有俸禄的，就是不该享有这个俸禄的人。

墨子在此强调的是胜其任者才能处其位，当其爵者才能享其禄，一个人只有具备了相应的才干和能力，才能占据和享有一定的职位和俸禄。用今天的话讲，就是要在工作中反对和杜绝"尸位素餐"的现象，要做到"才""权""责""利"的完美结合。从用人制度的角度来讲，要做到这一点，就需要加大对各级公务人员的考核力度，真正形成一种"能者上庸者下"的良性的用人竞争机制。

修　身

　　本篇主要论述了品行修养与君子人格的问题，强调了自我修养是一个人安身立命、为人处世的重要原则，也是治国安邦的根本。墨子在文中还指出个人修养的原则、标准和方法的问题。原则或标准即是"贫则见廉，富则见义，生则见爱，死则见哀"的"君子之道"；方法则是"反之身"，即要时刻警诫自己、反省自己，并应该通过身体力行达到自我完善的目的。所谓的"言不信者，行不果"，"名不徒生，而誉不自长。功成名遂，名誉不可虚假"，这是要求人们在修身的过程中不能流于空谈，而要做到言行一致、表里如一，注重身体力行对于修身的价值和意义。

　　春秋战国时期，随着人文思潮的勃兴，人的主体性也日益凸显，人自身成为认识的对象，而修身问题就是在这一思想背景下提出来的。当时，孔子和儒家学者尤其重视修身的问题，他们积极倡导"修身、齐家、治国、平天下"，把修身作为家齐、国治和天下平的逻辑起点，上自天子、下至庶民都要以修身为本，本立则一切才有可能成功。墨子最初学孔子之术，本文的修身主张体现和反映了儒家思想对他的影响。

【原文】

君子战虽有陈①,而勇为本焉;丧虽有礼,而哀为本焉;士虽有学,而行为本焉。是故置本不安者,无务丰末②;近者不亲,无务来远;亲戚不附③,无务外交;事无终始,无务多业;举物而暗,无务博闻。

【注释】

① 陈(zhèn):军队的战斗行列。

② 置本不安者,无务丰末:根基不牢固,就不要奢望枝繁叶茂。置,同"植"。本,根本。

③ 附:依附,归顺。

【品鉴】

事无终始,无务多业;举物而暗,无务博闻。

做事有始无终,就不要去从事更多的事情;做一件事情都糊里糊涂,就不能追求博学多闻。

老子说:"图难于其易,为大于其细。"(《老子·第六十三章》)困难的事情应在还容易解决的时候便着手去解决,要想成就一番大的事业,就需要从点滴小事做起。而且,做任何事情,要有一种善始善终、专心一意、持之以恒的精神,切不可急于求成、急功近利。而就修身这件事来讲,尤其需要我们保持一种平和的心态,实实在在、一步一个脚印地去修炼自己，唯有如此，才能最终使自己成长为一个道德情操高尚的人。

【原文】

是故先王之治天下也，必察迩来远①。君子察迩而迩修者也，见不修行见毁而反之身者也，此以怨省而行修矣②。谮慝之言，无入之耳；批扞之声，无出之口；杀伤人之孩③，无存之心。虽有诋讦之民④，无所依矣。故君子力事日强，愿欲日逾，设壮日盛⑤。君子之道也，贫则见廉，富则见义，生则见爱，死则见哀⑥。四行者不可虚假，反之身者也。藏于心者，无以竭爱；动于身者，无以竭恭；出于口者，无以竭驯⑦。畅之四支⑧，接之肌肤，华发隳颠⑨，而犹弗舍者，其唯圣人乎！

【注释】

① 迩（ěr）：近。

② 君子察迩而迩修者也，见不修行见毁而反之身者也，此以怨省而行修矣：君子明察左右，促使左右的人品行得到提升，看到左右的人不修养品行而被人诋毁，就反省自身。

③ 孩：荄也，本义为草根，此处当指心中的念头。

④ 诋讦（dǐ jié）：诋毁和攻击他人隐私。

⑤ 设壮日盛：前景日益隆盛。设，设想。壮，同"装"，前景。

⑥ 君子之道也，贫则见廉，富则见义，生则见爱，死则见哀：君子之道应该是贫穷时显示出清廉，富贵时显示出恩义，对生者表现出仁爱，对死者表现出哀思。

⑦ 驯：通"训"，文雅顺理。

⑧ 支：通"肢"。

⑨ 鬐 (huī) 颠：白发苍苍，意指年龄高。

【品鉴】

譖 (zèn) 慝 (tè) 之言，无入之耳；批扞 (hàn) 之声，无出之口；杀伤人之孩，无存之心。

那些谗言恶语，不要去听；攻击、诋毁别人的言论，也不要去说；伤害人的念头，也不要存留在心中。

做人要堂堂正正、光明磊落，要有一颗善良的心。对于谗言恶语，不要给予理睬，不要太在意、为其所左右，更不要浪费时间纠缠于此。因为"身正不怕影子斜"，谗言恶语可能流传一时，但不能流传一世，它终究会不攻自破。同时，做人也不要笑里藏刀、口蜜腹剑，背后指责谩骂别人进而抬高自己，而要心底宽厚，不可有害人之心。尤其在竞争激烈的当今，这一条修身的原则极为重要。凡事要坚持公平竞争的原则，有什么问题应该摆在桌面上协商解决，切不可背后造谣中伤、指手画脚。当然，自己也要保持理性的心态，不能为恶言恶语所困。

【原文】

志不强者智不达，言不信者行不果，据财不能以分人者，不足与友，守道不笃①，遍物不博②，辩是非不察者，不足与游③。本不固者末必几，雄而不修者，其后必惰④。原浊者流不清，行不信者名必耗。名不徒生而誉不自长，功成名遂，名誉不可虚假，反之身者也⑤。务言而缓行，虽辩必不听；多力而伐功⑥，虽劳必不图。慧者心辩而不繁说，多力而不伐功，此以名誉扬天下。言无务为多而务为智，无务为文而务为察。故彼智无察，在身而情⑦，反其路者也。善无主于心者不留，行莫辩于身者不立。名不可简而成也，誉不可巧而立也，君子以身戴行者也。思利寻焉⑧，忘名忽焉⑨，可以为士于天下者，未尝有也。

【注释】

① 笃：坚定。

② 遍物不博：辨别事物不广博。遍，通"辨"，辨识。

③ 游：交往。

④ 本不固者末必几，雄而不修者，其后必情：根基不牢固，结果一定很危险，为人霸道而不修品行，以后必定垮台。

⑤ 原浊者流不清，行不信者名必秏(mào)。名不徒生而誉不自长，功成名遂，名誉不可虚假，反之身者也：源头浑浊，水流必定不清澈，行为无信的人，名声必定受到损害。美名不会无端产生，声誉不会自行增长，功成然后名就，名誉不能虚假地得到，必须要向自身去求取。秏，损伤，损害。

⑥ 伐功：炫耀功劳。

⑦ 情：当为"惰"之误，懒惰。

⑧ 思利寻焉：只图谋一时的利重。寻，重。

⑨ 忘名忽焉：忽视了名誉是不可妄求的东西。忘，通"妄"，妄求。忽，忽视，轻视。

【品鉴】

名不可简而成也，誉不可巧而立也，君子以身戴行者也。

美名是不能轻易地形成的，声誉也不能投机取巧地建立，君子必须身体力行地表现自己的品德。

俗话说："人过留名，雁过留声。"但是，我们究竟如何才能获得好的名声，获得别人的称誉和赞赏呢？两千多年前的墨子在此就告诉了我们成功的秘诀，那就是要加强自己的道德修养，要言行一致、表里如一、身体力行，踏踏实实地做事情，切不可夸夸其谈、沽名钓誉，只有这样才能水到渠成，功成名就。显然，这也正是我们今天树立和发扬社会主义荣辱观的目的所在。

所　染

　　本篇以"染丝"为喻,来说明周围环境对人的重要性。尤其国君要想治理好国家,就一定要选择那些有才能的贤德之人,把他们置于自己的身边,受他们的影响熏陶,并信任和重用他们,这样才能治理好国家,进而称王天下、建功立业。对此,墨子还用历史上正反两个方面的例子来加以说明,像舜、禹、汤、武这样的古圣先王,正因为他们身边多是有才能的贤德之人,所以他们才能"王天下,立为天子",反之,像夏桀、殷纣、周厉王、周幽王那样的昏君暴主,由于身边全是些奸邪佞幸之人,最终导致"国残身死"而为天下人所耻笑。一般人也是如此,如果想要有所成就,也应该慎重地选择那些有才能的贤德之人与之交往,使自己能够从他们那里或周围良好的环境中得到积极正面的影响和熏陶。诚如曾国藩所言:"一生之成败,皆关乎朋友之贤否,不可不慎也。"(《曾国藩文集·书信二》)真可谓交友处世的至理名言,此言亦可看作对墨子该篇思想主旨的精到概括。

【原文】

　　子墨子言见染丝者而叹曰①："染于苍则苍，染于黄则黄，所入者变，其色亦变，五入必而已，则为五色矣②。故染不可不慎也！"

【注释】

　　① 言：当为衍文，无实意。
　　② 五入必而已，则为五色矣：五种染料都投入染缸，就能把丝染成五种颜色。必，通"毕"，完毕。

【品鉴】

　　染于苍则苍，染于黄则黄。

　　把丝放在青色的染料中，丝就会被染成青色；把丝放在黄色的染料中，丝就会被染成黄色。

　　墨子通过强调丝的颜色变化完全取决于染料的颜色，来譬喻外界环境能够对人产生决定性的影响和作用。其实，在此我们可以深切地体会到墨子对人性的独到看法，他并没有对人性进行善恶的划分，而是认为人性具有极大的可塑性，而且几乎完全取决于周围环境的影响。社会环境好而且周围的人都是道德高尚、贤能的人，人处在其中，久而久之，耳濡目染，也会变得品德优良；如果周围都是些道德低下、平庸无能之人，与他们长时间交往的话也会使自己慢慢堕落、变坏。正是基于这样的认识和理解，才会有孟母三迁教子的故事。孟子的母亲为了让孟子接近好的人、事、物，养成好的习性，曾经三次迁居，从坟场旁迁至市场旁，又从市场旁迁至学宫旁，从而在中国历史上被传为佳话，成为教育子女的美谈，这个为世人熟知的故事至今仍然对我们富有启发意义，其中的道理也就是墨子在该篇所讲的人之所染当不当的问题。

【原文】

非独染丝然也，国亦有染。舜染于许由、伯阳，禹染于皋陶、伯益，汤染于伊尹、仲虺，武王染于太公、周公①。此四王者所染当，故王天下，立为天子，功名蔽天地②。举天下之仁义显人，必称此四王者。夏桀染于干辛、推哆，殷纣染于崇侯、恶来，厉王染于厉公长父、荣夷终，幽王染于傅公夷、蔡公榖③。此四王者所染不当，故国残身死，为天下僇④。举天下不义辱人，必称此四王者。

【注释】

① 许由：传说为上古时代道德高尚之人，舜的近臣。伯阳：尧、舜时期的贤臣。皋(gāo)陶(yáo)：传说为舜的司法官。伯益：禹的贤臣，曾助禹治水，划定疆界。仲虺(huǐ)：商汤的左相。太公：即姜太公。周公：周武王的弟弟，曾辅佐周成王治理周朝，并制定了周代诸多典章制度。

② 蔽：遮盖，掩盖。

③ 干辛：夏桀的佞臣。推哆(chǐ)：夏桀的武臣。荣夷终：周厉王的佞臣。

④ 僇(lù)：侮辱，耻笑。

【原文】

　　凡君之所以安者，何也？以其行理也。行理生于染当①。故善为君者，劳于论人，而佚于治官②。不能为君者，伤形费神，愁心劳意，然国逾危，身逾辱。此六君者，非不重其国爱其身也，以不知要故也③。不知要者，所染不当也。非独国有染也，士亦有染。其友皆好仁义，淳谨畏令，则家日益，身日安，名日荣，处官得其理矣，则段干木、禽子、傅说之徒是也④。其友皆好矜奋⑤，创作比周⑥，则家日损，身日危，名日辱，处官失其理矣，则子西、易牙、竖刀之徒是也⑦。《诗》曰："必择所堪，必谨所堪"者，此之谓也⑧。

【注释】

①　行理生于染当：做事合乎道理，在于所受到的浸染得当。

②　故善为君者，劳于论人，而佚于治官：善于做国君的人，在选择人才方面会竭尽全力，而在治理政务方面却很轻松。

③　非不重其国爱其身也，以不知要故也：不是不重视自己的国家，不是不爱惜自己的身体，而是因为他们不懂得治国要领的缘故。

④　段干木：战国时期卫国的著名贤士，曾做过魏文侯的老师。禽子：墨子的学生。傅说 (yuè)：商朝的著名贤臣。

⑤　矜奋：骄傲自大。

⑥　创作比周：结党营私，相互勾结。

⑦　子西：楚令尹公子申。易牙、竖刀：均为齐桓公的佞臣。

⑧　必择所堪，必谨所堪：必须认真地选择染料，必须谨慎地对待浸染。堪，同"湛"，浸渍。

【品鉴】

其友皆好仁义，淳谨畏令，则家日益，身日安，名日荣，处官得其理矣。

如果一个人所结交的朋友都爱好仁义、淳朴谨慎、小心守法，那么他的家道就会日益兴旺，身体就会日益安康，名声就会日益荣显，居官治政就会合乎正道了。

墨子在此强调，如果交到一个好的朋友，不仅可以使自己的身心愉悦，而且还会家道兴旺、名声显赫及事业有成。"近朱者赤，近墨者黑""物以类聚，人以群分"，这是自古不变的道理。这便告诫我们在日常交友的时候，一定要结交一些道德高尚、能推心置腹、患难与共的诤友，而不是一些乱七八糟的酒肉朋友。跟着好人学好事，跟着坏人学不良，与好的朋友相处就像进入了香气扑鼻的花丛，沁人心脾，时间久了就会使自己身上带有香气，与其一样了；如果与不良的人在一起，就像进入了臭气熏天的烂鱼铺子，长此以往，也会使自己变污浊。总之，为人处世一定要慎重交友，要交益友、交贤友、交有德之友，而不要交损友、交不肖之友、交缺德之友。

法　仪

　　法仪，即法度、准则和仪表之意。墨子在本篇中主要论述了三个基本问题：首先开宗明义地提出人们做任何事情都应遵循一定的法度和准则，不可随心所欲，尤其是治理天下和国家这样的大事就更应该遵循法度和准则了。其次具体探讨了我们应以什么为法度和准则的问题。墨子指出人世间的父母、老师和君主未必都是仁爱的，如果以不仁的父母、老师和君主作为我们行为的榜样和效法的标准，那就是效法"不仁"了，因此，我们最终应以"天"作为我们效法的标准和法度，我们的一举一动必须以天作为终极的标准和依据来加以衡量，天所希望的事就做，天所不希望的事就不做。最后，进一步探讨了我们缘何应效法于天的问题。墨子认为，"天"是大公无私、仁民爱物的，它光耀长存而永不衰竭，它以宽广博大的精神平等地爱利天下所有人，它希望人与人相爱相利，反对人与人相恨相害，因此我们应该把"天"作为为人处世的终极标准和依据。

　　墨子主张将"天"作为审视、衡量和评价人们德行、言谈及为政的客观标准，是与他的"天志""兼爱""尚同"等思想主张密切相关的，他将"天"提升到君主之上，试图对君主的权力加以监督、限制和约束，在当时具有一定的积极意义。当然，这种仅仅依靠"天"来试图制约君权的方法，也暴露出了墨子思想的历史局限性和内在缺陷。不过，毋庸置疑，本篇也能带给我们一些重要的启发：做任何事情都需要也应该遵循一定的普遍有效的客观标准和价值依据，而不能以个别的人作为为人处世的法度和准则，即使他是你的父母、老师或者是君主，因为人是会犯错误的，不是尽善尽美的，甚至是不仁不义的。墨子之所以崇尚"天"或"天志"，正是因为在他心目中，"天"或"天志"真正代表了一种平等兼爱、大公无私、普遍正义的客观标准或仪法。

【原文】

子墨子曰：天下从事者，不可以无法仪。无法仪而其事能成者，无有也。虽至士之为将相者皆有法，虽至百工从事者亦皆有法①。百工为方以矩，为圆以规，直以绳，正以县②，平以水。无巧工不巧工，皆以此五者为法。巧者能中之，不巧者虽不能中，放依以从事，犹逾己③。故百工从事，皆有法所度。今大者治天下，其次治大国，而无法所度，此不若百工辩也④。

【注释】

① 虽至士之为将相者皆有法，虽至百工从事者亦皆有法：即使士人做了将相，也必须有行事的法度；即使是从事各行各样的工匠，也有行事的法度。

② 正以县：用悬砣测定物体的斜正。县，通"悬"，悬砣，秤锤。

③ 巧者能中之，不巧者虽不能中，放依以从事，犹逾己：巧匠能切合五者（矩、规、绳墨、悬砣和水平器）的标准，没有技巧的工匠，虽然不能完全切合标准，但是模仿着去做，也还是胜过自己无法度的做法。

④ 此不若百工辩也：还不如百工明白事理。辩，通"辨"，明白，明辨。

【品鉴】

天下从事者，不可以无法仪。无法仪而其事能成者，无有也。

天下无论做什么事情，都要有法度和准则。如果没有法度和准则而事情能够成功的，那是从来没有的事情。

墨子认为，从事各行各业的人都要遵循一定的法度和准则，没有法度和准则，要想办成事情是不可能的。而且，墨子在这里将"法仪"的重要性推广到天下所有的事情：国要有国法，家要有家规，各行各业都要有行业的规矩。如果没有法则和规矩，就会使事情处于一种无序和混乱的状态，对人对己都是十分有害的。

"不以规矩，不成方圆"，法则和规矩是社会良性运行的基石，一方面它是对人的行为的一种约束，另一方面它更是对人的生活的一种保障，是使世界变成美好人间的前提。

【原文】

然则奚以为治法而可？当皆法其父母奚若？天下之为父母者众，而仁者寡，若皆法其父母，此法不仁也。法不仁，不可以为法。当皆法其学奚若①？天下之为学者众，而仁者寡，若皆法其学，此法不仁也②。法不仁，不可以为法。当皆法其君奚若？天下之为君者众，而仁者寡，若皆法其君，此法不仁也。法不仁，不可以为法。故父母、学、君三者，莫可以为治法③。

【注释】

① 奚若：如何。奚，疑问代词，什么。

② 学者：有学术造诣的人，此处指老师。

③ 故父母、学、君三者，莫可以为治法：因此，父母、老师、君主

这三者都不可以作为治理天下和国家的法度和准则。

【原文】

然则奚以为治法而可？故曰：莫若法天。天之行广而无私，其施厚而不德，其明久而不衰，故圣王法之①。既以天为法，动作有为，必度于天，天之所欲则为之，天所不欲则止②。然而天何欲何恶者也？天必欲人之相爱相利，而不欲人之相恶相贼也③。奚以知天之欲人之相爱相利，而不欲人之相恶相贼也？以其兼而爱之④，兼而利之也。奚以知天兼而爱之，兼而利之也？以其兼而有之，兼而食之也。今天下无大小国，皆天之邑也。人无幼长贵贱，皆天之臣也。此以莫不犓羊⑤，豢犬猪⑥，絜为酒醴粢盛⑦，以敬事天，此不为兼而有之，兼而食之邪？天苟兼而有食之，夫奚说以不欲人之相爱相利也？故曰爱人利人者，天必福之；恶人贼人者，天必祸之。曰：杀不辜者，得不祥焉。夫奚说人为其相杀而天与祸乎⑧？是以知天欲人相爱相利，而不欲人相恶相贼也。

【注释】

① 天之行广而无私，其施厚而不德，其明久而不衰，故圣王法之：天的行为广大而没有私心，它的施恩深厚而不自恃有德，它光耀永不衰竭，所以圣王把它当作法则。

② 既以天为法，动作有为，必度于天，天之所欲则为之，天所不欲则止：既然把天作为法度，那么一切行为举止都要依天而行，天所希望的事就做，天所不希望的事就不做。

③ 恶：仇恨。贼：残害。

④ 兼：全，遍。

⑤ 犓 (chú) 羊：喂养牛羊。

⑥ 豢 (huàn) 犬猪：饲养猪狗。豢，喂养，饲养。

⑦ 絜 (jié) 为酒醴 (lǐ) 粢 (zī) 盛：干干净净地准备好祭祀的酒和食物。絜，同"洁"，干净。醴，甜酒。粢，祭祀用的谷物。

⑧ 杀不辜者，得不祥焉。夫奚说人为其相杀而天与祸乎：残杀无辜之人，会招致不祥。不然，又怎能解释人人相残杀而天会降祸于他们呢？

【品鉴】

爱人利人者，天必福之；恶人贼人者，天必祸之。

爱人利人的人，天必定降福给他；恨人害人的人，天必将降祸给他。

墨子将天视为具有意识的人格神存在，天希望人与人之间相爱相利，反对人与人之间相恨相害。天在为人谋福利的同时还在监视着人世间的一切，对于那些按照其意志做事的人给予奖赏，相反，对于那些怀有恶毒之心、相互残杀、不守规矩的人则给予惩罚。诚如有人讲的那样："播下善的种子，必然得到善的回报；播下恶的种子，必然得到恶的果实。这不是宿命，而是我们思想和行为的必然性里所蕴含的偶然性。"（老夫子：《老夫子品评〈墨子〉》，北京：中国电影出版社，2007年版，第45页）显然，墨子主要是针对统治者而言的，他列举禹、汤、文、武这些古代圣王的事例，要求统治者能像他们那样，遵照天的意志，"兼爱天下之百姓"，并同时告诫统治者，如果不按照天的意志行事，只是一味地"恶人贼人"，就会像桀、纣、幽、厉这些暴君一样，落得"失其国家，身死为僇于天下"的可悲下场。

【原文】

昔之圣王禹、汤、文、武，兼爱天下之百姓，率以尊天事鬼，其利人多，故天福之，使立为天子，天下诸侯皆宾事之①。暴王桀、纣、幽、厉，兼恶天下之百姓，率以诟天侮鬼②，其贼人多，故天祸之，使遂失其国家③，身死为僇于天下④，后世子孙毁之⑤，至今不息。故为不善以得祸者，桀、纣、幽、厉是也；爱人利人以得福者，禹、汤、文、武是也。爱人利人以得福者有矣，恶人贼人以得祸者亦有矣。

【注释】

① 皆宾事之：都恭敬地侍奉他们。宾，尊敬。
② 诟(gòu)天侮鬼：诋毁上天，辱骂鬼神。诟，诟骂，诋毁。
③ 遂：通"坠"，毁灭。
④ 僇(lù)：通"戮"，刑戮，杀戮。
⑤ 毁：责骂，唾弃。

七　患

　　本篇主要讨论如何避免国家贫弱、实现国强民富的问题，可以说这一问题是战国时期各诸侯国的统治者极为关注的问题。墨子开篇明义，首先指出了造成国家危亡的七种祸患，如轻视国防、不睦四邻、滥用民力、赏罚不明、国库亏空、贪于享受等等。然后，又进一步指出，要想消除这些祸患，根本的方法就在于增加生产和节省财用，特别是统治者不可奢侈浪费。同时，墨子还告诫统治者，一个国家的安全和防御不仅仅是一时、一地的暂时性问题，而是一项涉及长远、全局性的整个国家的战略性问题。尤其是相对弱小的国家，要想在"争于气力"的战国时代生存和发展就更应该树立一种"有备无患"的意识，在平时就要注重发展生产、增强国防、搞好内政和外交等诸多问题。

　　难能可贵的是，本篇还涉及墨子"开源节流"的经济发展思想。"节流"，即要求统治者不可奢侈浪费、劳民伤财，要节减国家财用；"开源"，即提出了"以时生财"的主张，他曾很明确地指出如果从事生产的人少，而消费的人多，就不会有丰年出现，当财用不足的时候，我们就要反省是否抓住了农时及时生产。显然，这些在当时具有积极意义的思想主张，即使在今天对于我们的国家发展和社会进步也是大有裨益的，值得我们借鉴。

【原文】

子墨子曰：国有七患。七患者何？城郭沟池不可守，而治宫室①，一患也。敌国至境，四邻莫救，二患也。先尽民力无用之功，赏赐无能之人，民力尽于无用，财宝虚于待客，三患也。仕者持禄，游者爱佼②，君修法讨臣，臣慑而不敢拂③，四患也。君自以为圣智而不问事，自以为安强而无守备，四邻谋之不知戒，五患也。所信者不忠，所忠者不信，六患也。畜种菽粟不足以食之④，大臣不足以事之，赏赐不能喜，诛罚不能威，七患也。以七患居国，必无社稷。以七患守城，敌至国倾。七患之所当⑤，国必有殃。

【注释】

① 治宫室：修建宫室。

② 游者爱佼：游谈之士只顾交友谋私。佼，通"交"。

③ 臣慑而不敢拂：臣下怕触犯刑法而不敢犯颜进谏。

④ 畜：通"蓄"，储备。种，种植。菽粟：泛指粮食。菽，豆。粟，黍米。

⑤ 当：碰到，引申为存在。

【品鉴】

以七患居国，必无社稷。以七患守城，敌至国倾。七患之所当，国必有殃。

治理国家要是有了这七种祸患，必定亡国；守卫城池要是有了这七种祸患，敌兵攻至，国家就要倾覆。七患存在于哪个国家，哪个国家就必定遭殃。

何谓"七患"？墨子说："城池破旧不能防守，却大兴土木，修建宫室，这是一患；敌国攻入国境，四方诸侯不肯前来救助，这是二患；把民力耗尽在毫无功利的事情上，赏赐那些平庸无能之人，于是民力穷竭于无用之事，财物因招待宾客而空虚无存，这是三患；做官的人只求保住俸禄，游谈之士只为结党营私，君主制定法律只是为了责罚臣下，而臣下怕触犯刑法不敢犯颜进谏，这是四患；君主自以为圣明睿智，不问政事，自以为国家太平、实力强大，而疏于防范，四方邻国已经在谋划进攻了，君主仍全然不知警戒，这是五患；君主所信任的人不忠于君主，而忠于君主的人却得不到君主的信任，这是六患；储备和种植的粮食不够食用，朝中的大臣不能胜任职守，国家的赏赐不能使好人喜悦，惩罚不能威慑坏人，这是七患。

治理国家需要谨慎从事，实现国强民富更是一项系统的复杂工程，必须从全局的战略高度加以重视和统筹。首先，应该具有一种忧患意识，如孟子之言"生于忧患，而死于安乐"（《孟子·告子下》），忧患可以使人更加奋进，始终保持一种警觉性和进取心；其次，凡事要早做打算、精心策划，切不可临时抱佛脚，只有如此才能胜券在握，安枕无忧。

【原文】

凡五谷者，民之所仰也①，君之所以为养也。故民无仰则君无养，民无食则不可事。故食不可不务也，地不可不力也，用不可不节也②。五谷尽收则五味尽御于主③，不尽收则不尽御。一谷不收谓之馑，二谷不收谓之旱，三谷不收谓之凶，四谷不收谓之馈，五谷不收谓之饥④,五谷不孰谓之大侵。岁馑,则仕者大夫以下皆损禄五分之一。旱,则损五分之二。凶,则损五分之三。馈,则损五分之四。饥、大侵,则尽无禄,禀食而已矣⑤。故凶饥存乎国,人君彻鼎食五分之三,大夫彻县,士不入学,君朝之衣不革制,诸侯之客,四邻之使,雍食而不盛,彻骖騑,涂不芸,马不食粟,婢妾不衣帛,此告不足之至也⑥。

【注释】

① 仰:依赖。

② 故食不可不务也,地不可不力也,用不可不节也:因此粮食不能不加紧生产,田地不能不努力耕种,费用不能不节俭。

③ 五谷尽收则五味尽御于主:如果五谷全获丰收,那么五味就能够完全进献给君主享用。

④ 一谷不收谓之馑,二谷不收谓之旱,三谷不收谓之凶,四谷不收谓之馈,五谷不收谓之饥,五谷不孰谓之大侵:一种谷物不丰收叫作歉收,两种谷物不丰收叫作短缺,三种谷物不丰收叫作凶年,四种谷物不丰收叫作匮乏,五种谷物不丰收叫作饥荒,五种谷物不成熟叫作大侵。旱,当为"罕",稀少,短缺。

⑤ 禀:通"廪",国家供给食物。

⑥ 故凶饥存乎国,人君彻鼎食五分之三,大夫彻县,士不入学,君朝之衣不革制,诸侯之客,四邻之使,雍食而不盛,彻骖騑,涂不芸,马不食粟,婢妾不衣帛,此告不足之至也:因此,当国家遇到凶饥之灾时,君主便撤去鼎食,大夫停止赏听音乐,读书人暂不入学,君主的朝服不再改制换新,对各国的宾客、四方的使者,不再以丰盛的饭菜款待,驷马之车减掉旁边的两匹,道路不加修整,马

匹不用谷物喂养，婢妾不穿丝绸衣服，这些情况的出现表明粮食不足已经严重到了极点。雍食，古代招待外国使节的宴会。

【原文】

今有负其子而汲者，坠其子于井中，其母必从而道之①。今岁凶、民饥、道饿，重其子此疚于坠②，其可无察邪？故时年岁善，则民仁且良；时年岁凶，则民吝且恶③。夫民何常此之有？为者寡，食者众，则岁无丰④。故曰："财不足则反之时，食不足则反之用。"故先民以时生财，固本而用财，则财足。故虽上世之圣王，岂能使五谷常收，而旱水不至哉！然而无冻饿之民者，何也？其力时急，而自养俭也⑤。故《夏书》曰"禹七年水"，《殷书》曰"汤五年旱"，此其离凶饿甚矣⑥。然而民不冻饿者，何也？其生财密，其用之节也⑦。

【注释】

① 今有负其子而汲者，坠其子于井中，其母必从而道之：现在有位背负孩子到井边取水的人，不慎将孩子掉进井里，那么这位母亲必定设法从井中救出孩子。

② 疚：因过失而感到痛苦。

③ 故时年岁善，则民仁且良；时年岁凶，则民吝且恶：有时年成好，这时的人民也就仁厚贤良；有时候年成差，这时的人民也就吝啬凶恶。其实，这也是我们通常所言"仓廪实而知礼节，衣食足而知荣辱"（《管子·牧民》）的内涵。

④ 为者寡，食者众，则岁无丰：务农的人少，而食用的人多，就不会有丰年。

⑤ 其力时急，而自养俭也：圣王能按时令抓紧生产，而自己的奉养却十分节俭。

⑥ 离：同"罹(lí)"，遭受，遭遇。

⑦ 其生财密，其用之节也：生产的财物丰足，而用度却十分节俭的缘故。

【品鉴】

财不足则反之时，食不足则反之用。故先民以时生财，固本而用财，则财足。

财用不足的时候，就要反思是否抓紧了农时进行生产，粮食不足的时候就要反思是否注意了节用。因此，古代的贤人按农时生产、积累财富，搞好农业基础，节省开支，财用自然就会充足。

墨子在此阐明了他重要的经济思想，即如何搞好发展生产的主张。墨子提出，既要"节流"，更要"开源"，实施"双管齐下"的措施才能真正有效地增加社会财富。"节流"就是主张节约，反对统治者的浮华、堕落与奢侈的行为，因为他们的这种行为造成了百姓衣食和国家财富的浪费。"开源"就是从根本上创造社会财富的问题，即要"以时生财"，当财用不足的时候，就要遵循农时积极地发展生产。

古人云："王者以民为天，而民以食为天"（《汉书·郦食其传》），意思是说粮食是民众生存最为重要的东西，君王一定要以民为本，大力发展农桑。显然，粮食的生产和储备自古以来就是国家任务的重中之重，它是一个国家存在和发展的基础。同时，我们提倡"以艰苦奋斗为荣、以骄奢淫逸为耻"，就是要建设一种节约型社会，避免劳民伤财、国家财富的无端流失和浪费。可以说，当代的这些治国理念，都可以在墨子那里见到端倪。

【原文】

　　故仓无备粟，不可以待凶饥；库无备兵，虽有义不能征无义；城郭不备全，不可以自守；心无备虑，不可以应卒①。是若庆忌无去之心②，不能轻出。夫桀无待汤之备，故放③。纣无待武王之备，故杀。桀、纣贵为天子，富有天下，然而皆灭亡于百里之君者，何也？有富贵而不为备也④。故备者国之重也。食者国之宝也，兵者国之爪也，城者所以自守也，此三者国之具也。故曰：以其极赏，以赐无功，虚其府库，以备车马衣裘奇怪⑤。苦其役徒，以治宫室观乐。死又厚为棺椁⑥，多为衣裘。生时治台榭，死又修坟墓。故民苦于外，府库单于内⑦。上不厌其乐，下不堪其苦。故国离寇敌则伤⑧，民见凶饥则亡，此皆备不具之罪也。且夫食者，圣人之所宝也。故《周书》曰："国无三年之食者，国非其国也；家无三年之食者，子非其子也⑨。"此之谓国备。

【注释】

① 卒：同"猝"，突然。

② 庆忌：春秋时期吴国的大力士。

③ 放：流放，放逐。

④ 桀、纣贵为天子，富有天下，然而皆灭亡于百里之君者，何也？有富贵而不为备也：夏桀和商纣贵为天子，富有天下，却被方圆百里的小国之君所灭，这是为什么呢？是因为他们虽然富有且尊贵，但没有防范的准备。

⑤ 以其极赏，以赐无功，虚其府库，以备车马衣裘(qiú)奇怪：用最高的奖赏，赐给没有功劳的人，耗尽国库的资财去置备车马、衣裘和稀奇古怪的东西。

⑥ 椁(guǒ)：外棺，套在棺材外的大棺。

⑦ 故民苦于外，府库单于内：因此外而民众受尽苦难，内而国库也消耗殆尽。单，同"殚"，竭尽。

⑧ 国离寇敌则伤：国家一旦遇到寇敌，就难免受到损伤。离，同"罹(lí)"，遭受，遭遇。

⑨ 国无三年之食者，国非其国也；家无三年之食者，子非其子也：国家没有三年的储备粮，国家就不是君主的国家了；家中没有三年的储备粮，子女也就不是其家的子女了。

【品鉴】

故仓无备粟，不可以待凶饥；库无备兵，虽有义不能征无义；城郭不备全，不可以自守；心无备虑，不可以应卒。

因此，粮库中没有储备足够的粮食，就不能抵御凶年饥荒；兵库中没有储备兵器，即使自己有理，也没有能力讨伐不道义的国家；城郭不修治完备，就不能防守自己的国土；心中没有防患于未然的谋划，就不能应付突发事件。

墨子认为，充分的储备和准备是保证社会稳定和国家长治久安的前提，也是防止外来侵略、实施"军事防御"的基本条件。

"凡事预则立，不预则废"(《礼记·中庸》)，无论是国家还是个人都要事事早做打算、未雨绸缪，才能防患于未然，才能在天灾人祸突然出现的时候沉着冷静、从容应对。当今我们党和政府针对各种突发事件加大力度完善各种预警机制和制定各种应急处理方案，可以说正是对墨子的这一政治智慧的具体运用。

食者国之宝也，兵者国之爪也，城者所以自守也，此三者国之具也。

粮食是国家的宝贵财富，兵器是国家的爪牙，城池是国家用来自我防守的屏障，这三者是维持国家存在的工具。

墨子在这里进一步指出国家存在的三个基本条件：粮食（物质财富）、兵器和城池。这也对今人具有极为重要的启发意义。我们国家要想在竞争日趋激烈的国际环境中生存和发展、占有一席之地，就应该在大力发展生产力、创造社会财富的同时加强国防建设，以防患于未然。正如墨子极力反对和抨击攻打和侵略别的国家那样，我们中华民族是爱好和平的民族，因此，我们发展生产、加强国防建设只是为了自卫，即保护自己国家的和平发展。我们倡导和追求的是和平发展，而绝不是像西方媒体的"中国威胁论"所渲染的那样，是为了称霸和侵略。

辞　过

"辞"，即指责、责备之意。辞过，就是对错误行为的指责和批评。在本篇中，墨子主要运用古今对比的方法，通过对比古人与他那个时代的统治者在宫室、衣服、食物、车马及蓄私（招纳妻妾）等生活需求方面的不同，严厉地批评了他那个时代统治者的奢侈腐败。墨子提倡节俭，反对浪费，尤其主张统治者在日常生活中穿着打扮没有必要奇装异服，饮食没有必要山珍海味，居所没有必要富丽堂皇，出行也没有必要劳民伤财。或者说，衣、食、住、行的各个方面均要坚持"凡足以奉给民用则止""凡费财劳力不加利者不为也"的原则。

显然，墨子认识到了统治者个人生活的奢侈糜烂极易导致政治腐败，激化阶级矛盾，引发社会动荡，从而使国弱民残，这便是天下的大不利。墨子恰恰是在对"利"的权衡与理性分析的基础之上，提出了"俭节则昌，淫佚则亡"的论断，告诫统治者一定要节制，不可过度奢侈。本篇所阐述的内容与后面的"节用""节葬"的思想密切相关。

艰苦朴素一直是我们中华民族的优良传统，我们应该在新的时代条件下继续发扬这一传统，提倡"以艰苦奋斗为荣、以骄奢淫逸为耻"。本篇的主旨对于我们当今加强廉政建设和推进反腐败工作具有重要的启示意义，对于为政者而言，切不可养成浪费、奢侈的不良习惯，要以利国利民为工作的出发点和归宿，积极地做好人民的"公仆"，为打造"节约型政府"而努力。

【原文】

子墨子曰：古之民未知为宫室时，就陵阜而居①，穴而处。下润湿伤民②，故圣王作为宫室。为宫室之法，曰：室高足以辟润湿，边足以圉风寒，上足以待雪霜雨露，宫墙之高足以别男女之礼，仅此则止③。凡费财劳力，不加利者，不为也④。役，修其城郭，则民劳而不伤；以其常正，收其租税，则民费而不病⑤。民所苦者非此也，苦于厚作敛于百姓。是故圣王作为宫室，便于生，不以为观乐也。作为衣服带履，便于身，不以为辟怪也。故节于身，诲于民，是以天下之民可得而治，财用可得而足⑥。当今之主，其为宫室则与此异矣。必厚作敛于百姓，暴夺民衣食之财，以为宫室台榭曲直之望、青黄刻镂之饰。为宫室若此，故左右皆法象之⑦。是以其财不足以待凶饥，赈孤寡，故国贫而民难治也⑧。君实欲天下之治而恶其乱也，当为宫室不可不节。

【注释】

① 就陵阜而居：靠山陵居住。就，靠近。

② 下润湿伤民：地面的潮气太重，伤害了人的身体。

③ 室高足以辟润湿，边足以圉(yǔ)风寒，上足以待雪霜雨露，宫墙之高足以别男女之礼，仅此则止：地基的高度要足以避开湿气，四面的墙壁要足以挡住风寒，屋顶要足以抵御雪霜雨露，宫墙的高度要能够遮断视线，足以使男女有别，仅此而已。辟，同"避"，避

开。围，抵挡。

④ 凡费财劳力，不加利者，不为也：凡是浪费资财、损耗民力而不增加实际利益的事，就不去做。

⑤ 以其常正，收其租税，则民费而不病：按照常规征收租税，民众虽然也有花费，但是不至于生活困苦。正，同"征"，征收。

⑥ 故节于身，诲于民，是以天下之民可得而治，财用可得而足：因此自身节俭，也教诲民众节俭，所以天下的民众可以得到治理，财用可以充足。

⑦ 左右皆法象之：周围的人也都效法着去做。法，效法，模仿。

⑧ 是以其财不足以待凶饥，赈孤寡，故国贫而民难治也：所以国家的财用匮乏，不足以应付凶年饥荒，不能赈济孤寡，因此国家贫困，民众就难以治理。

【原文】

古之民未知为衣服时，衣皮带茭①，冬则不轻而温，夏则不轻而清②。圣王以为不中人之情，故作诲妇人治丝麻，捆布绢③，以为民衣。为衣服之法：冬则练帛之中④，足以为轻且暖；夏则绨绤之中⑤，足以为轻且清，仅此则止。故圣人为衣服，适身体，和肌肤而足矣，非荣耳目而观愚民也⑥。当是之时，坚车良马不知贵也，刻镂文采不知喜也，何则？其所道之然。故民衣食之财，家足以待旱水凶饥者，何也？得其所以自养之情，而不感于外也⑦。是以其民俭而易治，其君用财节而易赡也。府库实满，足以待不然⑧。兵革不顿，士民不劳，足以征不服⑨。故霸王之业可行于天下矣。当今之王，其为衣服则与此异矣。冬则轻煗⑩，夏则轻清，皆已具矣。必厚作敛于百姓，暴夺民衣食之财，以为锦绣文采靡曼之衣，铸金以为钩，珠玉以为佩，女工作文采，男工作刻镂，以为身服，此非云益煖之情也。殚财劳力，毕归之于无用也。以此观之，其为衣服非为身体，皆为观好。是以其民淫僻而难治，其君奢侈而难谏也⑪。夫以奢侈之君御好淫僻之民，欲国无乱，不可得也。君实欲天下之治而恶其乱，当为衣服不可不节。

【注释】

① 衣皮带茭(jiāo)：穿着兽皮，围着草索。茭，草索。

② 清：凉爽。

③ 捆：使之齐平，此处指织布。

④ 练帛：粗糙的帛布。中，同"衷"，内衣。

⑤ 绨绤(chī xì)：葛布的统称。

⑥ 故圣人为衣服，适身体，和肌肤而足矣，非荣耳目而观愚民也：所以，圣人缝制衣服，只是为了让身体舒服，肌肤暖和，而不是为了显示华贵，向愚民炫耀。

⑦ 得其所以自养之情，而不感于外也：民众知道自给自足的道理，不被外界的东西所诱惑。感，当为"惑"，诱惑。

⑧ 不然：突发事件。

⑨ 兵革不顿，士民不劳，足以征不服：兵甲不受到磨损，士民不劳累，足以征讨不顺服的国家。

⑩ 冬则轻煖(nuǎn)：冬天的衣服轻便暖和。煖，通"暖"。

⑪ 其民淫僻而难治，其君奢侈而难谏也：民众淫邪就不容易治理，国君奢侈就难以劝谏。

【原文】

古之民未知为饮食时，素食而分处。故圣人作诲男耕稼树艺^①，以为民食。其为食也，足以增气充虚，强体适腹而已矣。故其用财节，其自养俭，民富国治^②。今则不然，厚作敛于百姓，以为美食刍豢，蒸炙鱼鳖^③。大国累百器，小国累十器，前方丈，目不能遍视，手不能遍操，口不能遍味^④。冬则冻冰，夏则饰馈^⑤。人君为饮食如此，故左右象之。是以富贵者奢侈，孤寡者冻馁，虽欲无乱，不可得也。君实欲天下治而恶其乱，当为食饮不可不节。

【注释】

① 诲：教。

② 故其用财节，其自养俭，民富国治：因此他们用财节约，自己的奉养也很俭省，所以人民富裕、国家太平。

③ 厚作敛于百姓，以为美食刍（chú）豢（huàn），蒸炙鱼鳖：对百姓横征暴敛，用搜刮来的钱财去享受牛羊和蒸鱼烤鳖的美味。

④ 大国累百器，小国累十器，前方丈，目不能遍视，手不能遍操，口不能遍味：大国之君每餐多到上百种菜肴，小国之君也多到上十种，鲜美的食物摆在面前有一丈见方，眼不能全看到，筷子不能全夹到，嘴也不能全品尝到。

⑤ 冬则冻冰，夏则饰馈（yì）：冬天饭菜则结成了冰，夏天则腐烂变坏，形容饭菜之多。

【品鉴】

是以富贵者奢侈，孤寡者冻馁，虽欲无乱，不可得也。

富贵的人生活奢侈，而孤寡的人却在受冻挨饿，虽然希望国家不发生混乱，但也是无法做到的。

这句话表明墨子在当时已经认识到社会存在严重的等级差距和贫富分化的问题，并且对此问题从关乎国家长治久安的高度来加以认识。墨子认为，民贫国乱是由统治阶级生活奢侈腐化、"厚作敛于百姓"所造成的，要想民富国治，统治阶级首先应该生活节俭，不要浪费财物。因此，他告诫统治阶级不要为富不仁、过度奢侈，而应该举止有度、救贫济困。

的确，社会中的贫富分化现象有时是不可避免的，但是过度的贫富分化就会带来极大的负面影响，造成诸多的社会矛盾。我们党和政府是极为重视"民生"问题的，正在全面推进我国社会保障制度的建立、健全，努力完善劳动就业、失业救济、养老保险、最低生活保障等各项社会福利事业，注重解决社会弱势群体和低收入人群的生活困难，这些都有利于国家的稳定、社会的和谐。

【原文】

古之民未知为舟车时，重任不移，远道不至①。故圣王作为舟车，以便民之事。其为舟车也，全固轻利，可以任重致远。其为用财少，而为利多，是以民乐而利之。故法令不急而行，民不劳而上足用，故民归之②。当今之主，其为舟车与此异矣。全固轻利皆已具，必厚作敛于百姓，以饰舟车。饰车以文采，饰舟以刻镂③。女子废其纺织而修文采，故民寒；男子离其耕稼而修刻镂，故民饥④。人君为舟车若此，故左右象之。是以其民饥寒并至，故为奸邪，奸邪多则刑罚深，刑罚深则国乱⑤。君实欲天下之治而恶其乱，当为舟车不可不节。

【注释】

① 重任不移，远道不至：笨重的东西运不走，遥远的地方去不成。至，到达。

② 故法令不急而行，民不劳而上足用，故民归之：法令不用催促便可以实行，民众不用劳苦而财用充足，所以民众自然就归顺于他。

③ 饰车以文采，饰舟以刻镂：用文采装饰车，用雕刻装饰船。

④ 女子废其纺织而修文采，故民寒；男子离其耕稼而修刻镂，故民饥：女子废弃纺织去绘制文采，民众因此遭受寒冻；男子废弃耕种去从事雕刻，民众因此遭受饥饿。

⑤ 是以其民饥寒并至，故为奸邪，奸邪多则刑罚深，刑罚深则国乱：民众饥寒交迫，只好去做邪恶的事情，邪恶的事情一多，刑罚也就自然繁重起来，刑罚一繁重，国家就乱套了。

【原文】

凡回于天地之间，包于四海之内，天壤之情，阴阳之和，莫不有也，虽至圣不能更也①。何以知其然？圣人有传：天地也，则曰上下；四时也，则曰阴阳；人情也，则曰男女；禽兽也，则曰牡牝雄雌也②。真天壤之情，虽有先王不能更也。虽上世至圣必蓄私，不以伤行，故民无怨③。宫无拘女，故天下无寡夫。内无拘女，外无寡夫，故天下之民众④。当今之君，其蓄私也，大国拘女累千，小国累百，是以天下之男多寡无妻，女多拘无夫，男女失时，故民少。君实欲民之众而恶其寡，当蓄私不可不节。

【注释】

① 凡回于天地之间，包于四海之内，天壤之情，阴阳之和，莫不有

也,虽至圣不能更也:凡是周流于天地之间,包容于四海之内的物体,无不禀赋着天地的性情和阴阳的和合,即使至尊的圣人也无法改变。

② 牡牝(mǔ pìn):雄雌。牡,雄性。牝,雌性。

③ 虽上世至圣必蓄私,不以伤行,故民无怨:即使上古的圣王,也必定蓄养妻妾,只是他们不因此败坏品行罢了,所以民间并没有怨情。蓄私,蓄养姬妾。

④ 内无拘女,外无寡夫,故天下之民众:宫中没有拘禁的女子,天下没有鳏夫,天下的人口也就多了。拘女,拘禁在宫中的女子。

【原文】

凡此五者,圣人之所俭节也,小人之所淫佚也①。俭节则昌,淫佚则亡,此五者不可不节。夫妇节而天地和,风雨节而五谷孰②,衣服节而肌肤和。

【注释】

① 凡此五者,圣人之所俭节也,小人之所淫佚也:凡是这五种情况,都是圣人所节俭而小人淫佚放纵的方面。"五者",即宫室、衣服、饮食、车船和蓄私五个方面。

② 孰:同"熟",五谷丰收。

【品鉴】

俭节则昌,淫佚则亡,此五者不可不节。夫妇节而天地和,风雨节而五谷孰,衣服节而肌肤和。

节俭就会昌盛,淫佚放纵就会衰亡。在这五件事上,不能没有节制。夫妇之事有节制，天地阴阳之气就能和顺；风调雨顺，谷物就能丰收；衣服有节制，身体肌肤就会安适。

  墨子认为，君主在房屋宫殿、衣着穿戴、五谷饮食、车马舟楫、妻妾妃嫔这五个方面尤其要注意有所节制，不可淫佚放纵。"节制"就是限制、控制之意。其实，墨子的这句话告诫我们，不仅仅是统治者要在享乐方面有所控制，就是我们普通百姓也要在日常生活中注意节制。从个人的角度而言，过度享乐是不知节制，过度劳累是不知节制，过度要求是不知节制等等；从社会角度而言，对森林的砍伐要有节制，对矿藏的开采要有节制，对废气的排放要有节制等等。总之，"过犹不及"，我们做任何事情都要有分寸、适可而止，不可逾越和过分，否则会物极必反，不免遭遇失败和惩罚。

三　辩

　　本篇通过墨子与程繁对音乐问题的讨论，表明了墨子主张圣人治国应该注重事业和功绩，而不可追求感官享受的观点。对此，他通过对尧、舜、商汤、武王、成王的治国成功的历史经验总结而得出"乐逾繁者，其治逾寡"的结论。显然，墨子这种"非乐"思想对批判当时统治阶级过度追求生活的奢侈和感官的享受具有积极的现实意义。但是，他的这一主张也显得有些太过于极端，就像当时的儒家所言，音乐有雅乐和淫乐之分，就雅乐而言，欣赏音乐对于陶冶人的情操，熏陶人的德性，可以发挥积极的作用，也有利于人身心的愉悦和健康，因此，不可不加辨别地一概排斥。

　　"三辩"之名与本篇内容不是完全吻合，因为篇中只出现了两次对话式的论辩和讨论，有学者认为《三辩》一篇大概已经亡佚，本篇内容可能是《非乐》的残文。

【原文】

程繁问于子墨子曰①:"夫子曰'圣王不为乐',昔诸侯倦于听治,息于钟鼓之乐;士大夫倦于听治,息于竽瑟之乐;农夫春耕夏耘,秋敛冬藏,息于聆缶之乐②。今夫子曰'圣王不为乐',此譬之犹马驾而不税③,弓张而不弛,无乃非有血气者之所能至邪④?"

【注释】

① 程繁:墨子的弟子。

② 昔诸侯倦于听治,息于钟鼓之乐;士大夫倦于听治,息于竽瑟(yú sè)之乐;农夫春耕夏耘,秋敛冬藏,息于聆缶(fǒu)之乐:从前诸侯处理政务疲倦了,就凭借赏听钟鼓之乐来休息;士大夫处理政务疲倦了,就凭借赏听竽瑟之乐来休息;农夫春天耕种,夏天除草,秋天收获,冬天贮藏,就靠赏听瓦盆土器之乐来休息。

③ 马驾而不税:马驾车而不许卸驾。税,通"脱",止驾。

④ 无乃非有血气者之所能至邪:恐怕不是有血气的人所能做到的。

【原文】

子墨子曰:"昔者尧舜有第期者①,且以为礼,且以为乐。汤放桀于大水②,环天下自立以为王③,事成功立,无大后患,因先王之乐④,又自作乐,命曰《护》,又修《九招》。武王胜殷杀纣,环天下自立以为王,事成功立,无大后患,因先王之乐,又自作乐，命曰《象》。周成王因先王之乐，又自作乐，命曰《驺虞》⑤。周成王之治天下也，不若武王。武王之治天下也，不若成汤。成汤之治天下也，不若尧舜。故其乐逾繁者，其治逾寡⑥。自此观之，乐非所以治天下也⑦。"

【注释】

① 笄期：人名，为尧舜时作乐的人。

② 大水：地名，在今天的河南巩县东。

③ 环：遍，周遍。

④ 因先王之乐：继承先王的音乐。因，继承。

⑤《驺虞(zōu yú)》：周成王所作的乐名。

⑥ 其乐逾繁者，其治逾寡：所创作的音乐愈繁杂，所治理的功效也就愈小。

⑦ 乐非所以治天下也：音乐本身不是治理天下的手段。

【原文】

程繁曰："子曰'圣王无乐'，此亦乐已，若之何其谓圣王无乐也①？"

子墨子曰："圣王之命也，多寡之②。食之利也，以知饥而食之者智也，因为无智矣③。今圣有乐而少，此亦无也④。"

【注释】

① 若之何其谓圣王无乐也：这又怎么能说圣王没有音乐呢？

② 圣王之命也，多寡之：圣王的教令，太繁多了就要减少它。

③ 食之利也，以知饥而食之者智也，因为无智矣：吃饭是有利的，

但是只有知道饿的时候再吃,才是明智的。如果无节制地去吃,就不是明智之举。因,当为"固",其上似脱"多食"二字。

④ 今圣有乐而少,此亦无也:现在圣王虽然有音乐,然而力求减少,这也就如同没有音乐了。

尚　贤

　　本篇主要探讨"尚贤"与为政治国的关系。"尚贤",就字面意思而言,是崇尚贤人的意思,不过,墨子所谓的"尚贤",还包含有"众贤"、"进贤"、"用贤"或"事能"等诸多内涵。墨子认为,"尚贤"的问题直接关系天下国家的治乱兴衰,是政治事业的根本所在,只有"尚贤"才能够实现国家的富足、刑法政令的清明,从而使社会发展繁荣和人口增长,故曰"尚贤"乃"为政之本"。

　　墨子生活在战国初期,他希望王公大人们应"以尚贤事能为政",而且要把"尚贤"作为当务之急。在他看来,当时执政当权的王公大人们虽然也都希望和追求实现"国家之富,人民之众,刑政之治"的政治目标,但他们所得到的结果却与他们所希望和追求的恰恰相反,那么,原因何在呢?依墨子之见,那是因为他们"不能以尚贤事能为政",而是"任人唯亲",或者是"无故富贵、面目佼好者则使之",对此,墨子直言不讳地进行了猛烈的抨击。正因如此,墨子高高举起了"尚贤"的大旗,极力主张"列德而尚贤,虽在农与工肆之人,有能则举之"的用人原则。

　　墨子的"尚贤"思想,要求打破血统身份的限制,主张不论贫富贵贱,要"唯才是举",即把那些有真才实学的人选拔出来,并且给予他们地位、权力和俸禄,让他们充分施展自己的才华。同时,还要把那些尸位素餐、无德无能的庸俗之辈从官员队伍中淘汰清除出去，从而真正实现"官无常贵，民无终贱，有能则举之，无能则下之"的官员录用的公平竞争机制。在当时，墨子的这一主张对于打破此前的世袭等级制和"世卿世禄"制，应该说是最富于积极进步意义的。

当然，"尚贤"并不是墨子的专利，以孔孟为代表的儒家对此也极为重视。在墨子以前，孔子就曾明确提出过"举贤才"的主张，并认为这是实现礼仪秩序和国家稳定的重要条件，后来孟子和荀子进一步发展了孔子的这一思想，他们也积极提倡"尊贤使能，俊杰在位"或极力主张"尚贤使能"的用人原则。不过，儒家的思想中还残存着相当多的"尊尊""亲亲"的血缘宗法观念，在一定程度上带有明显的贵族气息。而墨子的"尚贤"主张显然已突破和超越了儒家的这种局限性，具有一种强烈的平民色彩和平等意识，代表了当时的士阶层甚至是一般民众期望参与政治的心声，因此，也更具有划时代的革命性意义，而且，对于我们而言，墨子的为政尚贤、唯才是举、重用贤士的思想迄今也仍然具有借鉴价值和启发意义。

《墨子》原书将《尚贤》分为上、中、下三篇，文字繁简不一，但内容基本上大同小异。这或许是墨家三派分别对墨子关于同一主题的讲学内容的不同记录。为了更全面、更具体地把握墨子的"尚贤"思想，我们下面亦按照上、中、下的顺序对文本的相关内容进行注释和点评。

尚 贤【上】

【原文】

子墨子言曰:"今者王公大人为政于国家者,皆欲国家之富,人民之众,刑政之治①。然而不得富而得贫,不得众而得寡,不得治而得乱,则是本失其所欲,得其所恶②。是其故何也?"子墨子言曰:"是在王公大人为政于国家者,不能以尚贤事能为政也③。是故国有贤良之士众,则国家之治厚;贤良之士寡,则国家之治薄。故大人之务④,将在于众贤而已⑤。"

【注释】

① 今者王公大人为政于国家者,皆欲国家之富,人民之众,刑政之治:现在的王公大人治理国家,都希望国家富足,人口众多,刑法政令清明。
② 本失其所欲,得其所恶:这完全失去了他所希望的,反而得到了他所厌恶的。
③ 尚贤事能:崇尚贤人,任用能者。
④ 大人:王公大人,即为政者。
⑤ 众贤:使贤者增多。

【品鉴】

　　是故国有贤良之士众，则国家之治厚；贤良之士寡，则国家之治薄。故大人之务，将在于众贤而已。

　　所以，国家拥有的贤良之士多，国家就治理得好；国家拥有的贤良之士少，国家就治理得差。因此王公大人的当务之急，就是使贤良之士增多。

　　在墨子看来，当时的统治者都是希望实现"国家富强""民众增多""社会安定"的，可是实际情况是国家不能富强，反而贫困；民众不能增多，反而减少；社会不能稳定，反而更加动荡。理想与现实、愿望与结果正好适得其反，这是什么原因导致的呢？慧眼独具的墨子认为，那是由于统治者不知道"尚贤"的缘故造成的，因此，他大声疾呼，响亮喊出了"尚贤乃为政之本"的口号，告诫统治者要想治理好国家，其当务之急就是要崇尚、重用贤能之人，就是要增加国内贤良之士的数量。

　　"国有贤良之士众，则国家之治厚；贤良之士寡，则国家之治薄"。墨子的这句名言，迄今仍然可以作为为政治国者的座右铭。大到国家的富强和发展，小到一个组织或团体的兴旺发达，人才在其中都无疑发挥着至关重要的决定性作用，是竞争取胜的法宝或关键性因素。因此，任何时候，人才都是一个国家、团体或组织的核心竞争力所在，各级领导和管理者都应该认识到人才的价值，自觉地担负起"伯乐"的职责和重任，慧眼识人才，并将招贤纳才作为自己的重要使命，为贤能之士充分发挥他们的才干积极打造平台，提供或创造各种有利的条件。

【原文】

曰："然则众贤之术将奈何哉？"子墨子言曰："譬若欲众其国之善射御之士者，必将富之贵之，敬之誉之，然后国之善射御之士，将可得而众也①。况又有贤良之士厚乎德行，辩乎言谈，博乎道术者乎②！此固国家之珍，而社稷之佐也③，亦必且富之贵之，敬之誉之，然后国之良士，亦将可得而众也。"

【注释】

① 譬若欲众其国之善射御之士者，必将富之贵之，敬之誉之，然后国之善射御之士，将可得而众也：比如想使国中射箭驾车的能手增多，就一定要让他们俸禄优厚，地位高贵，尊敬他们，赞誉他们，然后国中的射箭驾车的能手就增多起来了。
② 贤良之士厚乎德行，辩乎言谈，博乎道术者乎：贤良之士德行淳厚，言谈雄辩，学术广博。
③ 固国家之珍，而社稷之佐：贤良之士是国家的珍宝、社稷的辅佐之臣。

【原文】

是故古者圣王之为政也，言曰："不义不富，不义不贵，不义不亲，不义不近①。"是以国之富贵人闻之，皆退而谋曰："始我所恃者，富贵也。今上举义不辟贫贱，然则我不可不为义②。"亲者闻之，亦退而谋曰："始我所恃者，亲也。今上举义不辟疏，然则我不可不为义。"近者闻之，亦退而谋曰："始我所恃者，近也，今上举义不辟远，然则我不可不为义。"远者闻之，亦退而谋曰："我始以远为无恃，今上举义不辟远，然则我不可不为义。"逮至远鄙郊外之臣、门庭庶子、国中之众、四鄙之萌人闻之，皆竞为义③。是其故何也？曰："上之所以使下者，一物也；下之所以事上者，一术也④。譬之富者，有高墙深宫，墙立既谨，上为凿一门，有盗人入，阖其自入而求之，盗其无自出⑤。是其故何也？则上得要也⑥。"故古者圣王之为政，列德而尚贤，虽在农与工肆之人，有能则举之，高予之爵，重予之禄，任之以事，断予之令。曰："爵位不高则民弗敬，蓄禄不厚则民不信，政令不断则民不畏⑦。"举三者授之贤者，非为贤赐也，欲其事之成。故当是时，以德就列，以官服事，以劳殿赏，量功而分禄。故官无常贵，而民无终贱，有能则举之，无能则下之。举公义，辟私怨，此若言之谓也。

【注释】

① 不义不富，不义不贵，不义不亲，不义不近：不义的人不使他富有，不义的人不给他高贵的地位，不义的人不和他相亲，不义的人不去接近他。

② 始我所恃者，富贵也。今上举义不辟贫贱，然则我不可不为义：起初我所倚仗的是富贵，现在君主不避贫贱，重视有道义的人，那我就不能不行义了。辟，通"避"，躲开。

③ 逮至远鄙郊外之臣、门庭庶子、国中之众、四鄙之萌人闻之，皆竞为义：直到边邑远郊的臣子、宫廷的卫士、都城中的百姓、四方的民众，他们听到这样说，也都争相行义。鄙，远地。郊，周代都城外百里之内称为郊。门庭庶子，卿大夫之长子称嫡，其余均称为庶子，常任宫中宿卫之职，住在内外朝廷之间，故称为门庭庶子。萌人，指民众。

④ 上之所以使下者，一物也；下之所以事上者，一术也：君主驱使

臣下，只遵循一个原则（崇尚贤人，使用能者），臣下效命于君主，也只遵循一个原则（奉行道义）。

⑤譬之富者，有高墙深宫，墙立既谨，上为凿一门，有盗人入，阖其自入而求之，盗其无自出：这好比富人家里，有高大的院墙，幽深的宫室，院墙筑成后再上泥加固，墙壁上面只开设一个门，这样有盗贼从门潜入，只需关掉盗贼所入之门，他就无路可逃了。既谨：用泥土抹墙以便于加固。

⑥则上得要也：君主把握了为政的要领。要，要领，关键。

⑦爵位不高则民弗敬，蓄禄不厚则民不信，政令不断则民不畏：爵位不高贵，民众就不会尊重；俸禄不优厚，民众就不会信赖；政令不决断，民众就不会畏惧。

【品鉴】

古者圣王之为政，列德而尚贤，虽在农与工肆之人，有能则举之，高予之爵，重予之禄，任之以事，断予之令。

古时候圣王治理政务，要给有德之人安排职位，崇尚贤能之士，虽然是从事农、工、商的平民，只要有贤能就加以提拔，给予高贵的爵位和优厚的俸禄，委任他处理实际事务，授予他决断的权力。

墨子生活的时代，各诸侯国所采用的基本上还是一种世袭的"世卿世禄"制度，宗法血缘关系在社会上还有相当的影响，社会地位低下的人即使有出众的品德和才干，也很少有机会参与国家的政治。面对这种情况，墨子提出了"列德尚贤""唯才是举"的主张，倡导政权应该向一切有才能的人开放，尽管他们是出身贫贱的农夫与工肆之人。或者说，墨子提倡的"尚贤"主张，带有一种平等的意识，认为只要贤能有才干，不管亲疏远近、贫富贵贱、出身如何都应该得到重用。他的主张反映了社会下层普通民众特别是新兴的士阶层对参与政治的强烈要求，具有划时代的意义。另外，墨子在倡导"尚贤"的同时也提醒国君要在政治、经济、职权等各个方面提高贤良之士的地位和待遇，给予他们真正的信任和权力，这样才能保证他们发挥自己的聪明才智，以便更好地辅佐君主治理国家和民众。显然，墨子的上述人才观，是很值得我们吸取和借鉴的。

以德就列，以官服事，以劳殿赏，量功而分禄。故官无常贵，而民无终贱，有能则举之，无能则下之。举公义，辟私怨，此若言之谓也。

按照品德的高低安排职位，按照职位的尊卑授予处事权限，按功劳多少确定奖额，按业绩的大小分配食禄。做官的不会永远富贵，而民众也不会永远贫贱，有能力的就举荐他，没有能力的就罢黜他。倡导公义，消除私怨就是这个意思。

墨子倡导"尚贤"，但是这种主张也不仅仅是简单的崇尚贤人，因为墨子也注意到了即使贤能之人，他们的才能也是有差别的。为了更好地让贤能之士辅佐国君治国理政，墨子认为在任用贤能之士的同时要有相对明确的责、权、利的规定和赏罚分明的激励机制。

责、权、利的明确规定，即"以德就列，以官服事，以劳殿赏"。所谓的"以德就列"，一方面是对官员的道德要求，另一方面也是对官员的才能的要求，即要求官员既要品德高尚，又要有实际的能力才干。所谓的"以官服事"，则意在强调官职不仅仅意味着是一种身份和地位，更重要的还意味着是一种权力和责任，这要求官员必须做到在其位谋其政，而且应该具有一种利国利人、尽心尽力为百姓谋福利的精神。所谓的"以劳殿赏"，则是主张对官员进行严格的政绩考核，根据贡献大小，用赏罚分明的办法和激励机制来对官员进行奖惩。

墨子曰："官无常贵，而民无终贱，有能则举之，无能则下之。"这句名言,可以说充分表达出了墨子"尚贤"思想的核心理念,他希望统治者能够破除陈规旧制而不拘一格地选拔有真才实学的人,让他们参与到治国理政的实践中来,而且,主张在官员的任用问题上应根据能力的标准并坚持能上能下的原则。显然,他的这一主张主要是针对当时的一日为官则终身富贵的官位世袭制度而提出的,而他能够在两千多年前就明确提出一种能上能下的官员录用的用人原则与机制,实属难能可贵。

总之,墨子主张在重用贤能之人的同时,也要加大对他们的考核力度,反对无功受禄、尸位素餐,进而真正实现政治上能上能下的公平竞争机制。可以说,墨子的这种主张给古代注重血缘关系、以"尊尊""亲亲"为原则的官位世袭制敲响了丧钟,代表了一个时代的最强音。

【原文】

故士者,所以为辅相承嗣也①。故得士则谋不困,体不劳,名立而功成,美章而恶不生,则由得士也②。是故子墨子言曰:"得意,贤士不可不举;不得意,贤士不可不举。尚欲祖述尧、舜、禹、汤之道③,将不可以不尚贤。夫尚贤者,政之本也。"

【注释】

① 故士者,所以为辅相承嗣(sì)也:因此,贤良之士是用来作为辅佐和接班人选的。嗣,继承。

② 得士则谋不困,体不劳,名立而功成,美章而恶不生,则由得士也:得到了贤良之士,谋事就不会受阻困,身体就不会劳累,就能够名立而功成,使美好的东西更加昭著,使丑恶的东西不再产生,这都是由于得到贤士帮助的结果。章,同"彰",彰显,昭著。

③ 尚:同"倘",倘若,如果。祖述:效法。

尚 贤〔中〕

【原文】

子墨子言曰：今王公大人之君人民，主社稷，治国家，欲修保而勿失，故不察尚贤为政之本也？^①何以知尚贤之为政本也？曰：自贵且智者为政乎愚且贱者，则治；自愚且贱者为政乎贵且智者，则乱②。是以知尚贤之为政本也。

【注释】

① 今王公大人之君人民，主社稷，治国家，欲修保而勿失，故不察尚贤为政之本也：现在的王公大人统治人民，主掌政权，治理国家，希望永久保持而不丧失，却为什么看不到崇尚贤能是为政之本呢？修，长久。

② 自贵且智者为政乎愚且贱者，则治；自愚且贱者为政乎贵且智者，则乱：由高贵聪慧的人去治理愚昧下贱的人，国家便能治理得好；由愚蠢下贱的人去治理高贵聪慧的人，国家就会发生混乱。

【原文】

故古者圣王甚尊尚贤，而任使能，不党父兄，不偏贵富，不嬖颜色①。贤者举而上之，富而贵之，以为官长；不肖者抑而废之，贫而贱之，以为徒役②。是以民皆劝其赏③，畏其罚，相率而为贤④。是以贤者众，而不肖者寡，此谓进贤。然后圣人听其言，迹其行，察其所能而慎予官，此谓事能。故可使治国者，使治国；可使长官者⑤，使长官；可使治邑者，使治邑。凡所使治国家、官府、邑里，此皆国之贤者也。

【注释】

① 古者圣王甚尊尚贤，而任使能，不党父兄，不偏贵富，不嬖(bì)颜色：古代圣王非常尊重和崇尚贤人，而且重视使用和举任能者，他们不袒护父兄，不偏向富贵，不宠爱美色。党，偏私，偏袒。嬖，宠爱，宠信。

② 贤者举而上之，富而贵之，以为官长；不肖者抑而废之，贫而贱之，以为徒役：贤能的人就选拔上来，让他富裕尊贵，让他做官任职；凡是不肖的人就罢免下去，让他贫穷卑贱，让他做奴仆。

③ 劝：勉励。

④ 相率：前后相继。

⑤ 长(zhǎng)官：主持官府。长，主持。

【品鉴】

然后圣人听其言，迹其行，察其所能而慎予官，此谓事能。故可使治国者，使治国；可使长官者，使长官；可使治邑者，使治邑。

然后，圣人听取他的言论，访察他的行为，考察他的能力，谨慎地授予他官职，这就叫作"事能"。因此，其才能可以治国的，就让他治国；其才能可以主持官府的，就让他主持官府；其才能可以管辖邑里的，就让他管辖邑里。

墨子在这里强调的重点是如何考察贤能之人的方法问题，即应该做到"听其言观其行"，进而全面考察他的能力，然后根据能力大小再授予他相应的职务。可以说，古代政治的问题就是人管理人的问题，如何选拔和任用管理人员乃是任何时代的政治家都无法回避而应给予充分重视的问题，而墨子提出的这种注重从政官员实际能力考察的主张无疑是抓住了政治问题的根本或要害的。

【原文】

既曰若法，未知所以行之术，则事犹若未成，是以必为置三本①。何谓三本？曰：爵位不高则民不敬也，蓄禄不厚则民不信也，政令不断则民不畏也。故古圣王高予之爵，重予之禄，任之以事，断予之令。夫岂为其臣赐哉？欲其事之成也。《诗》曰："告女忧恤，诲女予爵。孰能执热，鲜不用濯？"②则此语古者国君诸侯之不可以不执善承嗣辅佐也，譬之犹执热之有濯也，将休其手焉。古者圣王唯毋得贤人而使之，般爵以贵之，裂地以封之，终身不厌③。贤人唯毋得明君而事之，竭四肢之力以任君之事，终身不倦。若有美善则归之上，是以美善在上，而所怨谤在下，宁乐在君，忧戚在臣④。故古者圣王之为政若此。

【注释】

① 既曰若法，未知所以行之术，则事犹若未成，是以必为置三本：既然有了这样的法则，就是不知道实行的方法，那么事情还是犹如没有成功。因此，必须订立三项根本的措施。

②《诗》曰："告女忧恤，诲女予爵。孰能执热，鲜不用濯？"《诗经》

上说道:"告诉你要忧人之忧,教导你要顺次授爵。有谁能手拿滚烫的东西,而不放到冷水中去浸洗呢?"女,通"汝",你。濯,洗。

③ 古者圣王唯毋得贤人而使之,般爵以贵之,裂地以封之,终身不厌:古时候圣王得到贤人,任用他,授予爵位使他尊贵,划分土地封赐给他,终身不抛弃、冷落他。般,同"颁",授予。

④ 若有美善则归之上,是以美善在上,而所怨谤在下,宁乐在君,忧戚在臣:如果有了美好的功德就归于国君,功德归于国君,百姓的怨恨诽谤由臣下承担,安乐由国君享有,忧愁由臣下承担。

【品鉴】

何谓三本?曰:爵位不高则民不敬也,蓄禄不厚则民不信也,政令不断则民不畏也。故古圣王高予之爵,重予之禄,任之以事,断予之令。夫岂为其臣赐哉?欲其事之成也。

这三项根本措施是什么呢?即爵位不高贵,民众就不会尊敬;俸禄不优厚,民众就不会信赖;政令不决断,民众就不会畏惧。因此,古代的圣王给予贤士高贵的爵位,优厚的俸禄,委任以实际事务,授予他决断的权力。这不是仅仅为了赏赐他,更重要的是使他能够把事情做成功罢了。

的确,对于担负着为政治国之责的各级官员来说,权力越大,责任也就越大。不过,墨子是从另外一个角度来看待问题的,即一个人只有被给予了高爵厚禄,并能够被信任重用而具有决断的权力,他才能把事情做好做成功,或者更好地完成其政治的职责和使命。当然,被任用的人必须是有德有才的贤能之士。所以,墨子并没有考虑权力滥用及其制约的问题。而从墨子所处的时代背景来讲,墨子急切要打破官爵世袭的旧体制,希望统治者能够起用那些出身微贱低下而有才能的士人,为了使这些贤士能够切实地发挥他们的政治才干,从而推动社会政治各项事业的发展,因此,他才极力主张统治者应把"置三本"作为"尚贤"的具体措施和办法,应该说,这在当时还是非常富有针对性和积极意义的。

【原文】

今王公大人亦欲效人以尚贤使能为政,高予之爵,而禄不从也。夫高爵而无禄,民不信也。曰:"此非中实爱我也,假藉而用我也①。"夫假藉之民,将岂能亲其上哉!故先王言曰:"贪于政者,不能分人以事;厚于货者,不能分人以禄。"事则不与,禄则不分,请问天下之贤人将何自至乎王公大人之侧哉?若苟贤者不至乎王公大人之侧,则此不肖者在左右也。不肖者在左右,则其所誉不当贤,而所罚不当暴。王公大人尊此以为政乎国家,则赏亦必不当贤,而罚亦必不当暴②。若苟赏不当贤而罚不当暴,则是为贤者不劝而为暴者不沮矣③。是以入则不慈孝父母,出则不长弟乡里,居处无节,出入无度,男女无别④。使治官府则盗窃,守城则倍畔,君有难则不死,出亡则不从。使断狱则不中,分财则不均,与谋事不得,举事不成,入守不固,出诛不强⑤。故虽昔者三代暴王桀、纣、幽、厉之所以失措其国家,倾覆其社稷者,已此故也⑥。何则?皆以明小物而不明大物也⑦。

【注释】

① 此非中实爱我也,假藉而用我也:这不是真诚地爱我啊,只不过是假借虚名来利用我罢了。

② 王公大人尊此以为政乎国家,则赏亦必不当贤,而罚亦必不当暴:王公大人如果按照这些不肖之人的主意去治理国家,那么他所称赞

的就不会是真正的贤人，所惩罚的也不会是真正的恶人。尊，通"遵"，采纳，依照。

③ 沮：阻止。

④ 入则不慈孝父母，出则不长弟乡里，居处无节，出入无度，男女无别：在家不孝顺父母，出门不尊重乡亲，家庭生活没有节制，出入交往没有规矩，男女接触没有界限。

⑤ 使治官府则盗窃，守城则倍畔，君有难则不死，出亡则不从。使断狱则不中，分财则不均，与谋事不得，举事不成，入守不固，出诛不强：让他治理官府，就会盗窃公财，守御城池就会投降叛变，君主遇到灾难不会舍身相救，君主流亡于外也不会追随。让他治狱断案不能公正，分配财物不能均等，与他谋事不能达到目的，与他行事不能成功，让他在内守卫就不能安固，让他对外出征就不能强大。倍畔，即"背叛"。

⑥ 已：通"以"，因为。

⑦ 皆以明小物而不明大物也：都是因为只明白小事情而不明白大事情。

【品鉴】

贪于政者，不能分人以事；厚于货者，不能分人以禄。

对权力贪婪的人，不愿意把政事分给别人去做；看重财物的人，不愿意把俸禄分给别人享用。

墨子主张，执政当权者应该适当放权，充分地整合各种人才资源为己所用，而不可完全独断、享有权力，否则的话，他就会陷入事必躬亲的烦琐的具体事务之中。那样自然很辛苦，而且一个人的能力毕竟是有限的，所以太过专断是很难把事情处理好的。同样的道理，执政当权者对于财物也不可太过贪婪吝啬，只想着独自占有享用，而应该让贤能之士与你共同分享俸禄，只有如此才会有更多的贤能良才归顺于你，并为你所用。

显然，墨子的这一警言名句，寓含着深刻的道理，对于那些喜欢独断专行并贪婪吝啬的统治者来讲具有重要的警示作用，值得他们深长思之。尤其是"分人以事"的政治观念，对于我们树立正确的"权力观"也具有一定的借鉴意义。在今天看来，权力具有一种公共的性质，所以执政当权者更应该"分人以事"，而不应独断专行，而且，应根据职务和贡献的大小来合理分配官员的收入。

【原文】

今王公大人有一衣裳不能制也，必藉良工①；有一牛羊不能杀也，必藉良宰。故当若之二物者，王公大人未知以尚贤使能为政也②。逮至其国家之乱，社稷之危，则不知使能以治之。亲戚则使之，无故富贵、面目佼好则使之③。夫无故富贵、面目佼好则使之，岂必智且有慧哉？若使之治国家，则此使不智慧者治国家也，国家之乱既可得而知已④。

【注释】

① 藉 (jiè)：凭借，依靠。

② 故当若之二物者，王公大人未知以尚贤使能为政也：因此，遇到上面两种情况，王公大人未尝不知道用尚贤使能的原则去处理。

③ 亲戚则使之，无故富贵、面目佼好则使之：只要是亲戚，就任用他；无功得到富贵的人，面孔长得好看的人，也任用他们。

④ 若使之治国家，则此使不智慧者治国家也，国家之乱既可得而知

已：如果让这些人去治理国家，那就是用不智慧的人去治理国家，那么国家的混乱，也就可以想象得到了。

【原文】

且夫王公大人有所爱其色而使之，其心不察其知，而与其爱①。是故不能治百人者，使处乎千人之官；不能治千人者，使处乎万人之官，此其故何也？曰处若官者爵高而禄厚，故爱其色而使之焉。夫不能治千人者，使处乎万人之官，则此官什倍也。夫治之法将日至者也，日以治之，日不什修，知以治之，知不什益，而予官什倍，则此治一而弃其九矣②。虽日夜相接以治若官，官犹若不治，此其故何也？则王公大人不明乎以尚贤使能为政也。故以尚贤使能为政而治者，夫若言之谓也；以下贤不使能为政而乱者，若吾言之谓也。

【注释】

① 王公大人有所爱其色而使之，其心不察其知，而与其爱：王公大人是因为喜爱其美色而任用他，必定不去考察他的智慧却就对他加以宠爱。

② 夫治之法将日至者也，日以治之，日不什修，知以治之，知不什益，而予官什倍，则此治一而弃其九矣：治国的措施，应当每天去实行它，可是每天去实行它，每天的时间却不能延长十倍，用智慧去实行它，他的智慧也不能增加十倍，可是授予他的官职之大却是他能力的十倍，这就是治理了一成，而废弃了九成。

【原文】

今王公大人中实将欲治其国家，欲修保而勿失，胡不察尚贤为政之本也？且以尚贤为政之本者，亦岂独子墨子之言哉？此圣王之道，先王之书《距年》之言也①。传曰："求圣君哲人，以裨辅而身②。"《汤誓》曰："聿求元圣，与之戮力同心，以治天下③。"则此言圣王之不失以尚贤使能为政也。故古者圣王唯能审以尚贤使能为政，无异物杂焉④，天下皆得其利。

【注释】

① 《距年》：古代的书名。

② 求圣君哲人，以裨辅而身：寻求圣贤的君子和才识超群的人来辅佐你。

③ 聿(yù)求元圣，与之戮力同心，以治天下：寻找大圣人，与他同心协力，来治理天下。

④ 无异物杂焉：不受任何事物的干扰。

【原文】

古者舜耕历山，陶河滨，渔雷泽①，尧得之服泽之阳，举以为天子，与接天下之政，治天下之民②。伊挚③，有莘氏女之私臣，亲为庖人，汤得之，举以为己相，与接天下之政，治天下之民。傅说被褐带索④，庸筑乎傅岩⑤，武丁得之，举以为三公，与接天下之政，治天下之民。此何故始贱卒而贵，始贫卒而富⑥？则王公大人明乎以尚贤使能为政，是以民无饥而不得食，寒而不得衣，劳而不得息，乱而不得治者⑦。

【注释】

① 历山：古代地名，相传舜耕种于此。河滨：河水之滨。雷泽：古

代泽名，相传舜捕鱼于此。
② 服泽：古代地名，相传尧举用舜的地方。
③ 伊挚：即伊尹，商汤时的贤臣，起初是有莘氏女的陪嫁臣仆，供职于厨房，后来被商汤举用。
④ 傅说(yuè)：商代的贤士。
⑤ 庸：通"佣"，雇佣，受雇。
⑥ 此何故始贱卒而贵，始贫卒而富：他们为什么出身卑贱而最终显贵，出身贫困而最终富裕了呢？
⑦ 以民无饥而不得食，寒而不得衣，劳而不得息，乱而不得治者：因此民众不至于挨饿没有饭吃，受冻没有衣穿，劳累得不到休息，混乱得不到治理。

【原文】

故古圣王以审以尚贤使能为政，而取法于天。虽天亦不辩贫富、贵贱、远迩、亲疏，贤者举而尚之，不肖者抑而废之。然则富贵为贤以得其赏者，谁也？曰：若昔者三代圣王尧、舜、禹、汤、文、武者是也。所以得其赏何也？曰：其为政乎天下也，兼而爱之①，从而利之②，又率天下之万民以尚尊天事鬼、爱利万民。是故天鬼赏之，立为天子，以为民父母，万民从而誉之曰"圣王"，至今不已。则此富贵为贤以得其赏者也。然则富贵为暴以得其罚者，谁也？曰：若昔者三代暴王桀、纣、幽、厉者是也。何以知其然也？曰：其为政乎天下也，兼而憎之，从而贼之，又率天下之民以诟天侮鬼、贼杀万民③。是故天鬼罚之，使身死而为刑戮，子孙离散，室家丧灭，绝无后嗣，万民从而非之曰"暴王"，至今不已。则此富贵为暴而以得其罚者也。

【注释】

① 兼而爱之：爱天下人如同爱自己。

② 从而利之：为天下人谋利如同利己。

③ 诟(gòu)天侮鬼、贼杀万民：咒骂天帝，侮辱鬼神，残杀万民。诟，咒骂。

【品鉴】

故古圣王以审以尚贤使能为政，而取法于天。虽天亦不辩贫富、贵贱、远迩、亲疏，贤者举而尚之，不肖者抑而废之。

因此，古代的圣王能够确实地用尚贤使能治政，并取法于天的意志。天也同样不分贫富贵贱、远近亲疏，只要是有贤能的人，就选拔出来重用，只要是不贤能的庸俗之人，就罢免不用。

"天"在墨子那里具有人格神的意味，天有意志，能予人以赏罚，可以主宰人世间的一切，而且，天可作为统治者为政治国的终极依据、标准或仪法，因此，墨子认为，古代圣王之所以"以尚贤使能为政"，正是为了"取法于天"。不过，当我们剔除了墨子思想中天的人格神的意味之后，我们其实不难发现墨子"尚贤"主张的实质，他不过是要统治者能够像"天"一样兼爱天下，而且不辨贫富贵贱和亲疏远近地选拔重用贤士，疏远废弃庸碌无能之辈。因此，说到底，墨子打着"天"的旗号，其实是为了改造现实政治的目的而试图把一种"尚贤使能"的政治理想的"紧箍咒"加到统治者的头上而已。

【原文】

今王公大人欲王天下、正诸侯，夫无德义，将何以哉①？其说将必挟震威强②。今王公大人将焉取挟震威强哉，倾者民之死也③？民生为甚欲，死为甚憎④。所欲不得而所憎屡至，自古及今，未尝能有以此王天下、正诸侯者也。今大人欲王天下、正诸侯，将欲使意得乎天下，名成乎后世，故不察尚贤为政之本也⑤？此圣人之厚行也⑥！

【注释】

① 王(wàng)天下、正诸侯，夫无德义，将何以哉：统一天下、匡正诸侯，但是既没有德行也没有道义，那又将依靠什么呢？王，称王，统一。

② 将必挟震威强：必将使用威力和强权。

③ 倾者民之死也：把民众置于死地。

④ 民生为甚欲，死为甚憎：人民渴望并珍惜生命，厌恶和憎恨死亡。

⑤ 故：同"胡"，为何，何不。

⑥ 厚行：崇高的德行。

尚 贤〔下〕

【原文】

子墨子言曰：天下之王公大人，皆欲其国家之富也，人民之众也，刑法之治也。然而不识以尚贤为政其国家百姓，王公大人本失尚贤为政之本也。若苟王公大人本失尚贤为政之本也，则不能毋举物示之乎？今若有一诸侯于此，为政其国家也，曰："凡我国能射御之士，我将赏贵之；不能射御之士，我将罪贱之①。"问于若国之士，孰喜孰惧？我以为必能射御之士喜，不能射御之士惧。我赏因而诱之矣②，曰："凡我国之忠信之士，我将赏贵之；不忠信之士，我将罪贱之。"问于若国之士，孰喜孰惧？我以为必忠信之士喜，不忠不信之士惧。今惟毋以尚贤为政其国家百姓，使国为善者劝，为暴者沮③；大以为政于天下，使天下之为善者劝，为暴者沮。然昔吾所以贵尧、舜、禹、汤、文、武之道者，何故以哉？以其唯毋临众发政而治民④，使天下之为善者可而劝也⑤，为暴者可而沮也。然则此尚贤者也，与尧、舜、禹、汤、文、武之道同矣。

【注释】

① 凡我国能射御之士，我将赏贵之；不能射御之士，我将罪贱之：

凡是国中能够射箭驾车的士人，我都要加以奖赏，使他们富贵起来；凡是不能射箭驾车的人，我都要降罪于他们，使他们贫贱下去。

② 我赏因而诱之矣：我尝试着做进一步的推论。赏，当为"尝"之误，尝试。

③ 使国为善者劝，为暴者沮：使国中为善的人得到勉励，为非作歹的人受到制止。劝，鼓励，勉励。沮，阻止，制止。

④ 以其唯毋临众发政而治民：是因为他们当众发布政令而治理民众。

⑤ 可而：可以。

【原文】

而今天下之士君子，居处言语皆尚贤，逮至其临众发政而治民，莫知尚贤而使能①。我以此知天下之士君子，明于小，而不明于大也。何以知其然乎？今王公大人有一牛羊之财，不能杀，必索良宰；有一衣裳之财，不能制，必索良工②。当王公大人之于此也，虽有骨肉之亲、无故富贵、面目美好者，实知其不能也，不使之也。是何故？恐其败财也。当王公大人之于此也，则不失尚贤而使能。王公大人有一罢马③，不能治，必索良医；有一危弓④，不能张，必索良工。当王公大人之于此也，虽有骨肉之亲、无故富贵、面目美好者，实知其不能也，必不使。是何故？恐其败财也。当王公大人之于此也，则不失尚贤而使能。逮至其国家则不然，王公大人骨肉之亲、无故富贵、面目美好者，则举之。则王公大人之亲其国家也，不若亲其一危弓、罢马、衣裳、牛羊之财与！我以此知天下之士君子皆明于小，而不明于大也。此譬犹瘖者而使为行人，聋者而使为乐师⑤。

【注释】

① 居处言语皆尚贤，逮至其临众发政而治民，莫知尚贤而使能：平日言谈都知道尚贤，可是一旦到当众发布政令治理民众时，反而不知道崇尚贤人、使用能人了。

② 索：寻求，寻找。

③ 罢(pí)马：衰弱、病重的马。

④ 危弓：有毛病的弓。

⑤ 此譬犹瘖(yīn)者而使为行人，聋者而使为乐师：这就好比让一个哑巴去充当外交人员，让一个聋子去充当乐师。瘖，哑巴。行人，古代指外交使臣。

【原文】

是故古之圣王之治天下也，其所富，其所贵，未必王公大人骨肉之亲、无故富贵、面目美好者也。是故昔者舜耕于历山，陶于河濒，渔于雷泽，灰于常阳①，尧得之服泽之阳，立为天子，使接天下之政，而治天下之民。昔伊尹为莘氏女师仆，使为庖人，汤得而举之，立为三公②，使接天下之政，治天下之民。昔者傅说居北海之洲，圜土之上③，衣褐带索，庸筑于傅岩之城，武丁得而举之，立为三公，使之接天下之政，而治天下之民。是故昔者尧之举舜也，汤之举伊尹也，武丁之举傅说也，岂以为骨肉之亲、无故富贵、面目美好者哉？惟法其言，用其谋，行其道，上可而利天，中可而利鬼，下可而利人，是故推而上之④。

【注释】

① 灰于常阳：在常阳做买卖。灰，当为"贩"，做生意。常阳，古代

地名。

② 三公：中国古代朝廷中最尊贵的三个官职的合称。

③ 圜 (yuán) 土之上：在监狱中。圜土，商代的牢狱。

④ 惟法其言，用其谋，行其道，上可而利天，中可而利鬼，下可而利人：只是按照贤臣的话去做，采用他们的谋略，推行他们的道术，上可以利于天帝，中可以利于鬼神，下可以利于百姓。法，效法，依照。

【原文】

古者圣王既审尚贤，欲以为政，故书之竹帛①，琢之盘盂②，传以遗后世子孙。于先王之书《吕刑》之书然③，王曰："于！来！有国有土，告女讼刑④。在今而安百姓，女何择言人⑤？何敬不刑⑥？何度不及⑦？"能择人而敬为刑，尧、舜、禹、汤、文、武之道可及也。是何也？则以尚贤及之。于先王之书《竖年》之言然，曰："晞！夫圣武知人，以屏辅而身⑧。"此言先王之治天下也，必选择贤者以为其群属辅佐。曰："今也天下之士君子，皆欲富贵而恶贫贱。"曰："然"。女何为而得富贵而辟贫贱？莫若为贤。为贤之道将奈何？曰："有力者疾以助人，有财者勉以分人，有道者劝以教人。"若此，则饥者得食，寒者得衣，乱者得治。若饥则得食，寒则得衣，乱则得治，此安生生⑨。

【注释】

① 书之竹帛：书写在竹帛上。竹帛，竹简和绢帛，古代的书写工具。

② 琢之盘盂 (yú)：刻录在盘盂上。盘盂，古代盛水和食物的容器。

③《吕刑》：齐国第一部成文法典，也是我国第一部成文法典。

④ 告女讼刑：告诉你们公正的刑法。女，通"汝"，你。

⑤ 女何择言人：你如何选择人才。

⑥ 何敬不刑：如何重视刑法。

⑦ 何度不及：如何考虑名分。及，当为"分"，名分。

⑧ 唏(xī)！夫圣武知人，以屏辅而身：希望那圣明、勇武、智慧的人来辅佐你。唏，语气词，表示感叹。知，通"智"，智慧。

⑨ 若饥则得食，寒则得衣，乱则得治，此安生生：如果挨饿的人得到饭吃，受冻的人得到衣服穿，混乱的社会得到治理，民众就可以生生不息。

【品鉴】

有力者疾以助人，有财者勉以分人，有道者劝以教人。

有力量的人，赶紧去帮助别人；有资财的人，尽力去分给别人；有道术的人，努力去劝导别人。

"尚贤"是"为政之本"，要想使国家富强、人口增多、社会稳定，就需要大量贤能之士的效力。那么，究竟怎样才算是贤能之士或"为贤之道"呢？墨子对这一问题的回答和论述，也是很有特色而耐人寻味的。他认为，有力量的能够去帮助别人，有资财的能够去分给别人，有道术的能够去教导别人，这样做便叫作"为贤之道"。也只有这样做的人，才能担当治国理政的重任，才能远离贫贱，过富贵的生活。

可以说，政治历来就是一项公共性的人类事业，执政当权者必须为广大的普通民众谋福利。因此，在墨子看来，私心太重的人无疑是不适合也不配从事这项人类事业的。只有那些勇于"为贤"、乐于助人、愿意为他人奉献自己的力量、财物和智慧的人，才配从事这项人类事业，乃至拥有富贵而脱离贫贱。孔子说："富与贵，是人之所欲也；不以其道得之,不处也。贫与贱,是人之所恶也;不以其道得之,不去也。"(《论语·里仁》)墨子的意思也是如此,他所主张的正是要人们能够以"为贤之道"得富贵而去贫贱。

【原文】

今王公大人其所富,其所贵,皆王公大人骨肉之亲、无故富贵、面目美好者也。今王公大人骨肉之亲、无故富贵、面目美好者,焉故必知哉①?若不知,使治其国家,则其国家之乱可得而知也。今天下之士君子皆欲富贵而恶贫贱。然女何为而得富贵而辟贫贱哉?曰莫若为王公大人骨肉之亲、无故富贵、面目美好者。王公大人骨肉之亲、无故富贵、面目美好者,此非可学能者也。使不知辩,德行之厚若禹、汤、文、武,不加得也②;王公大人骨肉之亲,躄、瘖、聋,暴为桀纣,不加失也③。是故以赏不当贤,罚不当暴。其所赏者已无故矣,其所罚者亦无罪④。是以使百姓皆攸心解体,沮以为善,垂其股肱之力而不相劳来也,腐臭余财而不相分资也,隐匿良道而不相教诲也⑤。若此,则饥者不得食,寒者不得衣,乱者不得治。

【注释】

① 知:通"智",智慧。

② 不加得也:不会得到什么。

③ 王公大人骨肉之亲,躄(bì)、瘖(yīn)、聋,暴为桀纣,不加失也:王公大人的骨肉亲戚,就算是跛子、哑巴、聋子,乃至如同桀纣一样暴虐,也不会遗弃,而加以任用。

④ 其所赏者已无故矣,其所罚者亦无罪:所奖赏的是没有功劳的人,

所惩罚的是没有罪过的人。

⑤ 是以使百姓皆攸心解体，沮以为善，垂其股肱(gōng)之力而不相劳来也，腐臭余财而不相分资也，隐匿良道而不相教诲也：所以使得百姓人心悠忽、行为涣散，阻止了他们向善，宁肯让四肢的力量闲置，也不愿意劳作相助，宁肯让多余的财物腐烂，也不愿意分财互济，宁肯隐藏良好的道术，也不愿意相互教诲。攸心，人心涣散。攸，通"悠"，悠忽。沮，阻止。

【原文】

是故昔者尧有舜，舜有禹，禹有皋陶①，汤有小臣②，武王有闳夭、泰颠、南宫括、散宜生③，而天下和，庶民阜④。是以近者安之，远者归之⑤。日月之所照，舟车之所及，雨露之所渐，粒食之所养，得此莫不劝誉⑥。且今天下之王公大人士君子，中实将欲为仁义，求为上士，上欲中圣王之道，下欲中国家百姓之利，故尚贤之为说，而不可不察此者也⑦。尚贤者，天鬼百姓之利，而政事之本也。

【注释】

① 皋陶(gāo yáo)：舜禹时的贤臣。

② 小臣：指商汤的贤臣伊尹。

③ 闳(hóng)夭、泰颠、南宫括、散宜生：他们都是周文王时的贤臣。

④ 庶民阜：百姓富足。阜，富裕。

⑤ 是以近者安之，远者归之：因此近处的人得以安宁，远处的人都前来归服。

⑥ 日月之所照，舟车之所及，雨露之所渐，粒食之所养，得此莫不劝誉：凡是日月所照耀的地方，车船所达到的地方，雨露所滋润的地方，粮食所供养的地方，得到贤人的治理，无不互相劝勉和鼓励。渐，滋润，浸染。

⑦ 中实将欲为仁义，求为上士，上欲中圣王之道，下欲中国家百姓之利，故尚贤之为说，而不可不察此者也：如果诚心奉行仁义之道，要求做高尚的士人，希望上适合圣王的道术，下符合国家百姓的利益，那就不可不明察尚贤的主张。

尚 同

"尚同"是"下同于上""取法于上"的意思,这是墨子为了平息战国时代诸侯争霸、烽烟四起、政治动荡与社会无序的局面而提出来的。具体说,就是要将人们关于善恶是非的标准逐层地自下一级而统一于上一级,最后统一于"天"。显然,"尚同"主义是墨子政治思想的重要组成部分,核心内容就是要通过"尚同一义"来实现社会的整合,建立起一个强而有力的、普遍服从的政治权威与稳定的政治秩序。这一思想主要通过《尚同》上、中、下三篇淋漓尽致地体现出来,它不仅与"尚贤""兼爱""天志""明鬼"等主张紧密相连,更重要的是它还论及社会国家的起源问题,以及政治权力体系的建立、运作及监督等诸多问题,虽不尽科学,但墨子的认识还是相当深刻的,值得我们仔细品味。

社会秩序是如何产生并得以维系的,天下祸患混乱的根源何在,如何重整天下的社会政治秩序,这可以说是墨子最为关心的核心问题,而且,他对这一问题作了独特的理论思考。在该部分中,他重点论述了政长的出现和选立对于良好的社会秩序的产生和形成所起的决定性的作用。墨子认为,在人类历史产生的初始阶段,人们生活在一种没有行政和政长的混乱社会状态下,这是一种人与人、国与国之间"交相非""交相害"的原初状态,在这种状态之下一人一义,天下大乱、征伐和兼并战争此起彼伏，人民遭殃。为了消除战乱，结束一人一义的状态，使之走向统一，墨子认为唯一的办法就是建立一套完善的"刑政"制度、设立一个完备的"政长"系统，并采取"尚同主义"。

"尚同"的第一步就是推举天下的贤能者立为政长。首先由"上天"选天下最为贤良的人立为天子，让他担任一同天下之义的任务。由于这一任务的重大，个人的能力有限，所以再由天子选举天下的贤良之士职任为三公，协助天子工作。天下地域广大，不便于管理，所以再设立诸侯国君，让他们一同其国之义。国君选立确定以后，由于同样的原因，他们又选择乡里的贤良之士为乡里长，一同乡里之义。这样通过层层选立，就建立起了"天子→三公→诸侯国君→乡里长"的行政管理系统，这一过程事实上也就是有序社会产生、国家形成的过程。在这个行政系统里，上对下是管理和统治，下对上是绝对的服从。"尚同"还要求所有的人都要以上级的是非作为自己的是非，这就具体涉及国家权力的运作问题。墨子认为，天子处在整个权力系统的核心或最顶端，天子首先发布政令于天下，宣告"尚同"的原则，即"闻善而不善，皆以告其上。上之所是，必皆是之，所非，必皆非之。上有过则规谏之，下有善则傍荐之"。然后，各诸侯国君和各级官吏再逐级落实天子的这一政令和"尚同"的原则。最下层的里长，按照天子的原则治理自己的里，使里的意见一致，然后再率领里的人民向上与乡长的意见一致，依此类推，国君再率领一国的民众与天子的意见一致，最后天子再上同于天。这样，通过自上而下的政令下达和自下而上严格遵循的两个过程，国家的政治权威和权力便可有效地树立并运作起来。在这一权力运作的过程中，还需要设立一套重要的奖赏和刑罚制度来维护其有效地运转，这就是所谓的"富贵以道其前，明罚以率其后"。

墨子的"尚同"还含有上下通情的含义，用现代的话说，就是上情下达和下情上传，实现信息沟通，以便于上级更好地管理。但是，我们细品墨子的"尚同"思想，便不难发现其思维方式上存在着重大的理论缺陷和认识上的误区，他通过强调是非异义的同一，过于强调下对上的绝对服从。可以说，从社会秩序的整合方式的意义上讲，这无疑是一种高度专制性的社会整合方式，而绝非是基于通过协商达成的基本共识基础之上的民主性整合方式。也就是说，墨子的尚同主张很容易被用来为专制主义的目的服务，这也许不是他的本意，如他不仅极力地主张"尚贤"，还提出要用"天志""民情"及"历史惩戒"等因素对权力进行监督和制约，但是，他的确轻忽了一个至关重要的政治性问题，即"尚同主义"的政治目标真的实现的那一天，可能人世间就再也没有任何真实的力量可以制约和限制最高当权者专断的权力意志了。

可以说，墨子"尚同"的政治思想在很长的历史时期内一直处于十分尴尬的境地。它一方面期望结束动荡、混乱的无序状态，"兴天下之利，除天下之害"；另一方面它又过度强调个人自身的社会责任，把个人完全视为政治系统中没有任何行动和思想自由的个体。这一点和儒家的"和"形成了鲜明对比，儒家强调"和而不同"，主张在实现社会和谐有序的过程中，应该尊重人最起码的"自然天性"，但是墨子认为这种"和"回避了矛盾，不能解决和根除矛盾。总之，墨子的尚同理念在现实中有极大的操作难度，可能仅仅是一种理想的蓝图，但是这对于后来的思想家进一步从理论上研究和思考政治、国家的起源及本质和作用等问题起了积极的推动作用。

尚 同【上】

【原文】

子墨子言曰：古者民始生，未有刑政之时，盖其语，人异义①。是以一人则一义，二人则二义，十人则十义。其人兹众②，其所谓义者亦兹众。是以人是其义，以非人之义，故交相非也③。是以内者父子兄弟作怨恶④，离散不能相和合。天下之百姓，皆以水火毒药相亏害，至有余力不能以相劳，腐朽余财不以相分，隐匿良道不以相教⑤。天下之乱，至若禽兽然。

【注释】

① 古者民始生，未有刑政之时，盖其语，人异义：古时人类刚刚诞生，还没有行政治理的时候，人们用言语表达意见，也因人而异、各不相同。义，道理。

② 兹众：更多。兹，同"滋"，甚，更加。

③ 是以人是其义，以非人之义，故交相非也：人人都肯定自己的意见而否定别人的意见，因而相互攻击。

④ 内者：一家之内。作怨恶：相互怨恨，相互厌恶。

⑤ 天下之百姓，皆以水火毒药相亏害，至有余力不能以相劳，腐朽

余财不以相分,隐匿良道不以相教:天下的百姓都用水火、毒药互相残杀,以至于让多余的劳力闲置,也不肯劳作相助;宁让富余的财物腐烂,也不肯分给别人;宁愿把好的道理隐藏起来,也不肯教授给别人。

【原文】

夫明乎天下之所以乱者,生于无政长。是故选天下之贤可者,立以为天子。天子立,以其力为未足①,又选择天下之贤可者②,置立之以为三公。天子、三公既以立,以天下为博大,远国异土之民、是非利害之辨,不可一二而明知③,故画分万国,立诸侯国君。诸侯国君既已立,以其力为未足,又选择其国之贤可者,置立之以为正长。正长既已具,天子发政于天下之百姓④,言曰:"闻善而不善,皆以告其上。上之所是,必皆是之;所非,必皆非之。上有过则规谏之,下有善则傍荐之⑤。上同而不下比者,此上之所赏而下之所誉也⑥。意若闻善而不善⑦,不以告其上。上之所是弗能是,上之所非弗能非。上有过弗规谏,下有善弗傍荐。下比不能上同者,此上之所罚而百姓所毁也⑧。"上以此为赏罚,甚明察以审信⑨。

【注释】

① 以:以为,因为。

② 贤可者:墨家常用的词语,指贤良而可以当政的人。

③ 一二而明知:逐一明白。一二,应为"一一"之误。

④ 发政:发布政令。

⑤ 傍荐:查访推荐。傍,当为"访",查访,访问。

⑥上同而不下比者，此上之所赏而下之所誉也：是非对错要与上级保持一致，而不是与下级相互勾结营私，这种做法是上级所奖赏而百姓所称赞的。比，勾结。

⑦意若：假如。

⑧毁：非议，诋毁。

⑨上以此为赏罚，甚明察以审信：如果上级要按照这个原则去奖善惩恶，将是十分审慎、可靠的。审信，谨慎、可信。

【品鉴】

闻善而不善，皆以告其上。上之所是，必皆是之；所非，必皆非之。上有过则规谏之，下有善则傍荐之。

不管听到好事还是坏事，都要报告给上级。上级认为是对的，大家必须也都认为是对的；上级认为是错的，大家也必须认为是错的。上面有了过错就加以规劝，下面有了善行就加以查访推荐。

墨子在这里要求所有的人都要以上级的是非为自己的是非。自己有了好的思想要"毛遂自荐"，及时报告上级，这样好的思想就变为上级所有。同时，上级有了过错，下级就要加以规谏，以使其改正，这样上级就会完美无缺，就会永远比下级正确、智慧和高明。每一级正长（指君主或各级行政长官）本来就是他那个范围内最为贤能的人，所以人人都要与上级的意见保持一致，下级不要结党营私，对抗上级。墨子强调自下而上的同一，下级要主动学习上级的善言善行，时时处处以上级为标准。墨子认为里长的任务就是统一其里的不同意见，并率领他的民众上同于乡长，学习乡长的言行举止，使一里的人都成为像乡长一样贤能的人，进而实现乡治。依此类推，由乡长到国君再到天子，最后上同于"天"以实现天下大治。

客观上讲，墨子的这种"上之所是，必皆是之；所非，必皆非之"的思想主张，过于强调是非异义的同一，过于强调下对上的绝对服从，在一定程度上抹杀了下层的积极性和相对的自主性，进而形成了一种高度专制性的社会整合方式。这种整合方式虽然对于结束当时纷争混乱的社会状况具有一定的积极意义，但在历史上却造成了长期的专制政治传统，其弊害极大。这种思想留给我们的历史教训，是非常值得我们认真反思的，它极易导致对人的个性和思想多元的积极价值和意义的抹杀，导致思想观念的教条、单一和僵化，导致社会生机和政治活力及行政工作的灵活性的丧失。从今天的角度讲，我们应汲取墨子思想留给我们的教训，认真思考并正确处理比如像"中央与地方""民主与集中"的关系等这样的重大政治问题。地方只有拥护中央的权威，才能维持"全国一盘棋"及安定团结的大好局势，但不应该采取墨子的"上之所是，必皆是之；所非，必皆非之"的僵化体制，而是要坚持"中央统一领导下，充分发挥地方积极性"的原则，实现中央和地方的良性互动，既要坚决拥护中央权威，又要关注地方的利益和相对自主性。同时，关于民主与集中的关系问题，也同样应该采取辩证的观点，即要在充分发扬民主的基础上进行集中，以集中来更好地实现民主所追求的政治目标，特别是在讲集中时，必须坚决反对专制的家长作风。只有在破除了唯上是从的工作作风之后，既要维护上级的权威，又能充分调动下级的积极主动性，才能真正开创充满生机与活力的政治事业和行政工作的新局面。

【原文】

是故里长者，里之仁人也[①]。里长发政里之百姓，言曰："闻善而不善，必以告其乡长。乡长之所是，必皆是之；乡长之所非，必皆非之。去若不善言，学乡长之善言；去若不善行，学乡长之善行②。"则乡何说以乱哉？察乡之所治者，何也？乡长唯能壹同乡之义③，是以乡治也。乡长者，乡之仁人也。乡长发政乡之百姓，言曰："闻善而不善者，必以告国君。国君之所是，必皆是之；国君之所非，必皆非之。去若不善言，学国君之善言；去若不善行，学国君之善行。"则国何说以乱哉？察国之所以治者，何也？国君唯能壹同国之义，是以国治也。国君者，国之仁人也。国君发政国之百姓，言曰："闻善而不善，必以告天子。天子之所是，皆是之；天子之所非，皆非之。去若不善言，学天子之善言；去若不善行，学天子之善行。"则天下何说以乱哉？察天下之所以治者，何也？天子唯能壹同天下之义，是以天下治也。

【注释】

① 是故里长者，里之仁人也：里长是一里之中的仁人。里，为古代居民聚居的区域单位，或以二十家为一里，或以五十家、一百家为一里。里有里长。

② 去若不善言，学乡长之善言；去若不善行，学乡长之善行：去掉你的坏言论，学习乡长的好言论；改掉你的坏行为，学习乡长的好行为。若，人称代词，你，你的。

③ 壹同：统一。

【原文】

天下之百姓皆上同于天子，而不上同于天，则灾犹未去也①。今若天飘风苦雨②，溱溱而至者③，此天之所以罚百姓之不上同于天者也。是故子墨子言曰：古者圣王为五刑④，请以治其民⑤。譬若丝缕之有纪，罔罟之有纲，所连收天下之百姓不尚同其上者也⑥。

【注释】

① 天下之百姓皆上同于天子,而不上同于天,则灾犹未去也:天下的百姓都服从于天子,而不服从于上天,那么灾祸仍然不能免除。去,免除,避免。

② 飘风苦雨:刮大风下久雨。飘风,暴风。苦雨,连绵不断的雨。

③ 溱(zhēn)溱:汇集、聚集,比喻风雨盛多的样子。

④ 五刑:古代的五种刑罚,即墨(刺刻面额并染黑)、劓(yì,割去鼻子)、剕(fèi,断足)、宫(残害男子生殖器,破坏女子生殖机能)、大辟(死刑,砍头)。

⑤ 请以治其民:确实是用来治理人民的。请,通"诚",确实。

⑥ 譬若丝缕之有纪,罔(wǎng)罟(gǔ)之有纲,所连收天下之百姓不尚同其上者也:刑律就好比丝缕有纪,渔网有纲,可以用它来约束天下不肯服从上级的百姓。纪,丝缕的头绪。罔罟,渔猎的网具。连收,约束,制约。

尚 同〔中〕

【原文】

子墨子曰：方今之时，复古之民始生①，未有正长之时，盖其语曰："天下之人异义。"是以一人一义，十人十义，百人百义。其人数兹众，其所谓义者亦兹众。是以人是其义，而非人之义，故交相非也。内之父子兄弟作怨仇，皆有离散之心，不能相和合。至乎舍余力不以相劳，隐匿良道不以相教，腐朽余财不以相分。天下之乱也，至如禽兽然。无君臣、上下、长幼之节，父子、兄弟之礼，是以天下乱焉②！

【注释】

① 复古之民始生：上溯到古代人类刚产生。复，上溯，回溯。
② 无君臣、上下、长幼之节，父子、兄弟之礼，是以天下乱焉：没有君臣、上下、长幼的节度，没有父子、兄弟的礼仪，所以天下才会混乱不堪。

【原文】

明乎民之无正长以一同天下之义，而天下乱也。是故选择天下贤良、圣知、辩慧之人，立以为天子，使从事乎一同天下之义。天子既以立矣，以为唯其耳目之情，不能独一同天下之义，是故选择天下赞阅贤良①、圣知、辩慧之人，置以为三公，与从事乎一同天下之义。天子、三公既已立矣，以为天下博大，山林远土之民不可得而一也，是故靡分天下②，设以为万诸侯国君，使从事乎一同其国之义。国君既已立矣，又以为唯其耳目之情，不能一同其国之义，是故择其国之贤者，置以为左右将军大夫③，以远至乎乡里之长④，与从事乎一同其国之义。天子、诸侯之君、民之正长，既已定矣，天子为发政施教曰："凡闻见善者，必以告其上；闻见不善者，亦必以告其上。上之所是，必亦是之；上之所非，必亦非之。己有善，傍荐之；上有过，规谏之⑤。尚同义其上⑥，而毋有下比之心。上得则赏之，万民闻则誉之。意若闻见善，不以告其上；闻见不善，亦不以告其上。上之所是不能是，上之所非不能非。己有善，不能傍荐之；上有过，不能规谏之。下比而非其上者，上得则诛罚之，万民闻则非毁之。"故古者圣王之为刑政赏誉也，甚明察以审信。是以举天下之人，皆欲得上之赏誉，而畏上之毁罚⑦。

【注释】

① 赞阅：此二字为衍字，无意义。

② 是故靡分天下：分割天下的土地。靡，分散。

③ 将军大夫：即卿大夫，即西周、春秋时期天子或诸侯所分封的臣属，掌管所分属都邑的军政大权。

④ 以远至乎乡里之长：以及远至乡、里的长官。

⑤ 己有善，傍荐之；上有过，规谏之：自己有好的建议，就呈献给上级；上级有过失，就加以规劝。

⑥ 义：当为"乎"。

⑦ 是以举天下之人，皆欲得上之赏誉，而畏上之毁罚：所以全天下的人，无不希望得到上司的奖赏和称赞，而畏惧上司的惩罚和责骂。举，全部，一切。

【原文】

是故里长顺天子政①，而一同其里之义。里长既同其里之义，率其里之万民，以尚同乎乡长，曰："凡里之万民，皆尚同乎乡长，而不敢下比。乡长之所是，必亦是之；乡长之所非，必亦非之。去而不善言②，学乡长之善言；去而不善行，学乡长之善行。"乡长固乡之贤者也，举乡人以法乡长，夫乡何说而不治哉③？察乡长之所以治乡者，何故之以也？曰：唯以其能一同其乡之义，是以乡治。乡长治其乡，而乡既已治矣，又率其乡万民，以尚同乎国君。曰："凡乡之万民，皆上同乎国君，而不敢下比。国君之所是，必亦是之；国君之所非，必亦非之。去而不善言，学国君之善言；去而不善行，学国君之善行。"国君固国之贤者也，举国人以法国君，夫国何说而不治哉？察国君之所以治国而国治者，何故之以也？曰：唯以其能一同其国之义，是以国治。国君治其国，而国既已治矣，又率其国之万民，以尚同乎天子。曰："凡国之万民，上同乎天子，而不敢下比。天子之所是，必亦是之；天子之所非，必亦非之。去而不善言，学天子之善言；去而不善行，学天子之善行。"天子者，固天下之仁人也。举天下之万民，以法天子，夫天下何说而不治哉④？察天子之所以治天下者，何故之以也？曰：唯以其能一同天下之义，是以天下治。夫既尚同乎天子，而未上同乎天者，则天灾将犹未止也。故当若天降寒热不节，雪霜雨露不时，五谷不孰，六畜不遂，疾灾戾疫，飘风苦雨，荐臻而至者，此天之降罚也，将以罚下人之不尚同乎天者也⑤。

【注释】

① 顺：依顺，归从。

② 去而不善言：去掉你们不好的言语。而，同"尔"，你，你们。

③ 举：全，都。法：效法，模仿。

④ 天子者，固天下之仁人也。举天下之万民，以法天子，夫天下何说而不治哉：天子本来就是天下的仁人，如果全天下的民众都以天子为自己言行的榜样，那么天下还能治理不好吗？

⑤ 当若天降寒热不节，雪霜雨露不时，五谷不孰，六畜不遂(suì)，疾灾戾(lì)疫，飘风苦雨，荐臻(zhēn)而至者，此天之降罚也，将以罚下人之不尚同乎天者也：如果遇到气候寒热不调，雪霜雨露降的不是时候，五谷不熟，六畜不生长，疾病成灾，瘟疫流行，暴风久雨一再来临，这就是上天降下的惩罚，用来惩戒那些不愿服从上天的人。孰，同"熟"，成熟。遂，生长。臻，接连，重复。

【原文】

故古者圣王，明天鬼之所欲，而避天鬼之所憎，以求兴天下之利，除天下之害①，是以率天下之万民，斋戒沐浴②，洁为酒醴粢盛③，以祭祀天鬼。其事鬼神也，酒醴粢盛不敢不蠲洁④，牺牲不敢不腯肥⑤，圭璧币帛不敢不中度量，春秋祭祀不敢失时几，听狱不敢不中⑥，分财不敢不均，居处不敢怠慢。曰：其为正长若此，是故上者天鬼有厚乎其为政长也⑦，下者万民有便利乎其为政长也。天鬼之所深厚而能强从事焉，则天鬼之福可得也。万民之所便利而能强从事焉，则万民之亲可得也。其为政若此，是以谋事得，举事成，入守固，出诛胜者，何故之以也⑧？曰：唯以尚同为政者也。故古者圣王之为政若此。

【注释】

① 故古者圣王，明天鬼之所欲，而避天鬼之所憎，以求兴天下之利，除天下之害：古代的圣王明察天帝、鬼神所希望的事情，避免天帝、鬼神所憎恶的事情，以求兴天下之利，除去天下的害处。

② 斋戒沐浴：古人在祭祀前，沐浴更衣，不饮酒，不吃荤，以表示诚敬，称为"斋戒"。

③ 洁为酒醴(lǐ)粢(zī)盛：干干净净地准备好酒食祭品。醴，甜酒。粢，谷物的总称。

④ 蠲(juān)洁：干净，洁净。蠲，洁净。

⑤ 牺牲不敢不腯(tú)肥：祭祀的牛羊等不敢不肥硕。牺牲，古时祭祀用的牲畜，如牛、羊等。腯，肥硕。

⑥ 圭璧币帛不敢不中度量，春秋祭祀不敢失时几，听狱不敢不中：圭璧币帛不敢不合标准，春秋时节祭祀不敢错过时期，审理诉讼不敢不公正。圭璧，玉器名，古代贵族作为朝聘、祭祀或丧葬的礼器。时几，时期。听狱，审理诉讼。

⑦ 是故上者天鬼有厚乎其为政长也：上面的天帝鬼神，对他做行政长官十分看重。厚，厚待，看重，重视。

⑧ 其为政若此，是以谋事得，举事成，入守固，出诛胜者：圣王能像这样治理政务，所以谋事就能实现，行事就能成功，对内防守就能安固，对外征伐就能胜利。

【原文】

今天下之人曰："方今之时，天下之正长犹未废乎天下也①，而天下之所以乱者，何故之以也？"子墨子曰："方今之时之以正长，则本与古者异矣，譬之若有苗之以五刑然②。昔者圣王制为五刑以治天下，逮至有苗之制五刑③以乱天下，则此岂刑不善哉？用刑则不善也。是以先王之书《吕刑》之道曰：'苗民否用练，折则刑，唯作五杀之刑，曰法④。'则此言善用刑者以治民，不善用刑者以为五杀，则此岂刑不善哉？用刑则不善，故遂以为五杀。是以先王之书《术令》之道曰：'惟口出好兴戎⑤。'则此言善用口者出好，不善用口者以为谗贼寇戎，则此岂口不善哉？用口则不善也，故遂以为谗贼寇戎。"

【注释】

① 天下之正长犹未废乎天下也：存在于普天之下的各级行政长官并未废弃。废，抛弃，废除。

② 譬之若有苗之以五刑然：就好像有苗族制定五刑那样。有苗，即三苗国，是尧、舜、禹时代我国南方较强大的部族，其范围大体在今天的湖南、湖北境内。

③ 逮至：到了，等到。

④ 苗民否用练，折则刑，唯作五杀之刑，曰法：苗民不用政令治国，而依靠刑杀，制定出五种杀人的刑法，说是法律。

⑤ 惟口出好兴戎：口舌可以产生好事，也可以引发战争。

【品鉴】

则此言善用口者出好，不善用口者以为谗贼寇戎，则此岂口不善

哉？用口则不善也，故遂以为谗贼寇戎。

这就是说，善用口舌会说出好话，不善用口舌就会说出逸言，导致敌对、残杀乃至战争，这岂能说口舌本身不好呢？这是口舌使用得不好，所以才会导致逸害、寇贼、残杀和战争。

口舌是我们每个人都具有的器官，为什么有的人能够用它说出忠诚的言语，成全一件件好事，平息一桩桩纷争；有的人却用它说出一些招惹是非的言语，引起诸多的误解，甚至招致杀身之祸呢？显然，古语所言的"祸从口出"不无道理。说话、交流有很大的学问。墨子在此对这一问题就给予了高度的重视，他认为口舌本身无好坏之分，关键要靠人的说话技巧和艺术，最好要少说话，多做事。当时的儒家也持有同样的观点，根据史书记载，孔子的一位弟子子张曾向孔子询问求得官职和获得俸禄的方法，孔子当时就告诫他说："多听，有怀疑的地方加以保留，其余足以自信的部分谨慎地说出，就能减少错误；多看，有怀疑的地方加以保留，其余足以自信的部分谨慎地实行，就能减少后悔。言语上错误少，行动上后悔少，获得官职和俸禄的智慧就在这里面。"

的确，我们在日常生活中一定要谨言慎行，切不可无中生有，信口开河，更不要背后议论、指责，夸大其词。我们要养成依据事实说话，根据不同的环境和场合说话的好习惯，这对于我们人际关系的融洽，职业、仕途的发展都极为重要。总之，我们要"当老实人，说老实话，办老实事"，既要实实在在、成人之美，又要讲究艺术，维护人际关系的和谐。

【原文】

故古者之置正长也，将以治民也。譬之若丝缕之有纪，而罔罟之有纲也，将以连役天下淫暴①，而一同其义也。是以先王之书

《相年》之道曰："夫建国设都，乃作后王君公，否用泰也，卿大夫师长，否用佚也，维辨使治天均②。"则此语古者上帝鬼神之建设国都，立正长也，非高其爵，厚其禄，富贵佚而错之也，将以为万民兴利除害，富贵贫寡，安危治乱也。故古者圣王之为政若此。今王公大人之为刑政则反此。政以为便嬖③、宗于父兄故旧④，以为左右⑤，置以为正长。民知上置正长之非以治民也，是以皆比周隐匿⑥，而莫肯尚同其上，是故上下不同义。若苟上下不同义，赏誉不足以劝善，而刑罚不足以沮暴。何以知其然也？曰：上唯毋立而为政乎国家，为民正长，曰："人可赏吾将赏之。"若苟上下不同义，上之所赏，则众之所非。曰："人众与处，于众得非⑦。"则是虽使得上之赏，未足以劝乎！上唯毋立而为政乎国家，为民正长，曰："人可罚吾将罚之。"若苟上下不同义，上之所罚，则众之所誉，曰："人众与处，于众得誉⑧。"则是虽使得上之罚，未足以沮乎！若立而为政乎国家，为民正长，赏誉不足以劝善，而刑罚不足以沮暴，则是不与向吾本言"民始生未有正长之时"同乎⑨？若有正长与无正长之时同，则此非所以治民一众之道⑩。

【注释】

① 将以连役天下淫暴：用来控制天下淫恶残暴的人。连役，控制。

② 夫建国设都，乃作后王君公，否用泰也，卿大夫师长，否用佚也，维辨使治天均：建立国家，设置都城，于是设立天子和诸侯，这不是叫他们骄泰奢侈的，设立卿大夫和师长，不是让他们安逸放荡的，而是让他们分授职责，按照公平之道治理天下。作，设立。后王，天子。君公，诸侯。师长，众官之长。天均，天的公平之道。

③ 便嬖：左右得宠的小人。

④ 宗于：当作"宗族"。

⑤ 以为左右：作为左右的重臣。

⑥ 比周隐匿(nì)：结党营私，相互隐瞒。

⑦ 人众与处，于众得非：某人与众人相处，大家都非议他。

⑧ 人众与处，于众得誉：这个人与大家相处，大家都称誉他。

⑨ 为民正长，赏誉不足以劝善，而刑罚不足以沮暴，则是不与向吾本言"民始生未有正长之时"同乎：作为人民行政长官的人，赏誉不能勉励人行善，刑罚不能阻止人行恶，那不是与我前面所说的人民刚产生，没有行政长官之时的情况一样吗？

⑩ 若有正长与无正长之时同，则此非所以治民一众之道：如果有行政长官和没有行政长官时一样，那就不是用来治理人民、统一大众的办法了。

【品鉴】

古者上帝鬼神之建设国都，立正长也，非高其爵，厚其禄，富贵佚而错之也，将以为万民兴利除害，富贵贫寡，安危治乱也。

古时候上帝鬼神建立国家，设置都城，设立行政长官，不是为了提高他的爵位，增加他的俸禄，使他过富贵淫佚的生活，而是让他给万民兴利除害，使贫贱的富贵，寡少的众多，危险的安定，混乱的平治。

墨子相信上帝鬼神的存在，这无疑是一种迷信的思想，不过，他借助于上帝鬼神的信仰所阐发的富于理性和理想化的政治观念，还是非常值得我们认真对待的。他指出古代上帝鬼神建立国家及设立各级行政长官，不是为了给他们高官和厚禄，而是让他们尽职尽责，全身心地为天下大众谋福利。也就是说，上帝鬼神在给予各级政长权力、职位和俸禄的同时，又赋予了他们重要的责任。如果用当代的话语进行诠释的话，这便是"责""权""利"的统一。

墨子的上述思想对于强化政府公务人员的服务意识和担当意识，意义重大。墨子说的各级正长要"为万民兴利除害"与我们今天提倡的"全心全意为人民服务"，其实在含义上是颇有相通之处的。重视民生，关切人民的福祉和利益，这种政治思想观念在中国可谓源远流长，其影响所及形成中华民族的一种优秀思想文化传统，孔子和墨子都是这一传统的代表。当代中国政府把民众的利益时刻放在工作的中心，实施了一系列的民生工程并积极倡导"情为民所系""权为民所用""利为民所谋"的执政理念，显然正是对孔子、墨子等思想家所提倡的治政为民的思想文化传统的继承和发扬。

【原文】

故古者圣王唯而审以尚同①，以为正长，是故上下情请为通②。上有隐事遗利，下得而利之；下有蓄怨积害，上得而除之③。是以数千万里之外，有为善者，其室人未遍知，乡里未遍闻，天子得而赏之。数千万里之外，有为不善者，其室人未遍知，乡里未遍闻，天子得而罚之。是以举天下之人皆恐惧振动惕栗，不敢为淫暴，曰："天子之视听也神④！"先王之言曰："非神也，夫唯能使人之耳目助己视听，使人之吻助己言谈，使人之心助己思虑，使人之股肱助己动作⑤。"助之视听者众，则其所闻见者远矣；助之言谈者众，则其德音之所抚循者博矣；助之思虑者众，则其谋度速得矣；助之动作者众，即其举事速成矣。故古者圣人之所以济事成功⑥，垂名于后世者，无他故异物焉⑦，曰：唯能以尚同为政者也。

【注释】

① 唯而：唯能。而，通"能"。

② 是故上下情请为通：因此上下的情谊确实相通。请，同"诚"，确实，的确。

③ 上有隐事遗利，下得而利之；下有蓄怨积害，上得而除之：上面有隐微未见之事和应办而遗忘的利益，下面的人就帮着兴办；下面有蓄积已久的怨恨，上面的人就积极地消除它。

④ 是以举天下之人皆恐惧振动惕(ti)栗，不敢为淫暴，曰：天子之视听也神：所以普天下的人，都为之恐惧、震动和战栗，不敢做淫佚暴虐的事了，都说天子的耳目视听真神奇。

⑤ 非神也，夫唯能使人之耳目助己视听，使人之吻助己言谈，使人之心助己思虑，使人之股肱助己动作：这不是什么神奇，只是能够使他人的耳目帮助自己视听，使他人的口舌帮助自己言谈，使他人的心帮助自己思考，使他人的四肢帮助自己行动。

⑥ 济事成功：成就功业。

⑦ 无他故异物焉：别无其他的缘故。

【品鉴】

助之视听者众，则其所闻见者远矣；助之言谈者众，则其德音之所抚循者博矣；助之思虑者众，则其谋度速得矣；助之动作者众，即其举事速成矣。

帮助他视听的人多了，那么他的所见所闻就远大了；帮助他言谈的人多了，那么他的恩诏善言所安抚的区域也就广阔了；帮助他思考的人多了，那么他的谋划与忖度也就能很快地实行了；帮助他行动的人多了，那么他的行事也就能很快成功了。

墨子的这句耐人寻味的名言主要是针对上级长官而言的,墨子要求他们能够审慎听取、统一民众的意见,做到上下之情沟通,上面如果有被隐蔽而遗漏掉的利益,下面的人能够及时提醒上级,使他们得到好处;下面若有蓄积的怨恨和害处,上面的长官也可以及时地消除它。这样上情下达,更有利于国家的治理。同时,墨子还特意强调在上的当权者,为政治国一定要学会用众和借势的统治技巧,要善于化众人的视听、言谈、思虑和动作为己所用,一定要倾听下属的意见和建议。也就是说,一个人要想成就一番事业,单靠自己的力量是远远不够的,刚愎自用的结果往往是独自一人品尝失败的苦果;而只有众志成城、团结一致、齐心协力,才可能取得事业的成功。俗话说,"一个好汉三个帮""三个臭皮匠,顶个诸葛亮",其中的道理与墨子这句话的意思是一致的,只是墨子主要是针对执政当权者而言的。

【原文】

是故子墨子曰:"今天下之王公大人士君子,请将欲富其国家,众其人民,治其刑政,定其社稷①,当若尚同之不可不察,此之本也②。"

【注释】

① 定:安定。
② 此之本也:它是为政的根本。

尚　同〔下〕

【原文】

　　子墨子言曰："知者之事，必计国家百姓所以治者而为之，必计国家百姓之所以乱者而避之①。然计国家百姓之所以治者，何也？上之为政，得下之情则治，不得下之情则乱。何以知其然也？上之为政，得下之情，则是明于民之善非也。若苟明于民之善非也，则得善人而赏之，得暴人而罚之也。善人赏而暴人罚，则国必治。上之为政也，不得下之情，则是不明于民之善非也。若苟不明于民之善非，则是不得善人而赏之，不得暴人而罚之。善人不赏而暴人不罚，为政若此，国家必乱。故赏罚不得下之情，而不可不察者也②。"

【注释】

① 知者之事，必计国家百姓所以治者而为之，必计国家百姓之所以乱者而避之：有智慧的人做事，必定要考虑国家和百姓得到治理的原因，而去实行它；必定要考虑国家和百姓发生混乱的原因，而去避免它。知，通"智"，明智，智慧。计，思考，考虑。

② 察：考察，明察。

【品鉴】

上之为政，得下之情则治，不得下之情则乱。何以知其然也？上之为政，得下之情，则是明于民之善非也。若苟明于民之善非也，则得善人而赏之，得暴人而罚之也。善人赏而暴人罚，则国必治。

上面的人治国理政，如果了解下面的实情，就会治理得好；如果不了解下面的实情，就会发生混乱。怎么知道是这样的呢？上面的人治国理政，如果了解下面的实情，就对民众的善与不善有清楚的了解。如果对民众的善与不善有了清楚的了解，就能发现好人并奖赏他，发现恶人并惩罚他。好人得到奖赏，恶人得到惩罚，国家就必定会得到治理。

墨子在此强调的是，执政当权者要想实现有效的统治和管理，就不可只是"居于庙堂之上"而已，而应该具有心系"江湖之远"的情怀，主动了解下级和民众的实情。墨子认识到政治的有效统治，或者更确切地说政治管理应该是上下双向互动的过程，这一过程要求信息的上通下达。显然，墨子在这里深切希望统治者能够建立一个信息收集的网络系统，这样，天子就可以在极短的时间内获得境内众人的所见所闻，甚至可以做到无所不知，然后再把收集到的信息结合自己的是非标准及时实施对下的奖惩。果能做到这一点，奖善惩恶的举措就会产生立竿见影的政治效果，这无疑给民众提供了一个极好的行为导向作用，于是社会便可以向着一个良好的状态运行。墨子在此希望建立的信息系统，其实质是要天子在做出决策前，一定要掌握大量的信息资源，不应该主观臆断，恣意妄为。当然，其目的也不过是希望作为最高当权者的天子能够既借助民众提供的信息来了解民情，又借助民众提供的信息来实现思想的统一，从而实现高度的中央集权。

墨子的上述主张，如果将其中专制集权的目的剔除的话，对我们不乏积极的借鉴意义。那就是我们在进行决策之前，一定要深入基层进行广泛的调研，坚持"从群众中来，到群众中去"的工作方法，确保每项决策都建立在充分了解实际情况和民意的基础之上，进而实现决策的科学化和民主化。同时，墨子心目中理想的政治体制，上级和下级之间的信息渠道应是十分畅通的，上情下达和下情上传也都是十分便捷的，这有利于防范和阻止腐败现象的产生，对于我们今天的廉政建设和政治体制改革也具有一定的借鉴意义。

【原文】

然计得下之情将奈何可？故子墨子曰：唯能以尚同一义为政，然后可矣！何以知尚同一义之可而为政于天下也①？然胡不审稽之古之治为政之说乎②？古者天之始生民，未有正长也，百姓为人③。若苟百姓为人，是一人一义，十人十义，百人百义，千人千义。逮至人之众不可胜计也，则其所谓义者亦不可胜计。此皆是其义而非人之义④，是以厚者有斗而薄者有争⑤。是故天下之欲同一天下之义也，是故选择贤者，立为天子。天子以其知力为未足独治天下，是以选择其次，立为三公。三公又以其知力为未足独左右天子也⑥，是以分国建诸侯。诸侯又以其知力为未足独治其四境之内也，是以选择其次，立为卿之宰。卿之宰又以其知力为未足独左右其君也，是以选择其次，立而为乡长家君⑦。是故古者天子之立三公、诸侯、卿之宰、乡长家君，非特富贵游佚而择之也，将使助治乱刑政也⑧。故古者建国设都，乃立后王君公，奉以卿士师长，此非欲用说也，唯辨而使助治天明也⑨。

【注释】

① 可而：可以。

② 然胡不审稽(jī)之古之治为政之说乎：为何不去考察古代始初治理政务的传说呢？稽，查考，查核。

③ 百姓为人：指百姓各为一人，不相统属。

④ 是：肯定。

⑤ 是以厚者有斗而薄者有争：严重的就会引起殴斗，轻微的就会发生争吵。厚，严重。薄，轻微。

⑥ 三公又以其知力为未足独左右天子也：三公又认为个人的智慧和力量还不能独自辅佐天子。三公，古代朝廷中最为显赫的三个官职的合称。周代以司马（主管军政与军赋）、司徒（主管征发徒役、田地耕作及其他劳役）、司空（主管工程建造）为三公。左右，辅佐。

⑦ 家君：春秋时期各国卿大夫的宗族，他们的封邑及其政权组织称"家"，其封地的总管称为"家臣"。

⑧ 非特富贵游佚而择之也，将使助治乱刑政也：不只是为了让他们富贵、游乐、安逸而选择他们，而是要让他们帮助处理刑法政务。

⑨ 此非欲用说(yuè)也，唯辨而使助治天明也：并非想以此来取悦人，只是分授职责，让他们帮助治理以期实现天之明道。说，通"悦"，取悦于人。

【原文】

今此何为人上而不能治其下，为人下而不能事其上？则是上下相贼也。何故以然？则义不同也。若苟义不同者有党①，上以若人为善，将赏之，百姓不刑，将毁之。若人唯使得上之赏，而辟百姓之毁，是以为善者必未可使劝也。上以若人为暴，将罚之，百姓姓付，将举之。若人唯使得上之罚，而怀百姓之誉，是以为暴者必未可使沮也②。故计上之赏誉不足以劝善，计其毁罚不足以沮暴。此何故以然？则义不同也。然则欲同一天下之义，将奈何可？故子墨子言曰：然胡不赏使家君试用家君发宪布令其家③，曰："若见爱利家者，必以告；若见恶贼家者，亦必以告。"若见爱利家以告，亦犹爱利家者也，上得且赏之，众闻则誉之；若见恶贼家不以告，亦犹恶贼家者也，上得且罚之，众闻则非之④。是以遍若家之人，皆欲得其长上之赏誉，辟其毁罚。是以见善言之，见不善言之。家君得善人而赏之，得暴人而罚之。善人之赏而暴人之罚，则家必治矣⑤。然计若家之所以治者，何也？唯以尚同一义为政故也。家既已治，国之道尽此已邪？则未也。国之为家数也甚多⑥，此皆是其家而非人之家，是以厚者有乱而薄者有争。故又使家君总其家之义，以尚同于国君，国君亦为发宪布令于国之众，曰："若见爱利国者，必以告；若见恶贼国者，亦必以告。"若见爱利国以告者，亦犹爱利国者也，上得且赏之，众闻则誉之；若见恶贼国不以告者，亦犹恶贼国者也，上得且罚之，众闻则非之。是以遍若国之人，皆欲得其长上之赏誉，避其毁罚。是以民见善者言之，见不善者言之。国君得善人而赏之，得暴人而罚之。善人赏而暴人罚，则国必治矣。然计若国之所以治者，何也？唯能以尚同一义为政故也。

【注释】

① 若苟义不同者有党：假如意见不相同而各自结党营私。党，勾结营私。

② 上以若人为善，将赏之，百姓不刑，将毁之。若人唯使得上之赏，

而辟百姓之毁，是以为善者必未可使劝也。上以若人为暴，将罚之，百姓姓付，将举之。若人唯使得上之罚，而怀百姓之誉，是以为暴者必未可使也：上面的认为此人为善，要奖赏他，这个人固然得到上面的奖赏，但是不能避免百姓的诋毁。因此，为善的人必定不会因为看到奖赏就使其善行得到勉励。上面的人认为某人为恶，要惩罚他，这个人固然得到上面的惩罚，但是却受到百姓的赞誉。因此，为恶的人，必定不会因为看到惩罚就使其恶行得到阻止。

③尝：当为"尝"，尝试。试用家君：四宁为衍文，无实义。

④若见爱利家以告，亦犹爱利家者也，上得且赏之，众闻则誉之；若见恶贼家不以告，亦犹恶贼家者也，上得且罚之，众闻则非之：如果发现爱家利家的人并把他的情况报告给家长，这就等于你自己也是爱家利家的人。上面知道了就要奖赏你，大众听到了就要称赞你。如果发现恨家害家的人而不报告给家长，就等于自己也是恨家害家的人。上面知道了就要惩罚你，大众听到了就要诋毁你。

⑤善人之赏而暴人之罚，则家必治矣：善人得赏，恶人得罚，那么家就必定能治好。

⑥国之为家数也甚多：一个国家之中家的数目极多。

【原文】

　　国既已治矣，天下之道尽此已邪①？则未也。天下之为国数也甚多，此皆是其国而非人之国②，是以厚者有战而薄者有争。故又使国君选其国之义③，以尚同于天子。天子亦为发宪布令于天下之众，曰："若见爱利天下者，必以告；若见恶贼天下者，亦以告。"若见爱利天下以告者，亦犹爱利天下者也，上得则赏之，众闻则誉之；若见恶贼天下不以告者，亦犹恶贼天下者也，上得且罚之，众闻则非之。是以遍天下之人，皆欲得其长上之赏誉，避其毁罚，是以见善不善者告之④。天子得善人而赏之，得暴人而罚之，善人赏而暴人罚，则天下必治矣。然计天下之所以治者⑤，何也？唯而以尚同一义为政故也。

【注释】

① 天下之道尽此已邪(yé)：治理天下的办法全在于此吗？邪，疑问语气词，相当于"吗""呢"。

② 此皆是其国而非人之国：这些国家都肯定自己，而非议别的国家。是，肯定，认可。非，否定，非议。

③ 使国君选其国之义：使国君统一全国的意见。选，统一，齐等。

④ 是以见善不善者告之：有好的事情就报告给天子，有不好的事情也要报告给天子。善不善者，好的事情和不好的事情。

⑤ 计：思考，考虑。

【原文】

天下既已治，天子又总天下之义，以尚同于天。故当尚同之为说也，尚用之天子，可以治天下矣；中用之诸侯，可而治其国矣；小用之家君，可而治其家矣①。是故大用之治天下不窕，小用之治一国一家而不横者，若道之谓也②。故曰治天下之国若治一家，使天下之民若使一夫。意独子墨子有此而先王无此，其有邪？则亦然也。圣王皆以尚同为政，故天下治。何以知其然也？于先王之书也《大誓》之言然③，曰："小人见奸巧乃闻，不言也，发罪钧。④"此言见淫辟不以告者，其罪亦犹淫辟者也。

【注释】

① 故当尚同之为说也，尚用之天子，可以治天下矣；中用之诸侯，可而治其国矣；小用之家君，可而治其家矣：因此，尚同作为一种主张，如果上用于天子，可以治理天下；中用于诸侯，可以治理他的国家；下用于家长，就可以治理他的家庭。尚，同"上"。

② 是故大用之治天下不窕(tiǎo)，小用之治一国一家而不横者，若道之谓也：所以，广泛地用于治理天下，不会不完满，小范围地用于治国治家，也不会受阻滞，这就是所说的尚同主张。窕，空隙，缺损。横，充斥，盈满。

③《大誓》：《尚书》中的一篇，为周武王会合诸侯讨伐商纣的誓言。

④ 小人见奸巧乃闻，不言也，发罪钧：小人看到奸巧之事，就应该报告给上级，如果知而不言，他的罪恶就如同奸巧之人一样。钧，相同，相等。

【品鉴】

故曰治天下之国若治一家，使天下之民若使一夫。

治理天下之国，如同治理一家；役使天下之民，如同役使一人。

墨子的这句话所要表达的核心意思，其实也就是先秦思想家共同追求的一种治国理政的理想境界，即期望实现治理天下如同治理一个家室那么简单，役使天下的民众如同指挥一个人那么容易。综观先秦时期的各种思想流派，如儒、墨、法等诸子各家，他们面对当时诸侯纷争、社会动荡不安的混乱局面，所主张的治国方略和具体措施虽然有很大的差异，但他们怀抱的政治理想和目标以及追求的治国理政的效果却也有相通一致的地方，那就是希望天下能够统一，并实现墨子在这里所讲的这种治理效果。不过，为实现这种治理效果或达到这一政治目标，墨子推崇的是"尚同一义"的治理方式,他认为,"尚同"上用之于天子,可以治理天下;中用之于诸侯,可以治理国家;下用之于家长,可以治理家族。大用之以治天下,不会不完满;小用之以治一国一家,也不会产生阻碍。墨子的上述理念深深影响了中国人政治思维的深层心理结构,即由于惟恐担心天下大乱,而总是希望通过"尚同一义"的办法而能够把整个天下和国家治理得像一个家庭或一个人那样,如此则统治者也就可以将整个天下和国家"运之掌上",乃至随心所欲而高枕无忧了,事实上这里面包含着一种极强烈的控制和专制的意愿,我们需对此保持高度的警觉。

【原文】

故古之圣王治天下也,其所差论以自左右羽翼者皆良,外为之人助之视听者众①。故与人谋事,先人得之;与人举事,先人成之;光誉令闻,先人发之②。唯信身而从事,故利若此。古者有语焉,曰:"一目之视也,不若二目之视也;一耳之听也,不若二耳之听也;一手之操也,不若二手之强也。"夫唯能信身而从事,故利若此。是故古之圣王之治天下也,千里之外有贤人焉,其乡里之人皆未之均闻见也,圣王得而赏之;千里之内有暴人焉,其乡里未之均闻见也,圣王得而罚之。故唯毋以圣王为聪耳明目与?岂能一视而通见千里之外哉,一听而通闻千里之外哉!圣王不往而视也,不就而听也③,然而使天下之为寇乱盗贼者,周流天下无所重足者④,何也?其以尚同为政善也。

【注释】

① 其所差(chāi)论(lún)以自左右羽翼者皆良,外为之人助之视听者

众：他们选择做自己左右辅佐的人都很贤良，周围帮助他察视、倾听的人也很多。差论，选择。

② 故与人谋事，先人得之；与人举事，先人成之；光誉令闻，先人发之：所以他和大家一起谋划事情，要比别人先考虑得周到；和人家一起办事，要比别人先成功；他的荣誉和美名，总是先于人家而得到广泛传扬。光誉令闻，荣誉和美名。

③ 圣王不往而视也，不就而听也：圣王并不曾亲自前去察看，也不亲自前去闻听。

④ 周流天下无所重足者：走遍天下也没有立足之地。重足，立足，容身。

【品鉴】

唯信身而从事，故利若此。

做事诚信，相信别人，才能将事情办成，从而在其中得到利益。

墨子在此主要强调的是如何用人的问题，当然墨子这里所言的"利"也不是唯利是图的个人私利，而是对民众有益的"公利"。可以说，在整个"尚同"思想中，墨子一再强调下级应该尚同于上级政长的意见，但是他也同时指出，上级政长反过来也一定要信任和重用下级。也就是说，既然任用他们，就要真心地相信他们，这样才能换来下属真诚的回报，所谓"疑人不用，用人不疑"，就是这个道理。在现代社会，领导者同样需要"信身而从事"，要信任下属，放手让他们去做事，给予他们一定的权力和行事的自由，不能听到一些对他们不利的言语就产生怀疑，否则便会造成上下级之间的相互猜疑和隔膜，影响正常工作的开展。领导者应该从整体和全局的立场出发，充分信任下属，然后再详察审断，这样才有利于各项工作的开展。总之，为了事业的成功，必须建立上下级之间的信任关系，而这需要身居领导职位的人自己首先要具有诚信意识，同时还要相信他人，要以宽广坦荡的心胸对待他人，以换取他人的真诚和信任，而切不可让猜忌和怀疑败坏上下级的精诚团结和彼此信任的关系。因此，"信身而从事"，既利国利家，也利人利己，值得我们每个人身体力行。

【原文】

是故子墨子曰："凡使民尚同者，爱民不疾，民无可使①。"曰：必疾爱而使之，致信而持之，富贵以道其前，明罚以率其后。为政若此，唯欲毋与我同，将不可得也。是以子墨子曰："今天下王公大人士君子，中情将欲为仁义，求为上士，上欲中圣王之道，下欲中国家百姓之利，故当尚同之说而不可不察，尚同为政之本而治要也②！"

【注释】

① 凡使民尚同者，爱民不疾，民无可使：凡要使民众同一于上，如果爱民不深切，民众就不听使令。疾，用力，深情。

② 中情将欲为仁义，求为上士，上欲中圣王之道，下欲中国家百姓之利，故当尚同之说而不可不察，尚同为政之本而治要也：内心里真想奉行仁义，希望做高尚的士人，上想符合圣王的道术，下想符合国家和百姓的利益的话，那么对于尚同这种主张，是不能不加以明察的，尚同是治理政事的根本和统治的关键。中情，的确，确实。要，关键，要害。

【品鉴】

必疾爱而使之，致信而持之，富贵以道其前，明罚以率其后。为政

若此，唯欲毋与我同，将不可得也。

必须切实地深爱民众才能驱使他们，必须对民众信任才能拥有他们，用富贵在前面引导，用严明的刑罚在后面督率。像这样治理政事，即使想要民众与自己不一致，也是不可能的。

既要爱民、亲民、利民，同时又要适当运用政策和法令对民众进行奖励和惩罚。这就是墨子"尚同"的思想主张落实在具体运作过程中的方法问题。在墨子看来，"同义"的过程需要刑罚的监督和约束，同时解决政治整合过程中产生的矛盾也需要刑罚的威慑作用。他主张运用奖惩包括批评和表扬等手段，维护国家机器的良性运转和大政府的权威。具体而言，墨子还强调法律上的赏罚必须和舆论上的毁誉相一致，即行政法律和道德评价相统一，富贵利禄的诱导和酷吏刑罚的威慑相呼应，对于老老实实尚同其上的人就要宽和奖赏，相反，对于不尚同其上的人就要用"五刑"来加以惩罚。可见，墨子是极为重视政治整合与社会治理过程中刑罚运用的灵活性的，或者说，他也像孔子那样主张统治者应采取一种"宽猛相济"的治理方式。如孔子曾经说过："政宽则民慢，慢则纠之以猛。猛则民残，残则施之以宽。宽以济猛，猛以济宽，政是以和。"（《左传·昭公二十年》）对于那些顽固不化的小人就要用刑罚这种强制的措施加以规约和威慑，对于那些循规蹈矩、服从领导的人就采用宽和的道德感化的方式等等。墨子所谓的"富贵以道其前，明罚以率其后"，其实也就是孔子所说的"宽"与"猛"的两手策略。

在今天，对于"宽猛相济"的为政艺术，如果能够善加运用，也会发挥积极的治理效果和作用。具体地讲，我们在提倡人们应加强自我的道德自律和自觉遵守文明规范的同时，也必须加大立法力度，完善法制建设，充分发挥法律的强制和威慑作用，才能维护社会秩序的安定和谐，促进社会主义各项事业有序、稳定、健康地发展。

兼 爱

"兼爱"是墨子整个思想学说中的核心主题之一,也是墨家学派最有代表性的理论主张之一。所谓"兼爱"就是"兼相爱"一词的省略语,它的本质含义是要人们完全突破由血缘关系和等级差别等因素所造成的人际间的隔膜和疏离,做到爱人如爱己,平等地、无差别地爱一切人。

墨子认为,治理天下就好像是医生治病一样,应该首先找到病根所在,然后才能对症下药,达到治理的目的。具体来说,天下诸侯之间相互攻伐,家与家之间相互篡夺,人与人之间相互残害,君臣之间不忠诚,父子之间不慈孝,兄弟之间不友爱,其原因或病根究竟在哪里呢?墨子说,这都是由于人们之间只知道自爱、不知道相爱引起的。于是,他便不遗余力地积极倡导他的"兼爱主义"以救治他所处的那个乱世。在墨子看来,只有推行"兼爱"才能实现社会的和谐、天下的大治,在这样的社会,"强不执弱,众不劫寡,富不辱贫,贵不敖贱,诈不欺愚",君惠臣忠,父慈子孝,兄友弟恭,其乐融融。

"兼爱"作为墨子的基本主张和对世人的一种普遍要求,它不仅指对他人的平等的爱,对整个世界的普遍的爱,同时也指对自己的爱,当然,对自己的爱绝不是出于自私自利的自爱,而是由自己的爱人利他的行为换取来的他人对自己的平等的爱。因此,墨子所讲的"兼爱"事实上是爱人与爱己、利人与利己的完美统一。正如《墨子·大取》篇所言:"爱人不外己，己在所爱中。"墨子认为，只有这样的爱才可以形成一种良性的互动，正所谓"爱人者，人必从而爱之；利人者，人必从而利之。"

墨子所主张的冲破血缘与等级差别限制的兼爱观，与儒家的仁爱观和杨朱的"贵己""为我"观有着极大的不同。作为中国传统文化主干的儒家思想，也一直主张"仁者爱人"的思想，但是他们的仁爱观在更大程度上是一种基于宗法、血缘关系上的爱，是一种等差的爱，而墨子所提倡的"兼爱"观则旨在荡平宗法、血缘的沟壑，主张对他人的爱应该是无差等的。稍后于墨子的另一位思想家杨朱，更与墨子形成了鲜明对比，因为他极力主张"贵己"和"为我"，"拔一毛而利天下，不为也"（《孟子·尽心上》）便是他的人生处世哲学，他极端看重个体自我的生命价值和利益。这些思想家对于我们全面认识个体人生的价值或社会人伦关系问题各自作出了自己独特的思想贡献，其中墨子的兼爱观更体现了一种无与伦比的平等意识和博爱精神，尤其值得我们景仰和激赏。

"兼爱"理想贯穿于墨子的全部学说，是墨子毕生的热忱向往和执着追求。这一理想在《兼爱》篇中得到了淋漓尽致的表达，而且，从《兼爱》上、中、下篇来看，墨子的"兼爱"理论似乎经历了一个逻辑的发展过程。《兼爱上》简明扼要地论述了天下治乱的主要根源或原因，在于人们究竟是自爱自利还是兼相爱、交相利，而既然已经探明了天下治乱的原因，即"天下交相爱则治，交相恶则乱"，那么，"以治天下为事"的圣人就应该"劝爱人"。《兼爱中》继续阐发以"兼相爱交相利之法"治理天下的问题，所谓"兼相爱交相利之法"是指"视人之国若视其国，视人之家若视其家，视人之身若视其身"，不过，墨子论述的侧重点开始偏向于强调应"识其利，辩其故"。他认为，只要天下的君主和仁人君子们能够"识其利，辩其故"，而且，"上以为政""士以为行"的话，那么，"兼相爱交相利之法"实行起来其实并不困难。《兼爱下》则对主张"兼"与"别"的两种观点进行了系统的比较分析，并通过对照兼士和别士、兼君和别君所作所为的不同，有力地驳斥了时人对"兼"的非难，从而维护了自己的观点，总之，墨子认为只有"兼"才是"圣王之道而万民之大利也"。

两千多年的岁月沧桑，不仅没有使墨子的这种兼爱观失去光彩，当我们擦拭去蒙在它上面的历史尘埃之后，反而显得更加光芒耀眼和富有魅力。特别是在我们所处的当今时代，随着物质世界的日益丰富而精神家园愈趋贫乏之际，我们更应该从墨子那平等、博爱的思想中汲取营养，要多一份爱，多一份信任、理解和宽容；少一份恨，少一份仇视、冷漠和伤害。这也正如我们都耳熟能详的那首歌曲所唱响的那样，"只要人人都献出一点爱，世界将变成美好的人间"，我们可以把这句歌词看作对墨子"兼爱"思想的最好注解和诠释。

兼 爱〔上〕

【原文】

　　圣人以治天下为事者也，必知乱之所自起，焉能治之①；不知乱之所自起，则不能治。譬之如医之攻人之疾者然②，必知疾之所自起，焉能攻之，不知疾之所自起，则弗能攻。治乱者何独不然！必知乱之所自起，焉能治之；不知乱之所自起，则弗能治。

【注释】

　　① 圣人以治天下为事者也，必知乱之所自起，焉能治之：圣人以治天下为己任，必须知道世乱是由什么引起的，才能够治理它。必，一定。焉，乃，才。
　　② 攻：治疗。

【原文】

　　圣人以治天下为事者也，不可不察乱之所自起。当察乱何自起①？起不相爱。臣子之不孝君父，所谓乱也。子自爱不爱父，故亏父而自利②；弟自爱不爱兄，故亏兄而自利；臣自爱不爱君，故亏君而自利。此所谓乱也。虽父之不慈子③，兄之不慈弟，君之不慈臣，此亦天下之所谓乱也。父自爱也不爱子，故亏子而自利；兄自爱也不爱弟，故亏弟而自利；君自爱也不爱臣，故亏臣而自利。是何也？皆起不相爱。虽至天下之为盗贼者亦然。盗爱其室不爱异室，故窃异室以利其室；贼爱其身不爱人，故贼人以利其身④。此何也？皆起不相爱。虽至大夫之相乱家⑤，诸侯之相攻国者亦然。大夫各爱其家不爱异家，故乱异家以利其家；诸侯各爱其国不爱异国，故攻异国以利其国。天下之乱物⑥，具此而已矣⑦！察此何自起？皆起不相爱。

【注释】

① 当察乱何自起：试着考察世乱是由什么原因引起的。当，尝试，试图。

② 子自爱不爱父，故亏父而自利：儿子只爱自己，不爱父亲，因此损害父亲而自己得利。亏，损害，残害。

③ 虽父之不慈子：即使只是父亲不慈爱儿子。虽，即使。

④ 贼爱其身不爱人，故贼人以利其身：第一个"贼"为名词，指盗窃、抢劫财物的人；后面的"贼"为动词，指伤害，杀伤。

⑤ 虽至大夫之相乱家：进而至于大夫就相互侵夺封地。乱家，指侵夺封地，侵犯其宗族与政权。

⑥ 天下之乱物：天下的乱事。物，事。

⑦ 具此而已矣：全都表现在这里。具，通"俱"，全，都。

【原文】

若使天下兼相爱，爱人若爱其身，犹有不孝者乎？视父兄与君若其身，恶施不孝①？犹有不慈者乎？视弟子与臣若其身，恶施不慈？故不孝不慈亡有②。犹有盗贼乎？故视人之室若其室，谁窃？视人身若其身，谁贼？故盗贼亡有。犹有大夫之相乱家，诸侯之相攻国者乎？视人家若其家，谁乱？视人国若其国，谁攻？故大夫之相乱家，诸侯之相攻国者亡有。若使天下兼相爱，国与国不相攻，家与家不相乱，盗贼无有，君臣父子皆能孝慈，若此则天下治③。

【注释】

① 恶(wū)施不孝：那么还会有不孝的人吗？恶，疑问代词，那么，怎么。

② 不孝不慈亡有：不孝和不仁慈的人也就没有了。亡，同"无"。

③ 若使天下兼相爱，国与国不相攻，家与家不相乱，盗贼无有，君臣父子皆能孝慈，若此则天下治：如果使天下人与人彼此相爱，国与国不互相攻伐，家与家不互相侵扰，没有窃贼和强盗，君臣父子间都能孝敬慈爱，如果像这样做的话，天下就得到治理了。

【品鉴】

若使天下兼相爱，爱人若爱其身，犹有不孝者乎？

假若天下都能相亲相爱，爱别人就像爱自己，还会有不孝的人吗？

墨子深信，像爱自己一样去爱别人，这个世界就不会再有不孝、憎恨和战争。爱人并不是不爱自己，而更重要的是要学会爱他人。只是爱自己是远远不够的，也不是真正的有爱心，真正有爱心、能博爱的人应该做到爱别人就像爱自己一样。用对他人的平等的爱来消解自私自利的偏陋和狭隘的心态，破除人际由等级差别和血缘亲情所造成的隔膜和疏离，这种愿望是多么美好啊！虽然，这种美好的愿望实现起来是很困难的，但它值得我们为之而努力奋斗！

【原文】

故圣人以治天下为事者，恶得不禁恶而劝爱①？故天下兼相爱则治，交相恶则乱。故子墨子曰："不可以不劝爱人者，此也。"

【注释】

① 恶(wū)得不禁恶(è)而劝爱：又怎么能不去禁止人与人相互仇恨，而劝勉人与人彼此相爱呢？第一个"恶"，见上段的注释①；后一个"恶"，指仇恨、厌恶。

兼 爱〔中〕

【原文】

子墨子言曰:"仁人之所以为事者,必兴天下之利,除去天下之害,以此为事者也①。"然则天下之利何也?天下之害何也?子墨子言曰:"今若国之与国之相攻,家之与家之相篡,人之与人之相贼,君臣不惠忠,父子不慈孝,兄弟不和调,此则天下之害也②。"

【注释】

① 仁人之所以为事者,必兴天下之利,除去天下之害,以此为事者也:仁人要做的事情,必定是兴天下之利,除天下之害,把这作为自己的职责。为事,办事,处理政事。
② 今若国之与国之相攻,家之与家之相篡,人之与人之相贼,君臣不惠忠,父子不慈孝,兄弟不和调,此则天下之害也:国与国互相攻伐,家与家互相篡夺,人与人互相残害,君主不恩惠,臣下不忠诚,父亲不慈爱,儿子不孝顺,兄弟不和睦,这就是天下的祸害。篡,强取,侵夺。惠,施恩惠。忠,忠诚。和调,和谐,和睦。

【原文】

然则崇此害亦何用生哉①？以不相爱生邪②？子墨子言："以不相爱生。今诸侯独知爱其国不爱人之国，是以不惮举其国以攻人之国③。今家主独知爱其家而不爱人之家④，是以不惮举其家以篡人之家。今人独知爱其身不爱人之身，是以不惮举其身以贼人之身。是故诸侯不相爱，则必野战⑤；家主不相爱，则必相篡；人与人不相爱，则必相贼；君臣不相爱，则不惠忠；父子不相爱，则不慈孝；兄弟不相爱，则不和调。天下之人皆不相爱，强必执弱，富必侮贫，贵必敖贱，诈必欺愚⑥。凡天下祸篡怨恨，其所以起者，以不相爱生也，是以仁者非之。"

【注释】

① 然则崇此害亦何用生哉：那么，考察一下这些害处是如何产生的呢？崇，"察"之误。

② 以：因为。

③ 是以不惮举其国以攻人之国：所以不顾一切地发动全国的力量去攻打别的国家。不惮，不怕，毫无顾忌。举，发动，动用。

④ 家主：指封邑的卿大夫。

⑤ 故诸侯不相爱，则必野战：诸侯不相爱，必定会发生交战。野战，交战于旷野。

⑥ 天下之人皆不相爱，强必执弱，富必侮贫，贵必敖贱，诈必欺愚：天下人人都不相爱，强者必然会控制弱者，富人必定会欺辱穷人，高贵的必然会轻视卑贱的，诡诈的必然会欺骗忠厚的。执，控制，统御。敖，同"傲"，傲慢。诈，有计谋，奸诈。

【原文】

既以非之，何以易之①？子墨子言曰："以兼相爱、交相利之法易之。"然则兼相爱、交相利之法将奈何哉②？子墨子言："视人之国若视其国，视人之家若视其家，视人之身若视其身。是故诸侯相爱，则不野战；家主相爱，则不相篡；人与人相爱，则不相贼；君臣相爱，则惠忠；父子相爱，则慈孝；兄弟相爱，则和调。天下之人皆相爱，强不执弱，众不劫寡，富不侮贫，贵不敖贱，诈不欺愚。凡天下祸篡怨恨，可使毋起者，以相爱生也，是以仁者誉之③。"

【注释】

① 既以非之，何以易之：既然认为它不对，那么用什么来改变它呢？易，取代，改变。

② 然则兼相爱、交相利之法将奈何哉：那么人与人之间兼相爱、交相利的方法又是怎样的呢？将，应该，应当。奈何，怎样。

③ 是以仁者誉之：所以仁者称赞它。誉，赞誉，称赞。

【品鉴】

视人之国若视其国，视人之家若视其家，视人之身若视其身。

看待别人的国家，就像看待自己的国家一样；看待别人的家庭，就像看待自己的家庭一样；看待别人的身体或生命，就像看待自己的身体或生命一样。

这就是墨子所谓的"兼相爱交相利之法"的具体含义。爱他人一如爱自己，与人交往所求的是彼此的互惠互利。这是一种不拘囿于血缘关系和等级差别的兼相爱与交相利。墨子认为，不论什么人，都应爱别人如同爱自己，人人才能真正地相亲相爱。不过，"兼相爱"最终应落实在"交相利"上,并进而实现"天下之大利"。显然,墨子特别重视和强调"爱"的功利性或互利性,这是墨子思想最富于特色的地方。墨子注重功利的本意当然是好的,不过,也可能会因此而发生一些弊病。譬如,我们有能力帮助有困难的人,向苦难者伸出援助之手,虽然可以换来别人同样的友爱和回报,但是我们的初衷却不应是单纯为了追求这种回报,那样的话,我们就可能会仅仅出于自私自利的目的而去帮助他人或"爱人""利人"。反之,于己不利也就不会去帮助他人或"爱人""利人"了。但是,毫无疑问,对他人的爱虽然不必排除出于自爱自利的动机和目的,但多一些发自内心深处的无私的爱,世界将会变得更加美好。

【原文】

然而今天下之士君子曰:"然!乃若兼则善矣,虽然,天下之难物于故也①。"子墨子言曰:"天下之士君子,特不识其利、辩其故也②。今若夫攻城野战,杀身为名,此天下百姓之所皆难也③。苟君说之④,则士众能为之。况于兼相爱、交相利,则与此异!夫爱人者,人必从而爱之;利人者,人必从而利之。恶人者,人必从而恶之;害人者,人必从而害之。此何难之有?特上弗以为政,士不以为行故也⑤。"

【注释】

① 然!乃若兼则善矣,虽然,天下之难物于故也:是的!像这样人人能彼此相爱当然好,但这是一件难以实现、远离实际的事情。于故,远离实际的事。于,当为"迂"的假借字。
② 天下之士君子,特不识其利、辩其故也:天下的士人君子,只是没有懂得实行它的好处,不明白要实行它罢了。

③ 若夫：语气词，无实义。

④ 苟君说(yuè)之：如果君主喜欢这样做。说，同"悦"，高兴，愉快。

⑤ 特上弗以为政，士不以为行故也：只是君主不把"兼爱"体现在政治管理上，士人不把"兼爱"贯穿到行动中去的缘故。故，缘故，原因。

【品鉴】

夫爱人者，人必从而爱之；利人者，人必从而利之。恶人者，人必从而恶之；害人者，人必从而害之。

爱别人的人，别人也必然会因此而爱他；为别人谋利的人，别人也必然会因此而为他谋利；嫉恨别人的人，别人也必然会因此而嫉恨他；伤害别人的人，别人也必然会因此而伤害他。

墨子之所以提出上面的观点，似与他对人性的基本判断密切相关。他认为，人性是易受外界环境的影响而不断转化的。你对我友爱，我也就会对你友善；你对我残忍，我也就会对你不仁不义。他是用一种交换互动的理论和因果报应的关系来诠释人与人之间情感的关联性的，虽然这种观点具有强烈的功利主义的意味，但是，墨子是真诚希望能够通过这正反两种行为及其后果的对比，来规劝人们能够努力向善，并且要相亲相爱。在墨子看来，当一个人真正懂得他所说的上面这句话的意思后，肯定会收敛对他人的嫉恨和伤害之心，而乐于去爱人利人的，我们也真诚希望人们在读过墨子的这句话后能够如此。

【原文】

昔者晋文公好士之恶衣①，故文公之臣皆牂羊之裘②，韦以带剑③，练帛之冠④，入以见于君，出以践于朝⑤。是其故何也？君说之，故臣为之也。昔者楚灵王好士细要，故灵王之臣皆以一饭为节，胁息然后带，扶墙然后起⑥。比期年，朝有黧黑之色⑦。是其故何也？君说之，故臣能之也。昔越王勾践好士之勇，教驯其臣⑧，和合之，焚舟失火，试其士曰："越国之宝尽在此！"越王亲自鼓其士而进之，士闻鼓音，破碎乱行⑨，蹈火而死者左右百人有余，越王击金而退之。是故子墨子言曰："乃若夫少食、恶衣、杀身而为名，此天下百姓之所皆难也。若苟君说之，则众能为之。况兼相爱、交相利与此异矣⑩！夫爱人者，人亦从而爱之；利人者，人亦从而利之。恶人者，人亦从而恶之；害人者，人亦从而害之。此何难之有焉？特上不以为政而士不以为行故也。"

【注释】

① 昔者晋文公好(hào)士之恶衣：从前，晋文公喜好士君子身穿粗劣的衣服。好，喜欢，爱好。恶衣，粗劣的衣服。

② 故文公之臣皆牂(zāng)羊之裘(qiú)：文公的臣下都穿母羊皮制作的皮衣。牂羊，母羊。裘，皮衣。

③ 韦以带剑：腰系简陋的皮带挂剑。韦，熟牛皮。带，佩挂。

④ 练帛之冠：头上戴着粗绸帛制作的帽子。

⑤ 入以见于君，出以践于朝：这身打扮，入宫可以拜见国君，出可以往来于朝廷。践，行走。朝，朝廷，官府。

⑥ 昔者楚灵王好士细要，故灵王之臣皆以一饭为节，胁息然后带，扶墙然后起：从前，楚灵王喜欢腰细的人，所以他的臣下就一天只吃一顿饭来节食，吸着气然后才系上腰带，扶着墙然后才站得起来。

⑦ 比期(jī)年，朝有黧(lí)黑之色：一年后，满朝的官员个个面孔消

瘦黦黑。比，等到。期年，一年。朝，朝廷。黦，黑色，指朝廷的臣子们因清瘦而黑。

⑧ 教驯其臣：训练自己的臣下。驯，通"训"，训练。

⑨ 破碎乱行 (háng)：指战士们争先恐后，打乱了队伍行列。行，行列。

⑩ 乃若夫少食、恶衣、杀身而为名，此天下百姓之所皆难也，若苟君说之，则众能为之。况兼相爱、交相利与此异矣：像那样节食少餐，衣服粗陋，舍命求名，都是天下百姓难做到的事情，但是如果君主喜欢，大家就能做到。况且彼此相爱、互相得利和这完全不同呢！

【原文】

然而今天下之士君子曰："然！乃若兼则善矣。虽然，不可行之物也。譬若挈太山越河济也①。"子墨子言："是非其譬也。夫挈太山而越河济，可谓毕劫有力矣②。自古及今，未有能行之者也。况乎兼相爱、交相利则与此异，古者圣王行之。何以知其然？古者禹治天下，西为西河渔窦，以泄渠、孙、皇之水③；北为防、原、泒，注后之邸、嘑池之窦，洒为底柱，凿为龙门，以利燕代胡貉与西河之民④；东方漏之陆，防孟诸之泽，洒为九浍，以楗东土之水，以利冀州之民⑤；南为江、汉、淮、汝，东流之，注五湖之处，以利荆楚、干、越与南夷之民⑥。此言禹之事，吾今行兼矣。昔者文王之治西土，若日若月，乍光于四方于西土⑦。不为大国侮小国，不为众庶侮鳏寡，不为暴势夺穑人黍稷狗彘⑧。天屑临文王慈，是以老而无子者，有所得终其寿；连独无兄弟者，有所杂于生人之间；少失其父母者，有所放依而长⑨。此文王之事，则吾今行兼矣。昔者武王将事泰山⑩。遂传曰：'泰山，有道曾孙周王有事，大事既获，仁人尚作，以祗商、夏、蛮夷丑貉⑪。虽有周亲，不若仁人⑫。万方有罪，维予一人⑬！'此言武王之事，吾今行兼矣。"

【注释】

① 譬若挈(qiè)太山越河济也：这好比举着泰山要越过黄河、济水一样。挈，提起，悬持。太山，即泰山。河，黄河。济，济水。

② 可谓毕劫有力矣：可以说是十分强劲有力的。毕劫，敏捷而强劲。

③ 西河：古称黄河上游南北流向的一段为西河。渔窦，即渭水。窦，水沟，河流。渠、孙、皇，都是古水名，在河南省巩县附近。皇，同"湟"。

④ 防、原、泒(gū)：皆古水名，具体不详。嘑(hū)池(tuó)：滹沱河。洒为底柱：分流于底柱。底柱，山名，砥柱山。

⑤ 九浍（kuài)：黄河的九条支流。楗(jiàn)：阻止，堵塞。冀州：古代的"九州"之一，其范围大体在黄河中下游的中原地区。

⑥ 五湖之处：泛指太湖等湖泊，即古代的吴越地带。处，通"墟"，指水聚集的地方。

⑦ 昔者文王之治西土，若日若月，乍光于四方于西土：从前周文王治理西方之地，光明犹如日月，照耀在四方和西周大地。乍光，照耀。乍，通"作"。

⑧ 不为大国侮小国，不为众庶侮鳏(guān)寡，不为暴势夺穑(sè)人黍稷(jì)狗彘(zhì)：不做那大国欺辱小国的事情，不做那依仗人多而欺负鳏寡孤独之人的事情，不做那用强暴势力夺取农夫粮食家畜的事情。彘，猪。

⑨ 天屑临文王慈，是以老而无子者，有所得终其寿；连独无兄弟者，

有所杂于生人之间；少失其父母者，有所放(fǎng)依而长：上天眷顾文王的仁慈，因此，年老无子的人得以寿终，孤苦无兄弟的人可以安聚在人们中间，年少失去父母的人得到依靠而长大成人。屑临，眷顾，眷念。连独，孤独。放依，依靠，凭借。

⑩ 昔者武王将事泰山：从前周武王将要祭祀泰山。事，祭祀。

⑪ 泰山，有道曾孙周王有事，大事既获，仁人尚作，以祗(zhī)商、夏、蛮夷丑貉(mò)：神灵的泰山啊，有道曾孙周王我有事祈告，现在讨伐商纣王的大事已成功，志士仁人纷纷鼎力相助，来拯救商夏遗民及四方的少数民族。有道，有神灵。曾孙，天子诸侯祭祀时的谦称。祗，拯救。

⑫ 虽有周亲，不若仁人：虽然我有至亲，但是不如仁人来相助。

⑬ 万方有罪，维予一人：天下的百姓如果有过错，就由我文王一个人来承担。

【原文】

是故子墨子言曰：今天下之士君子，忠实欲天下之富而恶其贫①，欲天下之治而恶其乱，当兼相爱、交相利，此圣王之法，天下之治道也，不可不务为也②。

【注释】

① 忠实：内心里确实。忠，同"中"，心里，内心。

② 当兼相爱、交相利，此圣王之法，天下之治道也，不可不务为也：应该实行"兼相爱，交相利"的原则，这是圣王的法则，天下的治国理政之道，不可不努力去做。务为，力行。

兼 爱〔下〕

【原文】

子墨子言曰："仁人之事者，必务求兴天下之利，除天下之害。"然当今之时，天下之害，孰为大？曰："若大国之攻小国也，大家之乱小家也，强之劫弱，众之暴寡，诈之谋愚，贵之敖贱，此天下之害也①。又与为人君者之不惠也②，臣者之不忠也，父者之不慈也，子者之不孝也，此又天下之害也。又与今之贱人，执其兵刃、毒药、水、火，以交相亏贼③，此又天下之害也。姑尝本原若众害之所自生④。此胡自生⑤？此自爱人、利人生与？即必曰非然也，必曰从恶人、贼人生。分名乎天下恶人而贼人者⑥，兼与？别与？即必曰别也。然即之交别者，果生天下之大害者与！是故别非也⑦。"

【注释】

① 暴：欺凌、凌辱。谋，图谋，算计。

② 与：当为"如"，好像。

③ 交相亏贼：相互伤害残杀。亏，损害，伤害。

④ 姑尝本原若众害之所自生：姑且试着推究一下产生这些祸害的根

源。姑，姑且。尝，尝试。本原，根源。

⑤ 此胡自生：这是从哪儿产生的呢？胡，何，哪里。

⑥ 分名：从概念上区分，辨别名目。

⑦ 然即之交别者，果生天下之大害者与！是故别非也：那么，这种人与人相别的情况，正是产生天下大害的原因啊！所以说"别"是不对的。

【原文】

子墨子曰："非人者必有以易之，若非人而无以易之，譬之犹以水救水也，其说将必无可焉①。"是故子墨子曰："兼以易别。"然即兼之可以易别之故何也？曰："藉为人之国若为其国②，夫谁独举其国以攻人之国者哉？为彼者犹为己也。为人之都若为其都③，夫谁独举其都以伐人之都者哉？为彼犹为己也。为人之家若为其家，夫谁独举其家以乱人之家者哉？为彼犹为己也。然即国、都不相攻伐，人家不相乱贼，此天下之害与？天下之利与？即必曰天下之利也。姑尝本原若众利之所自生。此胡自生？此自恶人贼人生与？即必曰非然也，必曰从爱人利人生。分名乎天下爱人而利人者，'别'与？'兼'与？即必曰'兼'也。然即之交兼者，果生天下之大利者与？"是故子墨子曰："'兼'是也。且乡吾本言曰④：'仁人之事者，必务求兴天下之利，除天下之害。'今吾本原'兼'之所生，天下之大利者也；吾本原'别'之所生，天下之大害者也。"是故子墨子曰"别"非而"兼"是者，出乎若方也⑤。

【注释】

① 非人者必有以易之，若非人而无以易之，譬之犹以水救水也，其

说将必无可焉：认为人家不对就必须用对的东西代替它，如果认为人家不对，自己却没有对的东西代替它，这好比用水去救水，那你的主张一定站不住脚。易，改变，取代。

② 藉(jiè)：假如。

③ 都：上古时代行政区划的名称。周代以四县为都，后来又以十邑为都。

④ 且乡吾本言曰：而且像我从前所说过的。乡，同"像"。

⑤ 出乎若方也：就是出于这个道理。方，原因，道理。

【原文】

然而天下之士非"兼"者之言犹未止也，曰："即善矣，虽然，岂可用哉？"子墨子曰："用而不可，虽我亦将非之。且焉有善而不可用者？姑尝两而进之①。设以为二士，使其一士者执'别'，使其一士者执'兼'。是故'别'士之言曰：'吾岂能为吾友之身若为吾身？为吾友之亲若为吾亲？'是故退睹其友，饥即不食，寒即不衣，疾病不侍养，死丧不葬埋。'别'士之言若此，行若此。'兼'士之言不然，行亦不然。曰：'吾闻为高士于天下者②，必为其友之身，若为其身，为其友之亲，若为其亲，然后可以为高士于天下。'是故退睹其友，饥则食之，寒则衣之，疾病侍养之，死丧葬埋之。'兼'士之言若此，行若此。若之二士者，言相非而行相反与？当使若二士者，言必信，行必果，使言行之合，犹合符节也，无言而不行也。然即敢问，今有平原广野于此，被甲婴胄将往战，死生之权未可识也③。又有君大夫之远使于巴、越、齐、荆，往来及否未可识也。然即敢问，不识将恶也？家室奉承亲戚，提挈妻子而寄托之，不识于'兼'之有是乎？于'别'之有是乎④？我以为当其于此也,天下无愚夫愚妇,虽非'兼'之人,必寄托之于'兼'之有是也。此言而非'兼',择即取'兼',即此言行拂也⑤。不识天下之士,所以皆闻'兼'而非之者,其故何也?"

【注释】

① 姑尝两而进之:姑且让持有"兼""别"两种不同的主张的人各进其见。

② 高士:志行高洁的人。

③ 被(pī)甲婴胄(zhòu)将往战,死生之权未可识也:披甲戴盔将前往作战,死生的变数也不可预知。被,同"披",身穿。婴,穿戴。胄,头盔。

④ 然即敢问,不识将恶也?家室奉承亲戚,提挈妻子而寄托之,不识于"兼"之有是乎?于"别"之有是乎:那么敢问,对于他的家室以及奉养父母,带领妻子和孩子,不知是托付给主张"兼"的朋友好呢,还是托付给主张"别"的朋友好呢?

⑤ 拂:悖逆,违背。

【品鉴】

言必信,行必果,使言行之合,犹合符节也,无言而不行也。

说话一定要讲信用,做事一定要果断,要使讲话和做事一致,就如同使符节相合一样毫无间隙,没有一句话不实行的。

这句话是墨子用来论证"兼爱"的可行性的。墨子举出许多人口口声声反对"兼爱",认为"兼爱"是不可能实现的,但如果让他们来选择是把亲人托付给主张"兼爱"的人,还是托付给主张"相恶"的人时,他们毫不犹豫地选择了前者。墨子用上述名言对这些言行不一的人提出了批评，同时他认为每个人无论做什么事情，都应该"言必信，行必果""无言而不行也"。

今天，墨子的这一观点或教导，即要求人们为人处世应言行一致，仍然具有普世性的价值和意义，做人应堂堂正正，要把出于自己口中的道理落实在自己的行动上，切不可嘴上说一套、背后又做一套，这是"阴阳人"的为人和作派，是可耻的行为。

【原文】

"然而天下之士，非'兼'者之言犹未止也，曰：'意可以择士，而不可以择君乎①？'姑尝两而进之。设以为二君，使其一君者执'兼'，使其一君者执'别'。是故'别'君之言曰：'吾恶能为吾万民之身若为吾身？此泰非天下之情也②。人之生乎地上之无几何也，譬之犹驷驰而过隙也③。'是故退睹其万民，饥即不食，寒即不衣，疾病不侍养，死丧不葬埋。'别'君之言若此，行若此。'兼'君之言不然，行亦不然，曰：'吾闻为明君于天下者，必先万民之身，后为其身，然后可以为明君于天下。'是故退睹其万民，饥即食之，寒即衣之，疾病侍养之，死丧葬埋之。'兼'君之言若此，行若此。然即交若之二君者④，言相非而行相反与？常使若二君者⑤，言必信，行必果，使言行之合，犹合符节也，无言而不行也。然即敢问，今岁有疠疫，万民多有勤苦冻馁，转死沟壑中者，既已众矣⑥。不识将择之二君者，将何从也⑦？我以为当其于此也，天下无愚夫愚妇，虽非'兼'者，必从'兼'君是也。言而非'兼'，择即取'兼'，即此言行拂也。不识天下所以皆闻'兼'而非之者，其故何也？"

【注释】

① 意：同"抑"，或者，也许。

② 吾恶能为吾万民之身若为吾身？此泰非天下之情也：我怎么能对待天下万民像对待自己一样呢？这太不符合天下人的情理了。

③ 人之生乎地上之无几何也，譬之犹驷驰而过隙也：人生在世，时光不多，就像快马奔驰过缝隙那样一闪而过。这就是我们平常所说的成语"白驹过隙"的意思。

④ 然即交：此三字为衍文，无实义。

⑤ 常：通"尝"，尝试。

⑥ 今岁有疠(lì)疫，万民多有勤苦冻馁(něi)，转死沟壑(hè)中者，既已众矣：假如今年瘟疫流行，民众辛勤劳苦挨饿受冻，辗转迁徙死于沟壑的已经很多了。疠，瘟疫。馁，饥饿。壑，深水沟。

⑦ 不识将择之二君者，将何从也：不知道要从这两位国君中选择一位时，你将追随哪一位呢？

【原文】

然而天下之非兼者之言犹未止，曰：意不忠亲之利，而害为孝乎①？子墨子曰：姑尝本原之孝子之为亲度者②。吾不识孝子之为亲度者，亦欲人爱利其亲与？意欲人之恶贼其亲与？以说观之，即欲人之爱利其亲也③。然即吾恶先从事即得此？若我先从事乎爱利人之亲，然后人报我爱利吾亲乎？意我先从事乎恶人之亲，然后人报我以爱利吾亲乎？即必吾先从事乎爱利人之亲，然后人报我以爱利吾亲也。然即之交孝子者，果不得已乎④？毋先从事爱利人之亲者与？意以天下之孝子为遇，而不足以为正乎⑤？姑尝本原之先王之所书《大雅》之所道，曰："无言而不仇⑥，无德而不报，投我以桃，报之以李。"即此言爱人者必见爱也，而恶人者必见恶也。不识天下之士，所以皆闻兼而非之者，其故何也？

【注释】

① 意不忠亲之利，而害为孝乎：抑或这不符合双亲之利，而有害于孝道吧。

② 孝子之为亲度者：孝子为双亲考虑的本意。度，初衷，本意。

③ 以说观之，即欲人之爱利其亲也：按常理来看，当然希望别人爱利于他的双亲。

④ 然即之交孝子者，果不得已乎：然而这一交相利的孝子，果真出于不得已？

⑤ 意以天下之孝子为遇，而不足以为正乎：还是以为天下的孝子都是蠢笨的人而不能辨别邪正呢？遇，同"愚"，蠢笨，愚蠢。

⑥ 仇：应答。

【品鉴】

无言而不仇，无德而不报，投我以桃，报之以李。

没有什么言语我会不应答，没有什么恩德我会不回报，你投给我桃子，我会回报给你李子。

这是墨子引用的《诗经·大雅》中的诗句，他是想借用这句话来强调指出，人际交往不是互爱互利，就是互恨互害，所以，如果考量利弊得失的话，显然，前一种关系要胜于后一种关系。因此，墨子认为，有人非难他的"兼爱"思想观点是毫无道理的。所谓的"投我以桃，报之以李"，这主要是讲人际良性互动的关系，那么，谁又愿意算计、嫉恨、伤害他人，反被他人的算计、嫉恨和伤害所毁灭呢？这样的人，如果不是利令智昏，那也肯定是心智出了毛病，正所谓"聪明反被聪明误"，厚黑之人终会因自己的脸厚心黑而自误而悔恨。

【原文】

　　意以为难而不可为邪？尝有难此而可为者。昔荆灵王好小要①，当灵王之身，荆国之士饭不逾乎一，固据而后兴，扶垣而后行。故约食为其难为也，然后为，而灵王说之，未逾于世而民可移也，即求以乡其上也②。昔者越王勾践好勇，教其士臣三年，以其知为未足以知之也③，焚舟失火，鼓而进之。其士偃前列，伏水火而死有不可胜数也。当此之时，不鼓而退也，越国之士可谓颤矣④。故焚身为其难为也，然后为之，越王说之，未逾于世而民可移也，即求以乡上也。昔者晋文公好苴服⑤。当文公之时，晋国之士大布之衣，牂羊之裘，练帛之冠，且苴之屦，入见文公，出以践之朝。故苴服为其难为也，然后为，而文公说之，未逾于世而民可移也，即求以乡其上也。是故约食、焚身、苴服，此天下之至难为也，然后为，而上说之，未逾于世而民可移也，何故也？即求以乡其上也。今若夫兼相爱、交相利，此其有利且易为也，不可胜计也。我以为则无有上说之者而已矣⑥。苟有上说之者，劝之以赏誉，威之以刑罚，我以为人之于就兼相爱、交相利也，譬之犹火之就上、水之就下也，不可防止于天下。

【注释】

　　① 要：同"腰"，腰肢。

　　② 未逾于世而民可移也，即求以乡其上也：没有经过多久民风习俗就可以改变，这无非就是为了迎合君主之意罢了。乡，同"向"。

③ 以其知为未足以知之也：凭借他的智慧，还不能预知训练的效果。前一个"知"，通"智"，智慧。后一个"知"，预知。

④ 颤：同"惮"，惧怕。

⑤ 苴(jū)服：粗劣的衣服。

⑥ 说(yuè)：通"悦"，喜欢。下句"说"同。

【品鉴】

苟有上说之者，劝之以赏誉，威之以刑罚，我以为人之于就兼相爱、交相利也，譬之犹火之就上、水之就下也，不可防止于天下。

只要有君主喜欢，用奖赏赞誉来勉励大众，用严刑惩罚来威慑大众，那么，我认为天下的人趋向"兼相爱，交相利"，就会像火焰向上、水流向下一样，势不可当于天下。

墨子是中国历史上系统阐发了一套爱的理论的思想家，对"爱"本身的炽热追求，对"兼爱"思想的大力倡导，对"兼相爱交相利之法"的再三申述，都体现了墨子作为一位爱的理论家的独特魅力。对墨子而言，对他人的爱不仅应一视同仁、平等而无等差，而且，唯有兼爱才能救治这个充满了篡乱祸害的世界。这不仅仅是一种美好的理想和愿望，墨子还提出了一套落实他"兼爱"主张的具体办法和措施，即由身居君上之位的人来加以提倡和实施，甚至不惜运用赏誉和刑罚的手段，那么，"兼爱"也就可以大行于天下了。因此，墨子所谓的"兼爱"，不纯粹是发自内心的一种无私的情感，甚至也不纯粹是一种出于功利性考虑的利他行为，它还可以是一种借助于政权的力量和赏罚的手段而强制推行的一种行为方式。那么，我们不得不产生一个疑问，这种强制推行的行为方式，究竟还能不能叫"爱"？或者说，在强制之下，人们的"爱人""利他"式的行为，究竟是出于对他人的真诚关怀，还是出于对权力的畏恐呢？这也许对墨子本人来说是一个伪问题，因为他从不怀疑在强制之下的所谓"爱"同样可以被称作"爱"，他甚至认为唯有通过强制性地推行他的"兼爱主义"，才能彻底结束当时人人相残、社会混乱的局面，而为了结束混乱，为天下兴利除害，或是实现天下之义的同一，强制人们"兼相爱交相利"又有何妨呢？在墨子看来，这也许是再合情合理不过了。墨子自有墨子的看法和道理，但我们不能不好好反省一下，我们究竟需要的是什么？我们宁要爱而不要强制，因为爱是我们生活的必需！

【原文】

故"兼"者，圣王之道也，王公大人之所以安也，万民衣食之所以足也。故君子莫若审"兼"而务行之①。为人君必惠，为人臣必忠，为人父必慈，为人子必孝，为人兄必友，为人弟必悌②。故君子莫若欲为惠君③、忠臣、慈父、孝子、友兄、悌弟，当若兼之不可不行也。此圣王之道，而万民之大利也。

【注释】

① 故君子莫若审"兼"而务行之：因此君子最好审查兼爱的道理而且努力实行它。莫若，不如。审，审查、明察。
② 悌（tì）：敬爱、顺从兄长。
③ 莫：此为衍字，无实义。

【品鉴】

为人君必惠，为人臣必忠，为人父必慈，为人子必孝，为人兄必友，为人弟必悌。

做人君的必须仁惠，做人臣的必须忠诚，做人父的必须慈爱，做人子的必须孝顺，做人兄的必须友爱其弟，做人弟的必须敬顺兄长。

　　墨子曾"学儒者之业，受孔子之术"，但他最终走向了孔子儒家的对立面，写有《非儒》《非乐》《非命》诸篇，对儒家的思想学说提出了激烈的批评，但从这句话，我们可以看出，他也是深受儒家思想的影响，或者也可以说，儒墨两家在关于人伦道德的问题上持有许多相通的观念。如儒家学者所言："父慈、子孝、兄良、弟弟、夫义、妇听、长惠、幼顺、君仁、臣忠。十者谓之人义。"(《礼记·礼运》) 这与墨子所讲的意思基本上是一致的。不过，仔细品味两家的道德观念，其中的实质性差别也是不容忽视的。依儒家之见，人的伦理道德性体现了人之所以为人的本质属性，是人所应该具备的，孟子更认为，"仁义礼智根于心"，即人的仁义礼智的德性发端或根源于人天赋的内在心性。然而，在墨子看来，人并不天然就禀赋有某种内在的德性，人最初的生存状态或自然的原初状态是一种"一人一义"而"交相非"或"交相害"的缺乏道德的如禽兽一般的状态，由于政长的产生，才给人间带来了一种和谐有序的人伦道德生活，而政长们必须"取法于天"，以尚贤事能、尚同一义为政，并推行兼爱主义，他的统治才具有合法性和正当性。因此，如果追根溯源的话，依墨子之见，人间秩序与人伦道德其实最终是发端或根源于天志，而不是人的内在心性。我们只有了解了这一点，才能对儒墨之间的思想差异有一种真正深切的理解和领悟，而不至于被他们表面上使用的相同的字眼所迷惑。

非 攻

春秋战国时代，诸侯割据、战争频繁、烽烟四起，面对这种"高岸为谷，深谷为陵"的社会大动荡，先秦诸子各家几乎都对战争进行了理论的反思，提出自己对战争的看法：如儒家专从义与不义的角度，提出"春秋无义战"的观点，反对和抨击不义的战争；道家则认为兵乃凶器，故曰："以道佐人主者，不以兵强天下"，又曰："师之所处，荆棘生焉；大军之后，必有凶年"（《老子·第三十章》）；兵家则从战争的实践出发不断发展、丰富和完善他们有关战略战术的理论；法家更是积极提倡耕战，鼓动诸侯国君依靠国富兵强的实力从事兼并战争，以便实现自己称霸天下的目的。而墨子却独辟蹊径，不仅从义与不义，而且从利与不利等多个维度发表了自己对攻伐战争的与众不同的见解与看法。"非攻"，是墨子主张"兼爱"的同时提出的另一与之密切相关的重要理论主张。"兼爱""非攻"共同构成了墨子学说中最为闪光和富有魅力的思想内容。

《非攻》亦分上、中、下三篇，所谓"非攻"就是反对战争，尤其是以大欺小、以强凌弱的侵略战争，这主要是墨家针对当时诸侯之间的兼并战争而提出的反战理论。在墨子看来，当时的攻伐战争有几大危害：第一，战争耽误农时，使百姓陷于饥饿冻馁；第二，战争掠夺人民辛勤劳动创造的财富；第三，战争残害无辜，掠民为奴；第四，战争使国家失去法度，民众失去根本。总之，战争既劳民又伤财，无论对战胜国还是战败国而言，都是有百害而无一利。所以，墨子认为"当若繁为攻伐，此实天下之巨害也"，故他坚决反对攻伐战争。

墨子反对战争，但是并不是不加区分地一概否定，而是对战争性质进行了具体分析，是有所分别取舍的。他把战争分为"诛无道"和"攻无罪"两种类型，如大禹、商汤和周武王进行的战争就是针对昏乱之国、暴乱之君的，上符合天之利，中符合鬼之利，下符合人之利，这类战争是顺从天意民心的正义行动，是利天下、利大众、利弱小的，因而应该支持。反之，他把"大则攻小，强则侮弱，众则劫寡，诈则欺愚，贵则敖贱，富则骄贫"式的攻伐无罪之国的战争称为"攻无罪"，并认为这种战争祸害天下、涂炭生灵，使民众陷于水深火热之中，因此，对于这种侵略性的战争，他是极力表示反对的。另外，应特别指出的是，墨子还从"利天下"的"公义"角度进一步论证了侵略战争的非正义性。对于战争发生的根源问题，墨子也有所探讨，他认为战争的起因或根源在于人人自爱而不能相爱，正是这一看法把墨子的"兼爱"与"非攻"的思想主张逻辑地连接在了一起。

墨子从"非攻"出发，还发展出了"不非守"的思想，即在反对非正义的侵略战争的同时主张积极准备防御战争，尤其是弱小的国家要想生存和发展就更应该加强军队建设及城墙防御系统的完善等，要从物质和精神（民心）两个方面做好准备工作，才能在防御作战中取得主动地位。墨子的这种积极防御思想不仅体现在《非攻》篇，而且也体现在后面的《备城门》《备高临》《备梯》及《杂守》等篇中，并有更为具体详尽的论述。对侵略性的非正义战争，墨子不仅仅停留在口诛笔伐的层面，更是以实际行动来制止这种不义之战。大家所熟知的"止楚攻宋"的故事，讲的正是墨子为了阻止楚王和公输般攻打鲁国，而不辞劳苦，十天十夜，从齐国（一说从鲁国）日夜兼程奔波到楚国，劝说楚王最终放弃了攻打鲁国的计划。墨子用实际行动表达了他对非正义战争的憎恶和反对。

　　总之，墨子虽身处战争频仍的战国之世，但他却向往和平，极力"非攻"，是一位立场坚定的崇尚和平主义的思想家，他那"非攻"的思想是非常难能可贵的，而且，他既反对不义的侵略战争，又主张积极的防御战争；不仅在口头上大力宣传和平，更在实践中热忱地推行自己的主张。墨子的"非攻"思想至今对于向往世界和平的人们仍然有着强烈的吸引力和深刻的启发性，如拥护正义战争、反对非正义战争，积极防御的战略，反对霸权主义和强权政治等等，都值得我们认真学习和借鉴。

非 攻〔上〕

【原文】

今有一人，入人园圃①，窃其桃李，众闻则非之，上为政者得则罚之。此何也？以亏人自利也②。至攘人犬豕鸡豚者，其不义又甚入人园圃窃桃李③。是何故也？以亏人愈多，其不仁兹甚，罪益厚。至入人栏厩，取人马牛者，其不仁义又甚攘人犬豕鸡豚。此何故也？以其亏人愈多④。苟亏人愈多，其不仁兹甚⑤，罪益厚⑥。至杀不辜人也，扡其衣裘、取戈剑者⑦，其不义又甚入人栏厩取人马牛。此何故也？以其亏人愈多。苟亏人愈多，其不仁兹甚矣，罪益厚。当此，天下之君子皆知而非之，谓之不义。今至大为攻国，则弗知非，从而誉之，谓之义。此可谓知义与不义之别乎？

【注释】

① 园圃：果园。园，古代种植水果之地。圃，古代种植蔬菜之地。

② 亏人：损害他人。亏，损害，损伤。

③ 至攘(rǎng)人犬豕(shǐ)鸡豚(tún)者，其不义又甚入人园圃窃桃李：至于抢夺人家鸡狗猪崽的人，他的不义又超过进入人家果园偷窃桃李的人。攘，偷窃，盗窃。豚，小猪。甚，超过。

④ 以：因为。

⑤ 其不仁兹甚：他的不仁就更进一步。兹，愈加，更加。

⑥ 罪益厚：罪恶更加深重。厚，重。

⑦ 扡(tuō)其衣裘、取戈剑者：抢夺他的皮衣戈剑。扡，即"拖"，夺取，抢夺。

【原文】

　　杀一人谓之不义，必有一死罪矣。若以此说往①，杀十人十重不义②，必有十死罪矣；杀百人百重不义，必有百死罪矣。当此，天下之君子皆知而非之，谓之不义。今至大为不义攻国，则弗知而非，从而誉之，谓之义③。情不知其不义也④，故书其言以遗后世。若知其不义也，夫奚说书其不义以遗后世哉⑤？

【注释】

① 若以此说往：假如按照这种说法类推。说往，类推，推度。

② 杀十人十重(chóng)不义：杀十个人就有十倍不义。十重，十倍。

③ 今至大为不义攻国，则弗知而非，从而誉之，谓之义：然而现在有人竟至于大行不义去进攻别国，人们却不知道去指责，反倒跟着赞美，说是仁义之举。

④ 情：确实，的确。

⑤ 若知其不义也，夫奚说书其不义以遗后世哉：如果他们懂得进攻别国是不义之举，那又怎么解释他们记载自己的不义之举并流传给后世的做法呢？奚说，用什么言辞解释。书，记载。

【原文】

今有人于此，少见黑曰黑，多见黑曰白，则以此人不知白黑之辩矣；少尝苦曰苦，多尝苦曰甘，则必以此人为不知甘苦之辩矣①。今小为非，则知而非之。大为非攻国，则不知而非，从而誉之，谓之义。此可谓知义与不义之辩乎？是以知天下之君子也，辩义与不义之乱也。

【注释】

① 少尝苦曰苦，多尝苦曰甘，则必以此人为不知甘苦之辩矣：少尝一点苦味说苦，多尝些苦味却说是甜的，人们就一定会认为这个人不懂得苦与甜的区别。甘，甜。

【品鉴】

今小为非，则知而非之。大为非攻国，则不知而非，从而誉之，谓之义。此可谓知义与不义之辩乎？是以知天下之君子也，辩义与不义之乱也。

现在有人犯了小过错，大家都知道去指责他，然而有人犯了攻伐别国的大错，却没有人知道去指责他，反而追随他，并称赞其为仁义之举。这怎么能说他们懂得义与不义的区别呢？由此可见天下的君子，对义与不义的辨别是多么混乱啊。

在这里，墨子主要通过"大小"之辨的对比，明确揭示了攻伐战争才是天下最大的不义或恶行，我们每个人都应该对此进行谴责。但遗憾的是，许多人小事明白而大事糊涂，对攻伐战争不但不加指责，反而对其进行赞誉。大则攻伐战争，小则为人处世，其实道理都是一样的，我们决不可只明乎小是小非而不知辨识大是大非。始终在大是大非面前保持清醒的头脑，运用理性分析，进而做出明智的选择，这是墨子的"非攻"论可以带给我们的最有益的启发。

墨子教导人们，既然知道指责和非议那些小小的窃贼们的行为为不义，那就更应该知道指责和非议那些侵略掠夺他国财富的战争行为为大不义了。不过，就为人处世而言，有时小事糊涂一些倒也无妨，但大事却仍然是不能含混糊涂的。清代"扬州八怪"之一的郑板桥曾留给后人一句"难得糊涂"的人生格言，他的主旨是教人对小事不妨糊涂，这糊涂里面实蕴含着极洒脱的生命意境，也含藏着洞悉人情事理的大聪明和大智慧，而"难得"一词尤其传神。其实一个真正有社会责任心的人是很难糊涂的，尤其是对事关天下兴亡、国家治乱、国计民生的大是大非问题那就更加"难得"糊涂了，否则，板桥也就写不出这样的诗句了："衙斋卧听萧萧竹，疑是民间疾苦声；些小吾曹州县吏，一枝一叶总关情。"(《潍县署中画竹呈年伯包大中丞括》) 我们相信，从墨子的"非攻"论和板桥的这首诗，读者朋友会明白这样一个道理：做人就要做一个顾大局、识大体的智者。

非 攻〔中〕

【原文】

子墨子言曰：古者王公大人为政于国家者①，情欲誉之审，赏罚之当，刑政之不过失②。是故子墨子曰：古者有语："谋而不得，则以往知来，以见知隐。"谋若此，可得而知矣。

【注释】

① 古者：当为"今者"之误。
② 情欲誉之审，赏罚之当，刑政之不过失：确实希望毁誉明审，赏罚得当，刑法和政令没有过失。

【品鉴】

谋而不得，则以往知来，以见 (xiàn) 知隐。

思考不能得到结果，就从过去发生的事情推知未来的趋势，从已经明显的事情推知隐微的事情。

这是墨子所引用的一句古语，讲的是认识世界的方法论问题。墨子在这里引用这句话，就是要告诉我们在日常生活中如何才能更好地做到知一反三，并对未来的事情能够做出科学的预测。首先，我们应该注重借鉴历史经验，并从中发现规律以预测事情的未来发展趋势；其次，我们应该注意观察那些明显的事实和现象，并且要由表及里、由显及隐地逐渐深入，进而总结认识、发现规律，乃至推知处在隐微状态而尚未显现出的事情。无疑，墨子的这一看法和观点是颇具科学性的。思考问题、认识世界，并能够得出正确的论断，乃至做出合理的谋划，以便推进各项社会政治事业的顺利发展，需要我们遵循科学的认识规律，而且必须坚持"科学发展观"。墨子认识到了这一问题的重要性，我们今人更应该努力做到这一点。

【原文】

今师徒唯毋兴起①，冬行恐寒，夏行恐暑，此不可以冬夏为者也。春则废民耕稼树艺，秋则废民获敛②。今唯毋废一时③，则百姓饥寒冻馁而死者，不可胜数。今尝计军上④，竹箭、羽旄、幄幕、甲、盾、拨，劫往而靡弊腑冷不反者⑤，不可胜数；又与其矛、戟、戈、剑、乘车⑥，其列住碎折靡弊而不反者，不可胜数⑦；与其牛马肥而往，瘠而反，往死亡而不反者，不可胜数⑧；与其途道之修远，粮食辍绝而不继⑨，百姓死者，不可胜数也；与其居处之不安，食饭之不时，饥饱之不节，百姓之道疾病而死者，不可胜数。丧师多不可胜数，丧师尽不可胜计，则是鬼神之丧其主后，亦不可胜数⑩。

【注释】

① 今师徒唯毋兴起：现在军队出征作战。师徒，军队。唯毋，语气词，无实意。兴起，出征。
② 春则废民耕稼树艺，秋则废民获敛：春天出征就会荒废人民耕种土地，秋天出征就会荒废民众收获庄稼。获敛，收获贮藏。
③ 一时：一季。

④ 上：当为"出"之误。

⑤ 羽旄 (máo)：旗子。幄 (wò) 幕：帐幕，营帐。拨 (fá)：大盾牌。靡弊腑冷：损坏破碎。

⑥ 又与：又如。乘车：兵车。

⑦ 其列住碎折靡弊而不反者，不可胜数：相继被破碎、毁坏收不回来的也多得无法统计。

⑧ 瘠 (jí)：瘦弱。

⑨ 粮食辍绝而不继：粮食断绝而不能为继。辍绝，断绝，中止。

⑩ 丧师多不可胜数，丧师尽不可胜计，则是鬼神之丧其主后，亦不可胜数：伤亡的士兵多得无法计算，全军覆没的也多得无法计算，鬼神也因此丧失了后代祭祀的，也多得无法计算。主后，后嗣。

【原文】

国家发政①，夺民之用，废民之利，若此甚众，然而何为为之②？曰："我贪伐胜之名，及得之利，故为之③。"子墨子言曰："计其所自胜，无所可用也。计其所得，反不如所丧者之多。今攻三里之城、七里之郭，攻此不用锐，且无杀而徒得④，此然也？杀人多必数于万，寡必数于千，然后三里之城、七里之郭且可得也。今万乘之国⑤，虚数于千⑥，不胜而入⑦，广衍数于万⑧，不胜而辟⑨。然则土地者，所有余也；王民者⑩，所不足也。今尽王民之死，严上下之患⑪，以争虚城，则是弃所不足而重所有余也⑫。为政若此，非国之务者也⑬！"

【注释】

① 发政：发布政令。

② 何为为之：为什么干这样的事。

③ 我贪伐胜之名，及得之利，故为之：我贪图进攻胜利的威名和所获得的好处，所以才这样做的。

④ 攻此不用锐，且无杀而徒得：攻打这样的城郭并不是不要用锐利的兵器，也不用拼杀就可以白白取得的。

⑤ 乘(shèng)：战车。古代一车四马为一乘。

⑥ 虚数于千：虚邑数以千计。虚，小邑。

⑦ 不胜而入：治理都治理不过来。

⑧ 广衍数于万：土地广延万里。

⑨ 不胜而辟：开垦都开垦不完。辟，开垦。

⑩ 王民：为"士民"之误，士兵与老百姓。

⑪ 严：加剧，恶化。

⑫ 重：增加。

⑬ 务：努力，尽力。

【原文】

　　饰攻战者言曰①："南则荆、吴之王，北则齐、晋之君，始封于天下之时，其土地之方，未至有数百里也；人徒之众，未至有数十万人也，以攻战之故，土地之博至有数千里，人徒之众至有数百万人。故当攻战而不可为也②。"子墨子言曰：虽四五国则得利焉，犹谓之非行道也③。譬若医之药人之有病者然。今有医于此，和合其祝药之于天下之有病者而药之④，万人食此，若医四五人得利焉，犹谓之非行药也⑤。故孝子不以食其亲⑥，忠臣不以食其君。古者封国于天下，尚者以耳之所闻⑦，近者以目之所见，以攻战亡者，不可胜数。何以知其然也？东方有莒之国者⑧，其为国甚小，间于大国之间⑨，不敬事于大，大国亦弗之从而爱利⑩。是以东者越人夹削其壤地，西者齐人兼而有之。计莒之所以亡于齐、越之间者，以是攻战也。虽南者陈、蔡⑪，其所以亡于吴、越之间者，亦以攻战。虽北者中山诸国，其所以亡于燕、代、胡、貊之间者⑫，亦以攻战也。是故子墨子言曰："今者王公大人，情欲得而恶失，欲安而恶危，故当攻战而不可不非⑬。"

【注释】

① 饰攻战者：为攻战辩护的人。

② 为：当为"非"，否定，反对。

③ 虽四五国则得利焉，犹谓之非行道也：虽然有四五个国家，因为攻伐征战得到好处，但是仍要说他们没有实行治国的正道。

④ 祝药：施药于患处。

⑤ 行药：通行的好药。

⑥ 食(si)其亲：给他父母吃。食，喂养，给人吃。

⑦ 尚者以耳之所闻：年代久远的可用耳朵听闻。

⑧ 莒(jǔ)：国名，故址在山东省莒县。

⑨ 间于：夹杂于。

⑩ 大国亦弗之从而爱利：大国也不肯爱护和援助它。

⑪ 陈、蔡：都是周代的分封国。

⑫ 貊(mò)：古代北方的少数民族。

⑬ 今者王公大人，情欲得而恶失，欲安而恶危，故当攻战而不可不非：现在的王公大人如果真想获得利益而憎恶损失，希望安定而厌恶危乱的话，那么对于攻战就不可不责难和反对。

【原文】

　　饰攻战者之言曰："彼不能收用彼众①，是故亡。我能收用我众，以此攻战于天下，谁敢不宾服哉②！"子墨子言曰："子虽能收用子之众，子岂若古者吴阖闾哉③？古者吴阖闾教七年，奉甲执兵，奔三百里而舍焉，次注林，出于冥隘之径，战于柏举，中楚国而朝宋与及鲁④。至夫差之身，北而攻齐，舍于汶上，战于艾陵，大败齐人而葆之大山；东而攻越，济三江五湖，而葆之会稽，九夷之国莫不宾服⑤。于是退不能赏孤，施舍群萌，自恃其力，伐其功，誉其智，怠于教⑥，遂筑姑苏之台，七年不成。及若此，则吴有离罢之心⑦。越王勾践视吴上下不相得⑧，收其众以复其仇，入北郭，徙大内，围王宫，而吴国以亡。昔者晋有六将军⑨，而智伯莫为强焉。计其土地之博，人徒之众，欲以抗诸侯，以为英名功战之速⑩。故差论其爪牙之士⑪，皆列其舟车之众，以攻中行氏而有之。以其谋为既已足矣⑫，又攻兹范氏而大败之，并三家以为一家而不止，又围赵襄子于晋阳。及若此，则韩、魏亦相从而谋曰：'古者有语，唇亡则齿寒。赵氏朝亡，我夕从之。赵氏夕亡，我朝从之。'诗曰：'鱼水不务，陆将何及乎⑬！'是以三主之君，一心戮力⑭，辟门除道⑮，奉甲兴士⑯，韩、魏自外，赵氏自内，击智伯，大败之。"

【注释】

①　彼不能收用彼众：不能收揽、利用他们的士兵。收用，收买利用。

②　宾服：服从，归顺。

③　子岂若古者吴阖（hé）闾（lǘ）哉：你难道能比得上古代的吴王阖闾

吗？阖闾，春秋末吴国的国君，后被越王勾践所败，重伤而死。

④ 奉甲执兵：披着甲，拿着武器。舍：与下文的"次"都是"驻扎"之意。

⑤ 夫差：吴国国君，阖闾之子。葆：同"保"，保护。大山：泰山。济：渡过。九夷之国：泛指东方的小国。

⑥ 退不能赏孤，施舍群萌，自恃其力，伐其功，誉其智，怠于教：撤军之后不能够抚恤死者的家属，也不能够施恩于民众，自恃自己的武力，夸耀自己的战功，称赞自己的聪明才智，懈怠于对军队的训练。

⑦ 离罢(pí)之心：离叛之心。罢，分散，疲怠。

⑧ 不相得：不相合，不融洽。

⑨ 六将军：指担任军队将领的六位卿士，即韩康子、赵襄子、魏恒子、范吉射、中行文子、智伯。

⑩ 以为英名功战之速：用攻战的快捷方式来换取英名。

⑪ 故差论其爪牙之士：因此挑选英勇的士兵。差论，选择，挑选。

⑫ 以其谋为既已足矣：认为自己的谋略高明之至。

⑬ 鱼水不务，陆将何及乎：鱼儿在水中不快速地游动，被人捉到陆地上，那就来不及了。务，通"鹜"，疾速。

⑭ 一心戮力：同心协力。戮，合力。

⑮ 辟门除道：接通相互之间的道路。

⑯ 奉甲兴士：发动士兵穿上盔甲出征。

【原文】

是故子墨子言曰："古者有语曰：'君子不镜于水，而镜于人。镜于水，见面之容；镜于人，则知吉与凶。'今以攻战为利，则盖尝鉴之于智伯之事乎①？此其为不吉而凶，既可得而知矣。"

【注释】

① 则盖尝鉴之于智伯之事乎：为什么不尝试着借鉴一下智伯失败的教训呢？

【品鉴】

君子不镜于水，而镜于人。镜于水，见面之容；镜于人，则知吉与凶。

君子不以水为镜，而是以人为镜。以水为镜，那只能照见人的面容；以人为镜，却能够预知吉凶。

墨子在《非攻》中篇列举并批驳了为侵略性战争辩护的种种谬论，如从战争中可以获得利益，从事于攻伐可以开拓疆土、增加人口等等。墨子还特别引证了吴王夫差、晋国智伯因发动侵略战争而最终导致灭亡的事例，警告那些好战的诸侯要"以人为鉴"，从夫差、智伯自取毁灭的事例中汲取教训。

"君子不镜于水，而镜于人"这句名言，留给我们的富有教益的启示是：聪明的人应该以历史人物为镜子，把他们成功失败的经历当作借鉴，以往知来，从历史人物的事迹中预见自己的运命和未来。当然，除了鉴于历史人物，我们还应该鉴于当时代的人或者自己周围的人，以他们为镜子，认真听取他们对自己的看法和评价，从别人身上认识真实的自己。古语说："以铜为镜，可以正衣冠；以古为镜，可以见兴替；以人为镜，可以明得失。"人作为考察自己的镜子，既可以鉴己，又可以照人。孔子说："三人行必有我师，择其善者而从之，其不善者而改之。"(《论语·述而》) 以人为鉴就是要积极学习别人的优点和长处，同时还要避免别人的缺点和短处在自己身上重现。

非 攻〔下〕

【原文】

子墨子言曰：今天下之所誉善者①，其说将何哉②？为其上中天之利，而中中鬼之利，而下中人之利，故誉之与？意亡非为其上中天之利③，而中中鬼之利，而下中人之利，故誉之与？虽使下愚之人④，必曰："将为其上中天之利，而中中鬼之利，而下中人之利，故誉之。"今天下之所同义者，圣王之法也⑤。今天下之诸侯将犹多皆免攻伐并兼，则是有誉义之名，而不察其实也⑥。此譬犹盲者之与人同命白黑之名，而不能分其物也，则岂谓有别哉？

【注释】

① 誉善：称道善行。

② 其说将何哉：应该作何种解释？

③ 亡非：无非。亡，同"无"。

④ 下愚之人：下贱愚笨之人。

⑤ 今天下之所同义者，圣王之法也：当今天下所共同遵守的道义，是圣王的法则。

⑥ 今天下之诸侯将犹多皆免攻伐并兼，则是有誉义之名，而不察其

实也；可是现在天下的诸侯，似乎大多都尽力于攻伐征战，兼并别国，这就徒有称赞道义的虚名，而没有明察道义的实质了。免，同"勉"，尽力。

【原文】

是故古之知者之为天下度也，必顺虑其义，而后为之①。行是以动，则不疑速通。成得其所欲②，而顺天鬼、百姓之利，则知者之道也。是故古之仁人有天下者，必反大国之说③，一天下之和④，总四海之内，焉率天下之百姓⑤，以农臣事上帝、山川、鬼神⑥。利人多，功故又大，是以天赏之，鬼富之，人誉之，使贵为天子，富有天下，名参乎天地⑦，至今不废。此则知者之道也，先王之所以有天下者也。

【注释】

① 是故古之知者之为天下度(duó)也，必顺虑其义，而后为之：因此古代的智士在为天下谋划时，必定要谨慎地考虑其是否合乎道义，然后才去行事。知，通"智"，智慧。度，谋划。顺，训为"慎"，谨慎，小心。

② 成得其所欲：确实能实现自己的愿望。成，同"诚"，确实，的确。

③ 必反大国之说：一定反对大国攻战之说。

④ 一天下之和：使天下之人和睦相处。

⑤ 焉：乃，于是。

⑥ 以农：以农业生产。臣事：作为下臣侍奉。

⑦ 名参乎天地：美名与天地同存。参，立。

【原文】

今王公大人、天下之诸侯则不然。将必皆差论其爪牙之士，皆列其舟车之卒伍，于此为坚甲利兵，以往攻伐无罪之国。入其国家边境，芟刈其禾稼①，斩其树木，堕其城郭以湮其沟池②，攘杀其牲牷③，燔溃其祖庙④，劲杀其万民⑤，覆其老弱，迁其重器⑥。卒进而柱乎斗⑦，曰："死命为上，多杀次之，身伤者为下⑧。又况失列北桡乎哉⑨？罪死无赦！"以惮其众。夫无兼国覆军，贼虐万民，以乱圣人之绪⑩。意将以为利天乎⑪？夫取天之人，以攻天之邑，此刺杀天民，剥振神之位⑫，倾覆社稷，攘杀其牺牲，则此上不中天之利矣。意将以为利鬼乎？夫杀之人，灭鬼神之主，废灭先王，贼虐万民，百姓离散，则此中不中鬼之利矣。意将以为利人乎？夫杀之人，为利人也博矣⑬！又计其费，此为周生之本，竭天下百姓之财用，不可胜数也，则此下不中人之利矣⑭。

【注释】

① 芟(shān)刈(yì)：割掉，除掉。

② 堕：毁坏。

③ 牲牷(quán)：泛指牲口。牷，纯色的牲畜。

④ 燔溃：烧毁。燔，烧。

⑤ 劲杀：斩杀，刺杀。

⑥ 迁其重器：运走其国宝。重器，国家的宝物。

⑦ 卒进而柱乎斗：冲杀急进，恶斗不止。卒，急。柱，为"极"之误。

⑧ 死命为上，多杀次之，身伤者为下：为国家战死的是最出色的士兵，杀人多的稍次，身负战伤的只能算是下等的士兵。

⑨又况失列北桡(náo)乎哉：更何况那些落伍败逃的士兵呢？失列，掉队。北，败北，逃跑。桡，屈服，挫败。

⑩夫无兼国覆军，贼虐万民，以乱圣人之绪：兼并人家的国土，消灭人家的军队，残害虐待民众，败坏圣人的功业。夫无，发语词，无实义。绪，功业。

⑪意将以为利天乎：还是认为有利于上天。意将，还是。

⑫剥振：削裂，毁坏。

⑬夫杀之人，为利人也博矣：如果认为杀害人家的百姓有利于民众，那这种"利"也未免太淡薄了。博，当为"薄"之误。

⑭此为周生之本：这是民众济养生存的衣食之本。周，周济。

【原文】

今夫师者之相为不利者也①，曰：将不勇，士不分，兵不利，教不习，师不众，率不利和②，威不圉③，害之不久④，争之不疾，孙之不强⑤，植心不坚，与国诸侯疑⑥。与国诸侯疑，则敌生虑而意嬴矣⑦。偏具此物，而致从事焉，则是国家失卒，而百姓易务也⑧。今不尝观其说好攻伐之国⑨，若使中兴师，君子庶人也必且数千，徒倍十万，然后足以师而动矣。久者数岁，速者数月。是上不暇听治⑩，士不暇治其官府，农夫不暇稼穑，妇人不暇纺绩织纴，则是国家失卒，而百姓易务也。然而又与其车马之罢弊也，幔幕帷盖，三军之用，甲兵之备，五分而得其一，则犹为序疏矣⑪。然而又与其散亡道路，道路辽远，粮食不继傺⑫，食饮不时，厮役以此饥寒冻馁疾病而转死沟壑中者，不可胜计也。此其为不利于人也，天下之害厚矣。而王公大人乐而行之，则此乐贼灭天下之万民也，岂不悖哉！今天下好战之国，齐、晋、楚、越，若使此四国者得意于天下，此皆十倍其国之众,而未能食其地也,是人不足而地有余也。今又以争地之故而反相贼也,然则是亏不足而重有余也⑬。

【注释】

① 今夫师者之相为不利者也:现在军队中都认为不利的事。师,军队。相为,都认为,都当作。

② 利:此为衍字,无实义。

③ 圉(yǔ):抵御,禁止。

④ 害之不久:遭受围困不能久战。害,当为"围",遭受围困。

⑤ 孙之不强:维系民心不够有力。孙,当为"系",维系。

⑥ 植心不坚,与国诸侯疑:树立决心不坚定,而且与盟国相互猜疑。

⑦ 敌生虑而意羸(léi)矣:产生敌对心理,共同对敌的意志也就消沉。羸,弱。

⑧ 偏具此物,而致从事焉,则是国家失卒,而百姓易务也:如果这些不利的情况都存在,还要极力从事于攻伐征战,国家就失去了法度,百姓就失去了本业。偏,通"遍",全,都。卒,法度。易,改变,丢弃。

⑨ 说(yuè):通"悦",喜欢,喜悦。

⑩ 暇(xiá):清闲,空闲。

⑪ 则犹为序疏矣:就算是收回很多了。序疏,当为"厚余",多余的意思。

⑫ 傺(chì):接续。

⑬ 然则是亏不足而重有余也:这是亏损不足而增加有余的东西。

【原文】

今逮夫好攻伐之君，又饰其说以非子墨子曰："以攻伐之为不义，非利物与？昔者禹征有苗，汤伐桀，武王伐纣，此皆立为圣王，是何故也？"子墨子曰："子未察吾言之类，未明其故者也。彼非所谓攻，谓诛也。昔者三苗大乱，天命殛之①，日妖宵出②，雨血三朝，龙生于庙，犬哭乎市，夏冰，地坼及泉③，五谷变化，民乃大振④。高阳乃命玄宫，禹亲把天之瑞令⑤，以征有苗。四电诱祇，有神人面鸟身，若瑾以侍，搤矢有苗之祥，苗师大乱，后乃遂几⑥。禹既已克有三苗，焉磨为山川⑦，别物上下，卿制大极，而神民不违，天下乃静。则此禹之所以征有苗也。逮至乎夏王桀，天有酷命，日月不时，寒暑杂至，五谷焦死，鬼呼国，鹤鸣十夕余。天乃命汤于镳宫，用受夏之大命：'夏德大乱，予既卒其命于天矣，往而诛之，必使汝堪之⑧。'汤焉敢奉率其众⑨，是以乡有夏之境⑩，帝乃使阴暴毁有夏之城。少少有神来告曰⑪：'夏德大乱，往攻之，予必使汝大堪之。予既受命于天，天命融隆火于夏之城间西北之隅⑫。'汤奉桀众以克有，属诸侯于薄⑬，荐章天命⑭，通于四方，而天下诸侯莫敢不宾服。则此汤之所以诛桀也。"

【注释】

① 殛(jí)：诛杀。

② 日妖宵出：太阳晚上出来。

③ 地坼(chè)及泉：土地干裂，下及泉水。坼，裂。

④ 振：同"震"，惊吓，震惊。

⑤ 瑞令：古代用玉制作的信物。

⑥ 四电诱祇，有神人面鸟身，若瑾以侍，搤(è)矢有苗之祥，苗师

大乱，后乃遂几：雷电大作，有一个人面鸟身的神人，恭敬地持弓而立，拿出箭射杀了有苗的将领，有苗的军队大乱，后来就衰微了。搤，抓住、握住。祥，当为"将"，即有苗的大将。

⑦ 焉磨为山川：分别治理山川。

⑧ 夏德大乱，予既卒其命于天矣，往而诛之，必使汝堪之：夏朝的德行淫乱，我在上天已经将夏朝的命数断绝，你去诛杀它吧，我一定让你战胜它。堪，胜利。

⑨ 奉：承受。

⑩ 是以乡有夏之境：于是开向夏朝的边境。乡，同"向"，攻伐。

⑪ 少少：一会儿，片刻。

⑫ 融：即祝融，火神。隆：雷神。火，焚烧。

⑬ 属诸侯于薄：在薄地召集诸侯。属，召集，聚集。

⑭ 荐章天命：宣明上天的命令。荐，进。章，同"彰"，显明。

【品鉴】

子未察吾言之类，未明其故者也。彼非所谓攻，谓诛也。

你们没有仔细审察我所说的究竟是哪一类战争，没有弄明白其中的缘故。那不能叫作"攻"，而应该叫作"诛"。

墨子对战争的分析是有着明显的是非观、价值观和善恶观的，以是否能"兴天下之利除天下之害"为标准，他将战争分为"攻无罪"（非正义）和"诛无道"（正义）两种类型。在战争问题上，他既不赞成国家间的攻伐掠夺，也不盲从"春秋无义战"的主张，而是结合历史与现实的事例，对战争性质进行了精辟分析，对正义的战争给予支持，对不正义的战争进行谴责和坚决反对，进而主张积极防御，战胜不义之战。

对于战争的性质，墨子是中国历史上第一次将其划分为"诛"与

"攻"，认为诛讨暴君的战争是顺从天意民心的正义战争，是利天下、利大众、利弱小的，因此应该支持。而攻伐无罪之国的战争则是以强凌弱、以大欺小、祸害天下、涂炭生灵的非正义战争，因此应该坚决反对。显然，墨子的"非攻"不是不加分析地反对一切战争，而是有所选择和取舍的。我们深信，在今天，那些富有同情心和正义感的人们，也会像墨子那样，既崇尚和平，又反对欺凌弱小国家的不正义战争的。

【原文】

"逮至乎商王纣，天不序其德①，祀用失时，兼夜中十日，雨土于薄，九鼎迁止，妇妖宵出，有鬼宵吟，有女为男，天雨肉，棘生乎国道，王兄自纵也②。赤鸟衔珪，降周之岐社③，曰：'天命周文王伐殷有国。'泰颠来宾，河出绿图，地出乘黄，武王践功④。梦见三神，曰：'予既沈渍殷纣于酒德矣⑤，往攻之，予必使汝大堪之。'武王乃攻狂夫反商之周⑥，天赐武王黄鸟之旗。王既已克殷，成帝之来⑦，分主诸神，祀纣先王，通维四夷⑧，而天下莫不宾。焉袭汤之绪，此即武王之所以诛纣也。若以此三圣王者观之，则非所谓攻也，所谓诛也。"

【注释】

① 序：当为"享"，延续。
② 王兄自纵也：纣王更加纵欲无度。兄，同"况"，更加，越发。
③ 岐社：周文王设在岐山上用于祭祀的神庙。
④ 泰颠来宾，河出绿图，地出乘黄，武王践功：贤臣泰颠来投奔帮助，河中浮现绿图，地下奔出神马乘黄，武王继承功业。践功，继承功业。

⑤ 沈渍 (zì)：沉溺。

⑥ 武王乃攻狂夫反商之周：武王攻打纣王，推翻了商朝，建立周朝。狂夫，指殷纣王。之，建立。

⑦ 来：赉 (lài) 的假借字，赐予。

⑧ 通维四夷：政令通达于四方。维，当为"于"。

【原文】

则夫好攻伐之君，又饰其说以非子墨子曰："子以攻伐为不义，非利物与？昔者楚熊丽①，始讨此睢山之间②；越王繄亏③，出自有遽④，始邦于越⑤；唐叔与吕尚邦齐、晋⑥。此皆地方数百里，今以并国之故，四分天下而有之。是故何也？"子墨子曰："子未察吾言之类，未明其故者也。古者天子之始封诸侯也，万有余；今以并国之故，万国有余皆灭，而四国独立。此譬犹医之药万有余人，而四人愈也⑦，则不可谓良医矣。"

【注释】

① 熊丽：楚国的国君。

② 讨：当为"封"之误，分封。睢 (suī) 山：在今湖北保康县西南。

③ 繄 (yī) 亏：春秋时期越国国君。

④ 有遽 (jù)：古代地名。

⑤ 邦：建国。

⑥ 唐叔：春秋时晋国的始祖。吕尚：即姜太公，春秋时齐国的始祖。

⑦ 愈：痊愈，治好病。

【原文】

　　则夫好攻伐之君，又饰其说曰："我非以金玉、子女、壤地为不足也，我欲以义名立于天下，以德求诸侯也。"子墨子曰："今若有能以义名立于天下，以德求诸侯者，天下之服可立而待也①。夫天下处攻伐久矣，譬若傅子之为马然②。今若有能信效先利天下诸侯者③，大国之不义也，则同忧之④；大国之攻小国也，则同救之；小国城郭之不全也，必使修之；布粟乏绝，则委之⑤；币帛不足，则共之⑥。以此效大国，则小国之君说⑦。人劳我逸，则我甲兵强。宽以惠，缓易急，民必移⑧。易攻伐以治我国，攻必倍⑨。量我师举之费，以诤诸侯之毙，则必可得而序利焉⑩。督以正，义其名，必务宽吾众，信吾师，以此授诸侯之师，则天下无敌矣⑪，其为下不可胜数也。此天下之利，而王公大人不知而用，则此可谓不知利天下之巨务矣。"

【注释】

①今若有能以义名立于天下，以德求诸侯者，天下之服可立而待也：现在假如有人能树立正义之名于天下，能用仁德来求得诸侯的归服，那么天下的归顺，就可以唾手可得。

②傅子：即童子，小孩。

③今若有能信效先利天下诸侯者：现在如果有人能用信义相交，先为天下诸侯谋利。

④大国之不义也，则同忧之：大国做不义的事，就共同为此担忧。

⑤委：输送，供应。

⑥共：同"供"，供给。

⑦以此效大国，则小国之君说：像这样去抵御大国的攻伐，那么小

国的国君就会喜欢。效，"校"的假借字，抵御，抗衡。

⑧ 宽以惠，缓易急，民必移：既宽厚又仁惠，使民众从急难中解救出来，民心就会归顺于我。

⑨ 易攻伐以治我国，攻必倍：把花费在战争上的费用，转向用于治理国内，功利就会成倍增加。攻，当为"功"之误。

⑩ 量我师举之费，以诤诸侯之毙，则必可得而序利焉：估量好我军出征的费用，来缓和已经危困的诸侯，就一定能够赢得极大的利益。诤，安抚，安定。毙，同"敝"，疲弊。序利，厚利。序，当为"厚"。

⑪ 督以正，义其名，必务宽吾众，信吾师，以此授诸侯之师，则天下无敌矣：用正道来率领民众，用正义来树立出师之名，用宽厚的态度对待民众，取信于自己的军队，能凭借这些去援助诸侯的军队，则可无敌于天下。督，率。正，正道。授，当为"援"之误，援助。

【品鉴】

人劳我逸，则我甲兵强。

我能让敌人疲于奔命，而我以逸待劳，那么我的兵力就必定会增强。

生当大争多事之秋，各诸侯国长期征战，百姓早已困苦不堪，国家的财富也基本损耗殆尽，面对这种情况，墨子提出当政者如果能改变策略，做到对内安抚百姓，对外停止战争，亲结诸侯，那么治理国家的功利就会数倍地增加。他同时进一步指出这种策略所带来的好处就是别的国家因为攻伐不断而劳困，实力不断受到损失，而我方却因为以仁义治国而安逸，国力会不断增强。墨子还将"以逸待劳"作为一种战术，应用到实际战争中来保卫国家，抵御侵略。

如果将墨子的这种"以逸待劳"的思想观点应用于个人的学习和工作上，也会使人受益无穷的，平常我们所说的劳逸结合，会休息的人才会工作和学习，就是这个意思，即只有张弛有度才能取得事半功倍的效果。

【原文】

是故子墨子曰："今且天下之王公大人士君子，中情将欲求兴天下之利①，除天下之害，当若繁为攻伐②，此实天下之巨害也。今欲为仁义，求为上士，尚欲中圣王之道③，下欲中国家百姓之利，故当若非攻之为说，而将不可不察者此也。"

【注释】

① 中情：诚心。

② 繁为攻伐：频繁地进行攻伐。

③ 尚欲中圣王之道：希望上符合圣王之道。尚，同"上"。

节　用

"节用"，即节省开支、节省费用，反对奢侈浪费的意思。墨子之所以特别提出"节用"的思想，主要是针对当时王公大臣们热衷于扩军备战、攻城掠地、奢侈浮华、贪图享受而造成国家凋敝、民不聊生的情景，在他看来，生活上的奢侈糜烂、腐化堕落无疑是统治者所犯的一种不可宽宥的罪恶。

墨子倡导"节用"，其根本目的亦不外是为了实现"强国富民"的天下大利，"节用"与"节葬"共同构成了墨子经济思想的主要内容。《节用》本来也是分为上、中、下三篇，现仅存上、中两篇。通过这两篇的内容，我们可以大体了解墨子有关"节用"的经济思想。对于"节用"，墨子明确阐述了两个基本原则：第一，"凡足以奉给民用则止"，这是讲物品生产的限度问题，即物品的生产应以"足以奉给民用"为限度，如果"奉给民用"不足，就要多生产；如果"奉给民用"甚足，就要适当减少生产，甚至是停止生产。第二，"诸加费不加于民利者，圣王弗为"，这是讲物品消费的原则问题，墨子强调统治者对物品的消费应以对人民是否有利为原则，即物品的消费如果对于民众有利，就可以去做；反之，"不加于民利者"，也就是对老百姓没有什么实际利益的，就不要去做。

正是在坚持上述两条基本原则的前提下，墨子又进一步提出了他的一系列"节用"的具体措施与方法，即要"节衣服"，衣服只要冬天穿着轻便暖和，夏天穿着轻便凉爽就可以了，不可追求奇装异服；要"节饮食"，吃饭只要能够充饥健身，使人耳聪目明就可以了，不可追求山珍海味；要"节宫室"，宫室只要能御霜雪雨露，夏避暑、冬避寒就可以了，不可追求富丽堂皇；要"节舟车"，舟车只要能负重载远，提供便利就可以了，不可追求雕饰华美；要"节蓄私"，妻妾妃嫔不可过多无度；最后，还要"节葬"，切不可厚葬、久丧。

对于墨子的"节用"主张，学者们多有论述和评析，其中大多认为他只是注重了节约的层面，只是强调"节流"的问题，而没有提出富有成效的建设性的"开源"主张。其实，我们细细品读《节用》篇，发现问题并非这么简单，墨子"节用"的经济思想不仅主要阐述了"节流"的问题，如上面谈到的六个方面的具体措施和方法。同时，也讲到了"开源"的问题，如墨子主张劳动分工、各尽所能。墨子说："凡天下群百工，轮车、鞼匏、陶冶、梓匠，使各从事其所能。"(《墨子·节用中》)意思是说凡天下的百工，造车轮的、制皮革的、烧陶器的、铸五金的、做木器的，让他们各自去做自己擅长的工作。这样发挥各自的特长，可以提高效率，增加社会财富。墨子还在当时生产力水平低，土地众多而人口相对较少的情况下，提出通过增加人口的手段来发展生产，也具有积极的意义。

总之，墨子主张人们尤其是统治阶级应该在衣、食、住、行等各个方面都要注意节俭，不可过度消费或奢侈浪费，发展生产要以是否利于民众、是否有益于社会为原则等等。显然，墨子这方面的思想主张对于当今我们建设节约型社会、树立科学发展观以及预防奢侈浪费的现象都有极大的借鉴价值。

节 用〔上〕

【原文】

圣人为政一国，一国可倍也①；大之为政天下，天下可倍也②。其倍之，非外取地也，因其国家去其无用之费，足以倍之③。圣王为政，其发令兴事、使民用财也。无不加用而为者，是故用财不费，民德不劳，其兴利多矣④！

【注释】

① 圣人为政一国，一国可倍也：圣人主持一国的政务，一国的财利就可以成倍地增加。
② 之：到。
③ 其倍之，非外取地也，因其国家去其无用之费，足以倍之：这种财利的成倍增长，不是凭借对外掠夺土地得来的，而是凭借立足于国内，省去无效用的花费，就能得到加倍的利益。
④ 无不加用而为者，是故用财不费，民德不劳，其兴利多矣：绝不做那不增加实际利益的事情，所以使用资源不浪费，民众不觉得劳苦，这样增加的利益就会很多了。德，同"得"，得到。

【原文】

其为衣裘何？以为冬以圉寒①，夏以圉暑。凡为衣裳之道，冬加温，夏加清者，芋诸；不加者，去之②。其为宫室何？以为冬以圉风寒，夏以圉暑雨。有盗贼加固者，芋诸；不加者，去之。其为甲盾五兵何③？以为以圉寇乱盗贼，若有寇乱盗贼，有甲盾五兵者胜，无者不胜。是故圣人作为甲盾五兵。凡为甲盾五兵，加轻以利，坚而难折者，芋诸；不加者，去之。其为舟车何？以为车以行陵陆，舟以行川谷，以通四方之利④。凡为舟车之道，加轻以利者，芋诸；不加者，去之。凡其为此物也，无不加用而为者。是故用财不费，民德不劳，其兴利多矣。有去大人之好聚珠玉、鸟兽、犬马，以益衣裳、宫室、甲盾、五兵、舟车之数于数倍乎！若则不难。

【注释】

① 圉 (yǔ) 寒：抵御寒冷。圉，通"御"，抵御。

② 凡为衣裳之道，冬加温，夏加清者，芋诸；不加者，去之：大凡做衣服的原则，只要冬天能增加温暖，夏天能保持凉爽就可以了。超出了这些而无所补益的，就省掉。芋诸，增加。

③ 甲盾五兵：铠甲、盾牌和各种兵器。五兵，指弓矢、殳 (shū)、矛、戈、戟五种兵器。

④ 以通四方之利：以此来沟通四方水陆的便利。

【品鉴】

是故用财不费，民德不劳，其兴利多矣。有去大人之好聚珠玉、鸟兽、犬马，以益衣裳、宫室、甲盾、五兵、舟车之数于数倍乎！若则

不难。

因此使用资财不浪费，老百姓不觉得劳苦，这样，也就增加了许多的利益。如果又减除掉王公大人们喜好搜集的珠玉、鸟兽、犬马等物品的花费，来增加衣服、宫室、铠甲、盾牌、各种兵器及车船的数量，使之增加数倍，也是不难的。

墨子认为，可以通过"节用"的办法来增加全社会的利益和整个国家的财富，这需要统治阶级即王公大臣们首先应具备一种"节用"的意识，要节制自己的物欲而过一种节约俭朴的生活，并应将主要的精力和财富放在与民众利益切实相关的方面，而不要过度追求一些华而不实、与民利无关的物质享受乃至造成对资财的过度浪费，这样也就可以很容易使社会财富成倍增加，从而形成国强民富、社会稳定的局面。

古人云："俭，德之共也；侈，恶之大也。"崇尚节俭是中华民族的传统美德，也是一个人品德修养的体现。古往今来，节俭一直被人们视为治国之道、兴业之基、持家之宝。对于墨子告诫统治者在衣、食、住、行、用等方面应该节俭的主张，我们也理应给予充分的肯定，并应将崇尚节俭的精神和传统继续发扬光大，这于民于国都是大为有利的。

【原文】

故孰为难倍？唯人为难倍①。然人有可倍也。昔者圣王为法曰："丈夫年二十，毋敢不处家；女子年十五，毋敢不事人②。"此圣王之法也。圣王既没，于民次也③。其欲蚤处家者，有所二十年处家④；其欲晚处家者，有所四十年处家。以其蚤与其晚相践⑤，后圣王之法十年⑥。若纯三年而字，子生可以二三年矣⑦。此不惟使民蚤处家而可以倍与⑧？且不然已。

【注释】

① 故孰为难倍？唯人为难倍：什么是难以倍增的呢？只有人口是难以倍增的。

② 丈夫年二十，毋敢不处家；女子年十五，毋敢不事人：男子年到二十，不许不成家；女子年十五，不许不嫁人。

③ 圣王既没(mò)，于民次也：圣王谢世后，民众开始放任自流。没，去世，谢世。次，同"恣"，放任。

④ 有所二十年处家：有时二十岁结婚。有所，有时。

⑤ 以其蚤与其晚相践：拿早的与晚的相减。蚤，同"早"。践，比较。

⑥ 后圣王之法十年：比圣王法定的年龄向后推迟了十年。

⑦ 若纯三年而字，子生可以二三年矣：如果结婚后都三年生一个孩子，就可多生两三个孩子。纯，全，都。字，同"子"，生子。年，当为"人"。

⑧ 惟：是。

【原文】

今天下为政者，其所以寡人之道多。其使民劳，其籍敛厚①，民财不足，冻饿死者不可胜数也。且大人惟毋兴师以攻伐邻国，久者终年，速者数月，男女久不相见，此所以寡人之道也。与居处不安，饮食不时，作疾病死者，有与侵就橐、攻城野战死者，不可胜数②。此不令为政者所以寡人之道，数术而起与③！圣人为政特无此，不圣人为政④，其所以众人之道亦数术而起与？故子墨子曰："去无用之费，圣王之道，天下之大利也⑤。"

【注释】

① 其籍敛厚：税收太重。籍敛，税收。

② 与居处不安，饮食不时，作疾病死者，有与侵就爱(yuán)櫜(tuó)、攻城野战死者，不可胜数：居住不安定，饮食不按时，生病而死的，以及被掳掠、攻城野战而死的，也不可胜数。侵就爱櫜，应为"侵掠俘虏"之误。

③ 此不令为政者所以寡人之道，数术而起与：这是不善于治政的人使人口减少的缘故，是他们自己采用多种手段造成的。

④ 不：当为"夫"，发语词，无实义。

⑤ 去无用之费，圣王之道，天下之大利也：省去不能增加实际利益的费用，这是圣王的道理，是天下最大的利益。

节 用〔中〕

【原文】

子墨子言曰:"古者明王圣人所以王天下、正诸侯者①,彼其爱民谨忠②,利民谨厚,忠信相连,又示之以利,是以终身不餍③,殁世而不卷④。古者明王圣人,其所以王天下、正诸侯者,此也。"

【注释】

① 王(wàng)天下、正诸侯:称王于天下,成为诸侯之长。王,动词,称王。

② 彼其爱民谨忠:忠心地爱护民众。谨,尽心尽力。

③ 终身不餍(yàn):终身不满足。餍,满足。

④ 殁(mò)世而不卷:临终前还不厌倦。卷,同"倦",倦怠,厌倦。

【原文】

是故古者圣王制为节用之法,曰:"凡天下群百工,轮车、鞼匏、陶冶、梓匠,使各从事其所能①。"曰:"凡足以奉给民用则止。"诸加费不加于民利者,圣王弗为。

【注释】

① 凡天下群百工，轮车、鞼(guī)鲍(páo)、陶冶、梓匠，使各从事其所能：凡是天下的百工，造车轮的、制皮革的、烧陶器的、铸五金的、做木器的，让他们各自去做自己专长的工作。鞼，有文采的皮革。鲍，皮革工。

【品鉴】

凡足以奉给民用则止。诸加费不加于民利者，圣王弗为。

所有这些生产，能够供给民用就可以了。各种只增加费用而不能增加民众实际利益的事情，圣王绝对不去做。

墨子对经济发展问题的看法有着自己的价值观和判断标准。在此，他关于"节用"的问题提出了两个基本原则：一是物品的生产应以"足以奉给民用"为原则，即应只生产满足"民用"的物品；二是消费应以是否对人民有利作为原则来加以考量，即对人民有利的花费才是合理的。

墨子提出的上述两个原则，对于当今社会的商品生产和经济发展都具有重要的借鉴意义。首先，墨子强调生产和消费都应有一个"限度"的问题，也就是说生产和消费都应适可而止，生产应以能够满足"民用"为限度，只要能满足"民用"就可以了；消费更应有节制和限度，既不应盲目地追求生产率，更不可过度地浪费资财。如果片面强调经济的高速发展乃至以牺牲生态环境为代价，或以一种"杀鸡取卵""竭泽而渔"的毫无节制的方式过度开采自然资源甚至浪费资财，只会造成灾难性的严重后果而贻害无穷，我们党和政府之所以提出"可持续发展"战略和"科学发展观"，正是基于这样的考虑。其次，就生产和消费的价值归宿问题而言，对墨子来讲，无论是生产还是消费，都应以是否符合人民的根本利益作为评判其合理性的标准，墨子的以"民用""民利"为本位的生产和消费观也是值得我们借鉴的。今天我们所谓的"以人为本",说到底也就是应以民生、民用或民利为本。

【原文】

古者圣王制为饮食之法,曰:"足以充虚继气,强股肱,耳目聪明,则止①。不极五味之调、芬香之和,不致远国珍怪异物②。"何以知其然?古者尧治天下,南抚交趾,北降幽都,东西至日所出入,莫不宾服③。逮至其厚爱,黍稷不二,羹胾不重④,饭于土塯⑤,啜于土形⑥,斗以酌⑦。俯仰周旋威仪之礼⑧,圣王弗为。

【注释】

① 足以充虚继气,强股肱(gōng),耳目聪明,则止:能够充实饥肠,增补血气,强健四肢,耳聪目明就可以了。

② 不极五味之调、芬香之和,不致远国珍怪异物:不要过分追求五味调和,气息芳香,不要去罗致远方的奇珍异品。极,过分,极点。

③ 南抚交趾,北降幽都,东西至日所出入,莫不宾服:南面安抚交趾,北面连接着幽都,东面和西面直到日出日落的地方,没有不归顺的。交趾,古地区名,泛指五岭以南的地区。降,当为"际",连接。幽都,即"幽州",古代十二州之一,在今河北、辽宁一带。

④ 羹(gēng)胾(zì)不重(chóng):肉汤和肉块只吃一种。羹,肉汤。胾,大块的肉。

⑤ 土塯(liù):盛饭的瓦器。

⑥ 土形:即"土铏(xíng)",古代盛羹的瓦器。

⑦ 斗以酌:饮酒用木勺。斗,舀取。酌,即勺。

⑧ 俯仰周旋威仪之礼:那些俯仰周旋威仪繁重的礼节。周旋,古代

行礼时揖让的动作。

【原文】

古者圣王制为衣服之法，曰："冬服绀緅之衣①，轻且暖；夏服绤绤之衣②，轻且清，则止。"诸加费不加于民利者，圣王弗为。

【注释】

① 冬服绀(gàn)緅(zōu)之衣：冬天穿蓝青色的衣服。绀，一种深青带红的颜色。緅，一种黑中带红的颜色。
② 夏服绤(chī)绤(xì)之衣：夏天穿细葛布或粗葛布的衣服。绤，细葛布。绤，粗葛布。

【原文】

古者圣人为猛禽狡兽，暴人害民，于是教民以兵行日带①。剑：为刺则入，击则断，旁击而不折，此剑之利也②。甲：为衣则轻且利，动则兵且从，此甲之利也③。车：为服重致远，乘之则安，引之则利，安以不伤人，利以速至，此车之利也④。古者圣王为大川广谷之不可济⑤，于是利为舟楫⑥，足以将之，则止⑦。虽上者三公诸侯至，舟楫不易，津人不饰，此舟之利也⑧。

【注释】

① 于是教民以兵行日带：教导民众带着兵器走路。
② 为刺则入，击则断，旁击而不折，此剑之利也：刺击就能刺入，用来劈斩就能斩断，向周围砍击也不会折，这是剑的好处。
③ 动则兵且从，此甲之利也：行动时舒适自如，这是铠甲的用处。

④ 为服重致远，乘之则安，引之则利，安以不伤人，利以速至，此车之利也：车用来负载重物到达远方，坐上去很安稳，拉起来很便利，安稳就不至于伤人，便利就能迅速到达目的地，这就是车的用处。服，承受，负载。

⑤ 济(jì)：渡河。

⑥ 利：当为"制"，制造，制作。

⑦ 足以将(jiāng)之，则止：只要能用来渡河就行了。将，施行，此处引申为渡河。

⑧ 虽上者三公诸侯至，舟楫不易，津人不饰，此舟之利也：就是王公诸侯来了，既不需要更换船和桨，也不需要撑船人打扮修饰，这是船的用处。虽，即使。津人，掌渡人。

【原文】

古者圣王制为节葬之法，曰："衣三领，足以朽肉①；棺三寸，足以朽骸②；堀穴深不通于泉，流不发泄，则止③。"死者既葬，生者毋久丧用哀。

【注释】

① 衣三领，足以朽肉：衣服三套，能穿到尸体腐烂。

② 棺三寸，足以朽骸(hái)：棺木三寸厚，能用到尸骨腐烂。骸，尸骨。

③ 堀(kū)穴深不通于泉，流不发泄，则止：墓穴不要深至地泉，也不至于让腐气散发出地面，这就可以了。堀，通"窟"，洞窟。流，当为"臭"之误，腐烂的气味。

【原文】

古者人之始生未有宫室之时,因陵丘堀穴而处焉①。圣王虑之②,以为堀穴,曰冬可以辟风寒。逮夏③,下润湿,上熏蒸,恐伤民之气,于是作为宫室而利④。然则为宫室之法将奈何哉?子墨子言曰:"其旁可以圉风寒,上可以圉雪霜雨露,其中蠲洁⑤,可以祭祀,宫墙足以为男女之别,则止。诸加费不加民利者,圣王弗为。"

【注释】

① 因陵丘堀穴而处焉:人们靠近丘陵,挖掘洞穴居住。因,依靠,凭借。

② 虑:担心,忧虑。

③ 逮(dài)夏:到了夏天。逮,及,至。

④ 下润湿,上熏蒸,恐伤民之气,于是作为宫室而利:地下潮湿,而上面却热气蒸人,圣王担心会伤害民众的体质,于是建造宫室为民众带来便利。

⑤ 蠲(juān):洁净。

节　葬

古人有言："国之大事，在祀与戎。"(《左传·成公十三年》)祀指祭祀，戎指战争。也就是说，祭祀和战争是国家事务中的两件大事，而祭祀活动在我国古代社会生活中占有极为重要的地位，特别是我们华夏民族自上古以来就盛行祖先崇拜之风，重视葬礼祭祀活动。根据史料记载，殷商时盛行厚葬和杀殉，西周时制定和形成了一套依据人的社会身份地位的不同等级进行埋葬的制度。降至春秋战国，礼崩乐坏，在埋葬祭祀等方面超越等级的僭越现象极为普遍，并且相互攀比，奢侈浪费现象极为严重。那么，究竟应如何看待葬礼和祭祀的问题，当时的思想家持有不同的观点和看法，如孔子和儒家提倡孝道，重视葬礼，主张实行三年丧制，而墨子则针锋相对地提出了自己与孔子和儒家完全相反的观点和看法，他批驳了儒家的观点，极力反对厚葬久丧的行为，提倡节葬。

墨子之所以提倡"节葬"，是与他主张"节用"密切相关的，"节葬"也可以说属于他"节用"思想的一个方面，因为墨子深为忧虑的正是由厚葬所造成的浪费问题，所以，墨子在"节用"说之后，特别提出"节葬"的问题以期唤醒世人的注意。今本《墨子·节葬》上、中两篇均已亡佚，仅存留下篇。从《节葬》下篇，我们可以看出墨子提出"节葬"的主旨就是希望人们在搞丧葬活动时要注意节俭，不可奢侈浪费。具体来说，墨子反对厚葬久丧，其主张包含"节葬"和"短丧"两个方面。

墨子的"节葬"主张，也可以说是从其"兼爱"思想出发而引申出来的，他不仅想到了生，也想到了死。墨子相信为了兼爱，世人必须在有生之年节用，同时，为了兼爱，世人也必须在死后节葬。墨子认为，节葬表面上看是讲死人的事，实际上还是为了活人的利益。因此，他明确指出了厚葬的害处：第一，浪费钱财，多埋"无用之财"。厚葬把大量的财物好端端地埋入地下，必定造成钱财浪费。如墨子曾描述，穷人为了厚葬，宁愿倾家荡产，那么王公达官富贵之人就可想而知了，这对整个社会造成的损害是巨大的。第二，浪费时间，影响工作，摧残人的健康。厚葬久丧，费财伤人，在居丧期间，由于不断悲伤哭泣，睡不好，吃不香，穿不暖，并为此而多使生者发生疾病，不仅浪费生者的时间，而且损害生者的健康。第三，影响社会生产，给生产带来巨大损失。后人由于长期居丧，不仅浪费时间不能生产，而且也没有精力去进行生产和组织社会生活。如王公大人厚葬居丧，就会荒废国务政事的治理；农夫厚葬居丧，就会荒废农业的生产、庄稼的耕种；百工厚葬居丧，就会荒废舟车器皿的修造制作；农妇厚葬久丧，就会荒废布匹衣服的纺织缝制等等。第四，削弱国力，引发动乱。墨子认为厚葬久丧看来是个人的事，实际上它关乎整个国家的利益，正所谓"以厚葬久丧者为政，国家必贫，人民必寡，刑政必乱"，尤其是弱小的国家，要想生存和发展而不至于被大国攻占，就更不应该将人力、财力和时间浪费在厚葬久丧的活动方面。总之，厚葬久丧是国之大害、民之大害，必须谴责和停止这些活动，提倡节葬，实行短丧。

具体来说，墨子认为，用厚三寸的棺木、三件衣服和被子盛殓和遮盖尸体，并埋在不潮湿的地方，坟冢的高度能够表示出那是埋葬死者的地方就可以了。活着的人一定不要长久地哀哭服丧，应尽快致力于生产衣食财用的工作，用来资助祭祀的费用，以此来向双亲表达孝心。墨子的这一"节葬"主张和当时儒家在这方面的主张正好相反。儒家一直极为看重生死丧葬之事，孔子虽然也曾表示过：在一般礼仪方面，与其过于铺张浪费，倒不如俭朴节约些好；在丧礼方面，与其讲究仪礼周到，倒不如真诚地表达自己的哀戚之情好。但是，相对于墨子来讲，孔子还是主张"厚葬久丧"的，比如他认为只有服三年之丧才足以来表达对父母养育之恩的报答。而墨子则主要是从功利的角度来看待丧葬问题的，并对厚葬、久丧的社会危害性进行了无情的揭露和批判，认为只有节葬、短丧，既不损害死者的利益，也不致损害生者的利益，才是"不失死生之利"的良法。

可以说，墨子是我国古代第一个对死丧葬埋之法进行系统论述的思想家，也是第一个将厚葬久丧的危害上升到关系国计民生高度来认识的思想家。当历史的车轮驶入 21 世纪，人类文明发展的程度虽然有了极大的提高，但是时下在丧葬问题上由相互攀比所导致的奢侈浪费的社会风气却大有愈演愈烈之势，这不能不引起我们高度的关注和忧虑。显然，墨子的相关论述对于我们树立正确的丧葬观念有极为宝贵的借鉴价值，即葬礼丧期应以表达对死者的哀悼为主，而以适度和节俭为宜。

【原文】

子墨子言曰:"仁者之为天下度也①,辟之无以异乎孝子之为亲度也②。"今孝子之为亲度也,将奈何哉?曰:亲贫则从事乎富之,人民寡则从事乎众之,众乱则从事乎治之。当其于此也,亦有力不足,财不赡,智不智,然后已矣。无敢舍余力,隐谋遗利,而不为亲为之者矣。若三务者,孝子之为亲度也,既若此矣。虽仁者之为天下度,亦犹此也。曰:天下贫则从事乎富之,人民寡则从事乎众之,众而乱则从事乎治之。当其于此,亦有力不足,财不赡,智不智,然后已矣。无敢舍余力,隐谋遗利,而不为天下为之者矣。若三务者,此仁者之为天下度也,既若此矣③。

【注释】

① 仁者之为天下度也:仁者为天下谋划。度,谋划,思考。
② 辟之无以异乎孝子之为亲度也:就像孝子给双亲谋划。辟,通"譬",好像,譬如。
③ 若三务者,此仁者之为天下度也,既若此矣:这三件事(富之、众之、治之),就是仁义之人替天下做的打算,只要是仁人莫不如此。

【品鉴】

亲贫则从事乎富之,人民寡则从事乎众之,众乱则从事乎治之。当

其于此也，亦有力不足，财不赡，智不智，然后已矣。无敢舍余力，隐谋遗利，而不为亲为之者矣。

双亲贫困，就做些使他们富裕的事情；人口稀少，就做些使人口增多的事情；众人暴乱，就做些治理众人的事情。当他致力于这些事情时，也有因力量不够、财力不足、智力不及，然后作罢的。但是，绝不敢放弃余存的气力，隐藏自己的智慧，留下富余的财物，而不替双亲做事的。

墨子在这里主要谈论的是"孝敬"的问题，旨在为接下来提出其"节葬"的主张做铺垫。究竟何谓"孝"呢？不同的思想家有不同的看法。孔子认为，不仅仅是能养活父母，而且对父母能够做到礼敬孝顺，才能叫作"孝"。而墨子则强调所谓"孝"即是要尽力做有利于亲人的事，而且，也许你无力完全做到或做得不够尽善尽美，但你务必要一心一意、不遗余力，那才叫作"孝"。"孝"可以说是我国传统文化中的核心观念之一，"善事父母"是孝的基本含义。在古代，孝不仅被看作是一种家庭美德，而且还被泛化为一种个体、政治、社会的基本道德规范，是人们立身、事君、处世应遵循的基本道德原则。

那么，对父母的孝是否就一定意味着要在父母离世后都要厚葬久丧呢？墨子在这里暂且还没有给出具体的回答，而是认为后辈只要做到不遗余力为双亲做事就可以了，据此而言，墨子事实上主张子女应量力而行，而大可不必为已去世的父母举办超出自己能力范围之外的厚葬久丧的活动。我们认为，墨子的这种"孝"的观念对我们也是富有教益的，他告诉我们当父母都健在的时候要竭尽全力为他们做事，做对他们有利的事，等他们去世之后，对他们的孝不一定非要通过厚葬久丧的形式来表现，更重要的在于你日常为父母做事是否能够尽心尽力。

【原文】

今逮至昔者①，三代圣王既没，天下失义。后世之君子，或以厚葬久丧以为仁也②，义也，孝子之事也；或以厚葬久丧以为非仁义、非孝子之事也。曰二子者③，言则相非，行即相反，皆曰："吾上祖述尧、舜、禹、汤、文、武之道者也。"而言即相非④，行即相反，于此乎后世之君子皆疑惑乎二子者言也。若苟疑惑乎之二子者言，然则姑尝傅而为政乎国家万民而观之，计厚葬久丧奚当此三利者哉⑤？意若使法其言⑥，用其谋，厚葬久丧，实可以富贫众寡、定危治乱乎，此仁也，义也，孝子之事也。为人谋者，不可不劝也⑦。仁者将兴之天下，谁贾而使民誉之，终勿废也⑧。意亦使法其言，用其谋，厚葬久丧实不可以富贫众寡，定危理乱乎，此非仁非义、非孝子之事也。为人谋者，不可不沮也⑨。仁者将求除之天下，相废而使人非之，终身勿为⑩。且故兴天下之利，除天下之害，令国家百姓之不治也⑪，自古及今，未尝之有也。

【注释】

① 逮至：及至，到了。

② 厚葬久丧：葬礼隆重破费，长时间居丧。

③ 曰二子者：指持上述两种看法的人。曰，语气词，无实义。

④ 言即相非：言语互不相同。即，则。

⑤ 若苟疑惑乎之二子者言，然则姑尝傅而为政乎国家万民而观之，计厚葬久丧奚当此三利者哉：如果对两人的说法感到疑惑，就姑且试着把他们的主张都广泛地实施于治理国家和人民，从而加以考察，衡量厚葬久丧在哪一方面能符合"富、众、治"这三种利益。傅，扩展。

⑥ 意若：假如。法：效法，采纳。

⑦ 为人谋者，不可不劝也：要是替别人谋划，那是不能不劝他这样做的。

⑧ 仁者将兴之天下，谁贾而使民誉之，终勿废也：仁者将谋求在天下兴办它，设法宣扬而使百姓赞誉它，永不废弃。谁贾，当为"设置"，设法宣扬。

⑨ 沮：通"阻"，阻止。

⑩ 仁者将求除之天下，相废而使人非之，终身勿为：仁者将谋求在天下除掉它，相互废弃它，并使人们非难它，终身不去做。

⑪ 令国家百姓之不治也：反而使国家百姓得不到治理。

【原文】

何以知其然也？今天下之士君子，将犹多皆疑惑厚葬久丧之为中是非利害也①。故子墨子言曰：然则姑尝稽之②，今虽毋法执厚葬久丧者言，以为事乎国家。此存乎王公大人有丧者，曰棺椁必重③，葬埋必厚，衣衾必多，文绣必繁④，丘陇必巨⑤。存乎匹夫贱人死者，殆竭家室⑥。存乎诸侯死者，虚车府⑦，然后金玉珠玑比乎身⑧，纶组节约车马藏乎圹⑨，又必多为屋幕⑩，鼎鼓几梴壶滥⑪，戈剑羽旄齿革寝而埋之⑫，满意，若送从⑬。

【注释】

① 将犹多皆疑惑厚葬久丧之为中是非利害也：对厚葬久丧的是非利弊，还有很多疑惑。为中，当为衍字，无实义。

② 稽：考察。

③ 棺椁必重：内棺外棺必须要多几重。棺，内棺。椁，外棺。

④ 文绣：指棺椁上的装饰。文，同"纹"。

⑤ 丘陇：坟墓。

⑥ 殆竭家室：几乎倾家荡产。殆，几乎。

⑦ 虚车府：使府库贮藏之财为之一空。虚，用作动词，使……亏空。车，当为"库"。

⑧ 然后金玉珠玑比乎身：然后将金玉珠宝装饰在死者身上。玑，不够圆的珠子。比，周，全。

⑨ 纶组节约车马藏乎圹（kuàng）：用丝絮组带束住，并把车马埋藏在墓穴中。纶，丝绵。组，丝带。节约，捆缚。圹，墓穴。

⑩ 屋幕：帐幕。

⑪ 几：小桌子。筵，竹席。

⑫ 齿：象牙。革：皮革，指甲盾之类。

⑬ 若送从：当为"送死若徙"，意思是丧葬死人就如同送人迁徙一样。

【原文】

曰天子杀殉①，众者数百，寡者数十；将军、大夫杀殉，众者数十，寡者数人。处丧之法将奈何哉？曰："哭泣不秩，声翁，缞绖，垂涕，处倚庐，寝苦枕块②。"又相率强不食而为饥，薄衣而为寒，使面目陷陬③，颜色黧黑，耳目不聪明，手足不劲强，不可用也。又曰："上士之操丧也，必扶而能起，杖而能行，以此共三年。若法若言④，行若道，使王公大人行此，则必不能蚤朝，五官六府⑤，辟草木，实仓廪。使农夫行此，则必不能蚤出夜入，耕稼树艺。使百工行此，则必不能修舟车，为器皿矣。使妇人行此，则必不能夙兴夜寐，纺绩织纴⑥。细计厚葬，为多埋赋之财者也；计久丧，为久禁从事者也。财以成者，扶而埋之；后得生者，而久禁之。以此求富，此譬犹禁耕而求获也，富之说无可得焉。是故求以富家，而既已不可矣。"

【注释】

① 杀殉：杀人殉葬。

② 哭泣不秩，声翁，缞(cuī)绖(dié)，垂涕，处倚庐，寝苫(shān)枕块：哭泣不停，泣不成声，要披麻戴孝，垂涕流泪，住在中门外侧的茅草屋中，睡在草垫上，头枕着土块。苫，草垫。

③ 隔(gě)：瘦骨嶙峋的样子。

④ 若法若言：如果效法他们的言论。若（前），假如。若（后），代词，他们。法，效法，采纳。

⑤ 五官六府：上应该有脱文，当为"使大夫为此，则必不能治五官六府"。

⑥ 纺绩织纴：纺纱织布，缝制衣服。绩，把麻捻成线。纴，纺织。

【品鉴】

细计厚葬，为多埋赋之财者也；计久丧，为久禁从事者也。财以成者，扶而埋之；后得生者，而久禁之。以此求富，此譬犹禁耕而求获也，富之说无可得焉。

仔细思量一下你就会明白，厚葬实在是在大量地埋葬那征收来的资财啊！而久丧则是在长久地禁止人们致力于工作啊！把得来的财富拿去埋掉；干活过日子的人长久地不允许工作。像这样去致富，就好比禁止耕种却想求得收获一样，所谓的致富之说，是不可能实现的。

墨子在此明确阐述了他的"节葬"主张的两个方面的具体含义：一

是反对厚葬，二是反对久丧。在他看来，厚葬久丧具有极大的危害性。首先，厚葬浪费钱财，多埋无用之财，把大量好端端的财物埋入地下，造成了对个人乃至社会国家资财的极大浪费。其次，久丧浪费时间，摧残活人的身体健康，进而影响到社会生产的发展。久丧让人身心疲惫，居丧期间人吃不好，睡不好，穿不好，心情悲痛，被折磨得体弱多病，同时他们也没有时间和精力去从事生产和工作。墨子对厚葬久丧的诸种弊端的揭示，可以说既是对当时社会现实、对费财伤民、奢侈浪费的厚葬久丧风气的一种客观描述，更是对这种社会现实和风气的一种严厉谴责。

人终究难免一死，来自泥土，又重新归于泥土，这是自然的法则，因此，人们应理性地看待生死的问题。然而，任何时代、任何社会也都会有非理性的迷信现象发生，即使随着现代社会的发展，诸多迷信思想却在渐渐抬头，如有人借亲人的丧事讲究排场，大肆铺张浪费，有权有势者甚至借机敛财，或迫令下属为自己去世的亲人披麻戴孝，将之看作自己社会地位和权势的象征。更严重的是一些人在健在的时候就大肆花钱选择自己的安葬之地并修造华丽的坟墓等等。诸如此类现象，从墨子"节葬"的观点来看，不仅是非理性的，更是一种对大量人力和物力的无用浪费。现如今，在丧葬之风日盛之际，实有必要大力宣传墨子的"节葬"主张，以便使借丧葬铺张浪费的迷信陋习能够得到有效遏制。

【原文】

欲以众人民，意者可邪①？其说又不可矣！今惟无以厚葬久丧者为政，君死，丧之三年，父母死，丧之三年，妻与后子死者②，五皆丧之三年③；然后伯父、叔父、兄弟、孽子其④；族人五月，姑姊甥舅，皆有月数⑤。则毁瘠必有制矣⑥，使面目陷陷，颜色黧黑，耳目不聪明，手足不劲强，不可用也。又曰："上士操丧也，必扶而能起，杖而能行。"以此共三年。若法若言，行若道，苟其饥约⑦，又若此矣。是故百姓冬不仞寒，夏不仞暑，作疾病死者，不可胜计也⑧。此其为败男女之交多矣。以此求众，譬犹使人负剑而求其寿也⑨，众之说无可得焉。是故求以众人民，而既已不可矣。

【注释】

① 意者：或许。

② 后子：嫡长子。

③ 五：下脱"者"字，五者，即君、父、母、妻、子。

④ 孽子：众庶子。其(jī)：同"期"，一年。

⑤ 月数：即数月。

⑥ 则毁瘠必有制矣：然而在丧期中的哀毁瘦损必定有制度规定。

⑦ 苟其饥约：假如他们也像上面说的那样忍饥缩食。

⑧ 是故百姓冬不仞寒，夏不仞暑，作疾病死者，不可胜计也：结果是百姓冬天耐不住寒冷，夏天耐不住暑热，因生病而死的，多得无法计算。仞，同"忍"，忍受、忍耐。

⑨ 譬犹使人负剑而求其寿也：就好像让人伏在剑刃上自杀而求得长寿一样。负，通"伏"，伏在，趴在。

【原文】

欲以治刑政，意者可乎？其说又不可矣！今唯无以厚葬久丧者为政，国家必贫，人民必寡，刑政必乱。若法若言，行若道，使为上者行此，则不能听治；使为下者行此，则不能从事。上不听治，刑政必乱；下不从事，衣食之财必不足。若苟不足，为人弟者求其兄而不得，不弟弟必将怨其兄矣①；为人子者求其亲而不得②，不孝子必是怨其亲矣；为人臣者求之君而不得，不忠臣必且乱其上矣。是以僻淫邪行之民，出则无衣也，入则无食也，内续奚吾③，并为淫暴，而不可胜禁也，是故盗贼众而治者寡。夫众盗贼而寡治者，以此求治，譬犹使人三睘而毋负己也④，治之说无可得焉。是故求以治刑政，而既已不可矣。

【注释】

① 不弟弟必将怨其兄矣：不恭顺的弟弟就必定要怨恨他的兄长。前一个"弟"通"悌(tì)"，恭顺，对兄长尊重。
② 亲：父母。
③ 内续奚吾：心中抵触不平。
④ 譬犹使人三睘(huán)而毋负己也：就好比让人在自己面前旋转三次，只允许他面向自己而不许他背向自己一样。睘，同"还"，旋转，返回。

【原文】

欲以禁止大国之攻小国也，意者可邪？其说又不可矣！是故昔者圣王既没，天下失义，诸侯力征，南有楚、越之王，而北有齐、晋之君，此皆砥砺其卒伍①，以攻伐并兼为政于天下。是故凡大国之所以不攻小国者，积委多②，城郭修，上下调和③，是故大国不耆攻之④。无积委，城郭不修，上下不调和，是故大国耆攻之。今唯无以厚葬久丧者为政，国家必贫，人民必寡，刑政必乱。若苟贫，是无以为积委也；若苟寡，是城郭沟渠者寡也；若苟乱，是出战不克⑤，入守不固。此求禁止大国之攻小国也，而既已不可矣。

【注释】

① 砥(dǐ)砺(lì)其卒伍：训练自己的军队。砥砺，磨炼，训练。卒，军队。

② 积委多：储备的资财充足。

③ 上下调和：朝野上下和谐一致。

④ 是故大国不耆(qí)攻之：所以大国不愿意出兵攻打它（小国）。耆，通"嗜(shì)"，爱好，喜欢。

⑤ 出战不克：出城作战就不能取胜。克，战胜，取胜。

【原文】

欲以干上帝鬼神之福①，意者可邪？其说又不可矣！今唯无以厚葬久丧者为政②，国家必贫，人民必寡，刑政必乱。若苟贫，是粢盛酒醴不净洁也③；若苟寡，是事上帝鬼神者寡也；若苟乱，是祭祀不时度也④。今又禁止事上帝鬼神，为政若此，上帝鬼神始得从上抚之⑤，曰："我有是人也，与无是人也，孰愈⑥？"曰："我有是人也，与无是人也，无择也⑦。"则惟上帝鬼神降之罪厉之祸罚而弃之⑧，则岂不亦乃其所哉⑨！

【注释】

① 干：求取。

② 唯无：发语词，无实义。

③ 粢(zī)盛酒醴(lǐ)不净洁也：祭祀用的酒食礼品就不能洁净。

④ 不时度：不按时节。

⑤ 上帝鬼神始得从上抚之：上帝鬼神便开始在上天发问。

⑥ 我有是人也，与无是人也，孰愈：我有这些人和没有这些人，哪

种情况更好一些呢？孰愈，哪种情况好。

⑦ 无择也：没有什么区别。

⑧ 则惟上帝鬼神降之罪厉之祸罚而弃之：即使上帝鬼神降下灾祸惩罚他们，抛弃他们。厉，祸乱，灾难。

⑨ 则岂不亦乃其所哉：难道不也是他们罪有应得吗？

【原文】

故古圣王制为葬埋之法，曰："棺三寸，足以朽体①；衣衾三领，足以覆恶②。以及其葬也，下毋及泉，上毋通臭，垄若参耕之亩③，则止矣。"死则既以葬矣，生者必无久哭，而疾而从事，人为其所能，以交相利也④。此圣王之法也。

【注释】

① 朽体：安放朽烂的尸体。

② 衣衾(qīn)三领，足以覆恶：衣服和被子各三件，能够遮住可怕的尸体。衾，被子。

③ 垄若参耕之亩：坟墓宽若三尺。垄，坟墓。参耕，三尺。

④ 而疾而从事，人为其所能，以交相利也：而要尽快致力于自己的工作，人人去做自己力所能及的事情，来相互谋利。

【原文】

今执厚葬久丧者之言曰："厚葬久丧，虽使不可以富贫众寡，定危治乱，然此圣王之道也。"子墨子曰："不然。昔者尧北教乎八狄①，道死，葬蛩山之阴②，衣衾三领，谷木之棺，葛以缄之③，既窆而后哭④，满坎无封⑤。已葬，而牛马乘之⑥。舜西教乎七戎，道死，葬南己之市，衣衾三领，谷木之棺，葛以缄之。已葬，而市人乘之。禹东教乎九夷，道死，葬会稽之山⑦，衣衾三领，桐棺三寸，葛以缄之，绞之不合⑧，通之不坎，土地之深，下毋及泉，上毋通臭。既葬，收余壤其上⑨，垄若参耕之亩⑩，则止矣。若以此若三圣王者观之，则厚葬久丧果非圣王之道。故三王者，皆贵为天子，富有天下，岂忧财用之不足哉？以为如此葬埋之法。"

【注释】

① 教：教化。

② 蛩(gǒng)山之阴：安葬在蛩山的北面。阴，山之北水之南皆称阴。

③ 葛以缄之：用葛藤捆扎好。缄，捆束，捆扎。

④ 既窆(biǎn)而后哭：埋葬之后便开始哀哭。窆，葬下棺材。

⑤ 满坎无封：墓坑填平后不垒坟冢。坎，墓穴。封，堆土为坟。

⑥ 而牛马乘之：牛马可以在墓地上往来。

⑦ 会稽(jī)：今浙江绍兴，传说禹东巡死于此。

⑧ 绞之不合：棺盖和棺身不密合。绞，同"交"，交合。

⑨ 收余壤其上：收集挖掘出的余土堆在上面。余壤，掘墓的余土。

⑩ 垄若参耕之亩：坟冢的占地面积大约长宽三尺。

【原文】

今王公大人之为葬埋，则异于此。必大棺、中棺①，革阓三操②，璧玉即具，戈剑鼎鼓壶滥③，文绣素练，大鞅万领，舆马女乐皆具，曰：必捶涂差通④，垄虽凡山陵⑤。此为辍民之事，靡民之财⑥，不可胜计也。其为毋用若此矣。

【注释】

① 大棺：外棺。中棺：内棺。

② 革阓(huì)三操：饰彩的皮带裹了又裹。阓，饰彩的皮带。

③ 壸滥：食器，用器。

④ 必捶涂差通：还必须把墓道捶实，涂饰好。差通，墓道。

⑤ 垄虽凡山陵：隆起的坟冢如同山陵一样雄伟。

⑥ 此为辍(chuò)民之事，靡民之财：这样荒废民众的事物，耗费民众的资财。辍，荒废，废止。靡，浪费，耗费。

【原文】

是故子墨子曰："乡者吾本言曰①：意亦使法其言，用其谋，计厚葬久丧，请可以富贫众寡、定危治乱乎②？则仁也，义也，孝子之事也。为人谋者，不可不劝也。意亦使法其言，用其谋，若人厚葬久丧，实不可以富贫众寡、定危治乱乎？则非仁也，非义也，非孝子之事也。为人谋者，不可不沮也。是故求以富国家，甚得贫焉；欲以众人民，甚得寡焉；欲以治刑政，甚得乱焉；求以禁止大国之攻小国也，而既已不可矣；欲以干上帝鬼神之福，又得祸焉。上稽之尧、舜、禹、汤、文、武之道，而政逆之③；下稽之桀、纣、幽、厉之事，犹合节也④。若以此观，则厚葬久丧，其非圣王之道也。"

【注释】

① 乡者吾本言：我过去曾经说过。

② 请可以富贫众寡、定危治乱乎：如确实可以使贫者富、寡者众、危者定、乱者治。请，同"诚"，确实。

③ 而政逆之：正好相反。政，同"正"，正好，恰恰。

④ 犹合节也：刚好与之相符。

【原文】

今执厚葬久丧者言曰："厚葬久丧果非圣王之道，夫胡说中国之君子为而不已，操而不择哉①？"子墨子曰：此所谓便其习而义其俗者也②。昔者越之东有輆沭之国者③，其长子生，则解而食之④，谓之宜弟；其大父死⑤，负其大母而弃之⑥，曰："鬼妻不可与居处。"此上以为政，下以为俗，为而不已，操而不择，则此岂实仁义之道哉？此所谓便其习而义其俗者也。楚之南，有啖人国者，其亲戚死，朽其肉而弃之⑦，然后埋其骨，乃成为孝子。秦之西，有仪渠之国者，其亲戚死，聚柴薪而焚之，熏上谓之登遐⑧，然后成为孝子。此上以为政，下以为俗，为而不已，操而不择，则此岂实仁义之道哉？此所谓便其习而义其俗者也。若以此若三国者观之，则亦犹薄矣；若以中国之君子观之，则亦犹厚矣⑨。如彼则大厚，如此则大薄，然则葬埋之有节矣。

【注释】

① 夫胡说中国之君子为而不已，操而不择哉：为什么说中原各国的君子们仍然实行，并且坚持着不放弃呢？

② 此所谓便其习而义其俗者也：这就是所谓的以自己的习惯为便利，以自己的风俗为适宜吧。

③ 輆(kài)沭：古国名。

④ 则解而食之：肢解并吃掉它。

⑤ 大父：指祖父。下文的"大母"，指祖母。

⑥ 负：背着。

⑦ 朽其肉而弃之：先把肉剔下来扔掉。

⑧ 登遐：升天成仙。

⑨ 若以此若三国者观之，则亦犹薄矣；若以中国之君子观之，则亦犹厚矣：假如从上述三个国家的习俗来看，他们的葬法太薄了；如果从中原各国的君子的做法看，他们的葬法又太厚了。

【原文】

故衣食者，人之生利也，然且犹尚有节；葬埋者，人之死利也，夫何独无节于此乎？子墨子制为葬埋之法，曰："棺三寸，足以朽骨；衣三领，足以朽肉。掘地之深，下无菹漏①，气无发泄于上②，垄足以期其所③，则止矣。哭往哭来，反从事乎衣食之财，佴乎祭祀，以致孝于亲④。"故曰子墨子之法不失死生之利者⑤，此也。故子墨子言曰："今天下之士君子，中请将欲为仁义，求为上士，上欲中圣王之道，下欲中国家百姓之利，故当若节丧之为政，而不可不察此者也。"

【注释】

① 菹 (jù) 漏：湿漏。菹，通"沮"，潮湿。

② 气无发泄于上：不让腐臭的气味散发到地面上。

③ 垄足以期其所：坟冢的高度能够表示出那是埋葬死者的处所。期，识别，辨别。

④ 哭往哭来，反从事乎衣食之财，佴 (èr) 乎祭祀，以致孝于亲：哭着出丧，哭着回来，回来后即致力于生产衣食财用的工作，用来资助祭祀的费用，向双亲表达孝心。佴，有利，便于。

⑤ 不失死生之利者：既不损害死者的利益，也不致损害生者的利益。

【品鉴】

故衣食者，人之生利也，然且犹尚有节；葬埋者，人之死利也，夫何独无节于此乎？

衣服和食物，这是活着的人的生存利益之所在，尚且还应当有一定的节度；而埋葬之事，这是死去的人的逝后利益之所在，为什么反而偏偏没有节度呢？

墨子的这句名言充分体现了他对活着的人的生存利益的深切关怀。墨子认为，人活着的时候尚且衣食有节，死后也应当丧葬有节，而说到底，厚葬久丧只会损害活着的人的利益，造成无谓的浪费。因此，墨子所谓的"节葬"，最终还是为了活人的利益着想的。人应该根据实际能力来举行丧葬之礼，不必做无谓的浪费，而且亲人应该尽快节哀，以从事正常工作，只要心里一直哀念就算是尽孝了，切不可大搞特搞厚葬久丧，因为这对于生者、死者、国家和民众都是不利的。总之，在墨子看来，相对于死去的人的利益来讲，活着的人的利益更加重要。世人切不可因厚葬久丧而损害活人的利益，更何况世上还有更多的、更重要的事情等待着活人去做、去完成。总而言之，我们认为，从墨子的"节葬"主张，我们应该能够明白这样一个道理，理性地看待生死问题，有节制地举办丧葬活动，是一个社会文明程度的重要体现。

天　志

"天志"即天的意志，这是墨子极力阐述和推崇的最重要的思想观念之一，体现了他思想的宗教色彩，他以天志为仪法，提出了诸如"尚贤""尚同""兼爱""非攻"等等重要的社会政治主张，而且他是一位最能以宗教家的精神来倡导和推行其思想主张的思想家。在墨子的思想体系中，"天"无疑是一具有人格意志、能够惩恶扬善的至上神或能够决定和支配一切的最高主宰性力量。因此，所谓的"天志"也可以说是墨子其他诸多主张的终极依据，而墨子之所以不遗余力地高举"天志"的大旗，其根本目的仍然在维护人世间的社会政治秩序，使之能够有序地运转。

从中国人的传统宗教信仰的演变过程来讲，商代人的至上神是"帝"或"上帝"，周灭商之后，对商人的宗教信仰进行了改造，他们信仰的至上神是"天"，并以天命的转移来解释王朝的更替问题。降至春秋时期，随着人文思潮与世俗政治思想的兴起，"天"逐渐被改造为一个泛化的、自然化的概念，总的来讲，其神秘主义的性质大大减弱了。不过，在先秦诸子那里，"天"是一个具有着极为不同的含义的概念，儒家所谓的"天"或"天命"，其含义既具有主宰的含义，亦具有道德的和自然化的含义，道家所谓的"天"具有的则是纯自然的含义，而唯有墨子所谓的

"天"或"天志"最富有传统宗教信仰的意味。墨子所谓的"天",是一有意志的、至高无上的人格神,它能够赏善罚恶,伸张正义,是人世间一切善恶是非的最终裁判者。墨子在《天志》上、中、下三篇中对他的"天志"观做了集中阐述。

《天志》三篇都是紧紧围绕着"天志"这一主题展开论述的,在具体论述的过程中,墨子采取了层层推进的方式将问题不断引向深入。首先,天是客观存在的,它无时不在、无处不在、无所不能,天在冥冥中注视、监察着人类的一言一行、一举一动。其次,天是有意志、有好恶的人格神,天欲义而恶不义,希望人们能相爱相利,不希望人们相恶相贼。它能赏善惩暴,是人类秩序和是非价值的最高源泉。最后,天是"义"之所自出,是人类言行的终极标准。总之,"天志"是墨子用以审视、衡量、评判人世间一切的终极仪法或依据。

墨子所谓的"天志",并非只是一种非理性的宗教信仰或低级的迷信观念,它首先更主要的是墨子本人所据以审视和评判人世间一切事物和问题的理性化的客观仪法或终极依据,特别是当墨子从国家和人民的利益的角度来申论"天志"的问题时,更是如此。其次,墨子之所以汲汲于阐扬他的"天志"之说,也是想在当时的统治者之上试图树立一种制约其权力的至高无上的权威,因此,在他看来,"天"是比"天子"更尊贵和聪明的一种客观存在的因素或力量,天子应该服从于天的意志。显然,这是意在借助于天的权威对统治者恣意妄为、劳民伤财、攻城略地的行为加以约束和限制,以实现社会政治秩序的稳定及和谐有序地发展。另外,墨子的"天志"说也可以说就是旨在为他自己的整个思想学说设定一种逻辑的前提和终极的依据或支撑。

天 志〔上〕

【原文】

子墨子言曰:"今天下之士君子,知小而不知大。"何以知之?以其处家者知之。若处家得罪于家长,犹有邻家所避逃之①。然且亲戚、兄弟、所知识②,共相儆戒③,皆曰:"不可不戒矣!不可不慎矣!恶有处家而得罪于家长而可为也④!"非独处家者为然,虽处国亦然。处国得罪于国君,犹有邻国所避逃之。然且亲戚兄弟所知识,共相儆戒,皆曰:"不可不戒矣!不可不慎矣!谁亦有处国得罪于国君而可为也!"此有所避逃之者也,相儆戒犹若此其厚。况无所避逃之者,相儆戒岂不愈厚⑤,然后可哉?且语言有之曰⑥:"焉而晏日焉而得罪,将恶避逃之⑦?"曰:"无所避逃之。"夫天不可为林谷幽门无人⑧,明必见之。然而天下之士君子之于天也,忽然不知以相儆戒⑨。此我所以知天下士君子知小而不知大也。

【注释】

① 所:可以。
② 知识:相知相识,即相互认识的人。

③ 儆戒：告诫。

④ 恶有处家而得罪于家长而可为也：怎么会有在家族中而可以得罪家长的呢？

⑤ 愈厚：更加慎重。

⑥ 言：此为衍字，无实义。

⑦ 焉而晏日焉而得罪，将恶避逃之：在光天化日之下犯罪，有什么地方可以逃避呢？晏日，光天化日。

⑧ 幽门：当为"幽涧"，指幽僻之处。

⑨ 忽然不知以相儆戒：却疏忽得不知道互相告诫。忽然，疏忽，大意。

【品鉴】

夫天不可为林谷幽门无人，明必见之。

对于上天而言，没有什么山林深谷幽僻无人之所，无论什么地方，上天那明亮的目光都能看见。

这句话的意思是说"天"无所不在，无时无处不在，它在冥冥之中注视、照察着人类的每一个角落，在天的监视之下，任何人都是无所逃避的。然而，墨子发现，不幸的是他那个时代的士君子开始不再信仰天志，也不再引天志以相互警诫，这是天下秩序混乱、世风日下、道德败坏的根源。因此，为了挽救混乱的世事、重整世界秩序，墨子认为有必要重新让世人了解、领悟和尊奉天志以行事。

【原文】

然则天亦何欲何恶？天欲义而恶不义。然则率天下之百姓以从事于义，则我乃为天之所欲也。我为天之所欲，天亦为我所欲①。

然则我何欲何恶？我欲福禄而恶祸祟②。若我不为天之所欲，而为天之所不欲，然则我率天下之百姓以从事于祸祟中也。然则何以知天之欲义而恶不义？曰：天下有义则生，无义则死；有义则富，无义则贫；有义则治，无义则乱。然则天欲其生而恶其死，欲其富而恶其贫，欲其治而恶其乱。此我所以知天欲义而恶不义也。曰：且夫义者，政也③。无从下之政上，必从上之政下。是故庶人竭力从事，未得次己而为政④，有士政之；士竭力从事，未得次己而为政，有将军、大夫政之；将军、大夫竭力从事，未得次己而为政，有三公、诸侯政之；三公、诸侯竭力听治⑤，未得次己而为政，有天子政之；天子未得次己而为政，有天政之。天子为政于三公、诸侯、士、庶人，天下之士君子固明知⑥，天之为政于天子，天下百姓未得之明知也。

【注释】

① 我为天之所欲，天亦为我所欲：我做上天所希望的事情，天也做我所希望的事情。

② 祟(sui)：古人以鬼神降祸于人叫"祟"。

③ 且夫义者，政也：所谓义，就是正道的意思。政，同"正"。

④ 未得次己而为政：不能擅自恣意去做。次，通"恣"，随意，放纵。

⑤ 听治：断狱治事。

⑥ 固明知：固然明白。固，固然。

【品鉴】

天下有义则生，无义则死；有义则富，无义则贫；有义则治，无义

则乱。然则天欲其生而恶其死，欲其富而恶其贫，欲其治而恶其乱。

天下有道义就能生存，无道义就会死亡；有道义就能富裕，无道义就会贫困；有道义就能治平，无道义就会混乱。天希望人类能生存而憎恶其死亡，希望天下人富裕而憎恶其贫困，希望天下能够治平而憎恶其混乱。

墨子赋予了天志或天意一种明确的意向性，即天希望人们能够好好地生活，在一种安定有序的社会环境下，过上一种富裕幸福的日子，而憎恶死亡、贫困和混乱。事实上，天之所欲也就是人们所希望的，而天之所恶也就是人们所憎恶的。因此，墨子所谓的天志、天意说到底代表了一种人类自身对社会生活的美好愿景的追求和向往。同时，"天"与"义"亦是紧密相连的，墨子认为"义自天出"，因此，墨子所谓的天志、天意也可以说是一种社会道义或公平正义的象征，因为天希望的是人们行义事，而不是做不义的事，反之，人们的言语行为，凡是符合天志、天意的也就是义的，否则就是不义的，义与不义直接关乎人类的生与死、家国的贫与富、天下的治与乱。在墨子看来，只要统治者能够顺承天志、天意而实行"义政"，天下就可以得到治理、走向富裕和太平，否则就会陷入大乱和贫困之中。

【原文】

故昔三代圣王禹、汤、文、武，欲以天之为政于天子，明说天下之百姓①，故莫不犓牛羊②，豢犬彘③，洁为粢盛酒醴，以祭祀上帝鬼神，而求祈福于天。我未尝闻天之所求祈福于天子者也④，我所以知天之为政于天子者也。故天子者，天下之穷贵也，天下之穷富也⑤。故欲富且贵者，当天意而不可不顺。顺天意者，兼相爱，交相利，必得赏；反天意者，别相恶，交相贼，必得罚。然则是谁顺天意而得赏者？谁反天意而得罚者？子墨子言曰："昔三代圣王禹、汤、文、武，此顺天意而得赏也；昔三代之暴王桀、纣、幽、厉，此反天意而得罚者也。"然则禹、汤、文、武，其得赏何以也⑥？子墨子言曰："其事上尊天，中事鬼神，下爱人。故天意曰：'此之我所爱，兼而爱之；我所利，兼而利之。爱人者此为博焉，利人者此为厚焉⑦。'故使贵为天子，富有天下，业万世子孙⑧，传称其善，方施天下，至今称之，谓之圣王。然则桀、纣、幽、厉，得其罚何以也？子墨子言曰：'其事上诟天，中诟鬼，下贼人⑨。'故天意曰：'此之我所爱，别而恶之；我所利，交而贼之。恶人者，此为之博也；贼人者，此为之厚也。'故使不得终其寿，不殁其世⑩，至今毁之⑪，谓之暴王。"

【注释】

① 明说天下之百姓：明确地告诉天下的百姓。

② 犓（chú）牛羊：饲养牛羊。犓，用草喂养。

③ 豢（huàn）犬彘（zhì）：喂养猪狗。豢，喂养，饲养。

④ 未尝闻天下之所求祈福于天子者也："下"为衍字，"所求"为衍字，"者"为衍字。全句当为"未尝闻天之祈福于天子也"。

⑤ 天下之穷贵也，天下之穷富也：天下极尊贵的人，天下极富有的人。穷，极，最。

⑥ 其得赏何以也：他们凭什么得到天的奖赏。

⑦ 爱人者此为博焉，利人者此为厚焉：就爱人而言，这是最广泛的了；就利人而言，这是最为厚重的了。博，广博，广泛。

⑧ 业：传承。

⑨ 上诟（gòu）天，中诟鬼，下贼人：上辱骂天帝，中辱骂鬼神，下

残害百姓。诟，辱骂。贼，残害。

⑩ 不殁 (mò) 其世：不能终其身。殁，终。

⑪ 毁：诋毁，唾弃。

【品鉴】

顺天意者，兼相爱，交相利，必得赏；反天意者，别相恶，交相贼，必得罚。

顺从天意的人，能够无差别地爱他人，互相给予利益，必定得到上天的赏赐；违反天意的人，视人为异己而互相仇恨，彼此互相伤害，必将受到上天的惩罚。

在墨子看来，天具有"赏善罚恶"的能力，而统治者只有以"天志"作为自己的行为准则，顺从天的意志，兼爱天下的人，为人做事能够上利于天、中利于鬼、下利于民，才能得到上天的垂爱和奖赏。反之，违逆天意者，以大欺小，恃强凌弱，彼此憎恶、仇视和伤害，必定会受到上天的唾弃和惩罚。如果说前者是具有"天德"的统治者的话，那么，后者便是"天贼"式的统治者。显然，墨子希望这样一些思想观念能够对统治者起到某种警示和告诫的作用，不过，那要看统治者是否真正信仰墨子所谓的天志天意了。

【原文】

然则何以知天之爱天下之百姓？以其兼而明之①。何以知其兼而明之？以其兼而有之。何以知其兼而有之？以其兼而食焉。何以知其兼而食焉？曰：四海之内，粒食之民②，莫不犓牛羊，豢犬彘，洁为粢盛酒醴，以祭祀于上帝鬼神。天有邑人③，何用弗爱也？且吾言杀一不辜者，必有一不祥。杀不辜者谁也？则人也。予之不祥者谁也？则天也。若以天为不爱天下之百姓，则何故以人与人相杀，而天予之不祥？此我所以知天之爱天下之百姓也。

【注释】

① 明：明察。

② 粒食之民：吃谷物为生的人。

③ 邑人：泛指天下人。

【原文】

顺天意者，义政也；反天意者，力政也①。然义政将奈何哉？子墨子言曰："处大国不攻小国，处大家不篡小家②，强者不劫弱，贵者不傲贱，多诈者不欺愚。"此必上利于天，中利于鬼，下利于人。三利无所不利，故举天下美名加之，谓之圣王。力政者则与此异，言非此，行反此，犹幸驰也③。处大国攻小国，处大家篡小家，强者劫弱，贵者傲贱，多诈欺愚。此上不利于天，中不利于鬼，下不利于人。三不利无所利，故举天下恶名加之，谓之暴王。

【注释】

① 顺天意者，义政也；反天意者，力政也：顺从天的意志，就是用道义来治理政务；违反天的意志，就是用暴力来治理政务。

② 篡：强力夺取。

③ 犹幸驰也：犹如背道而驰。

【原文】

子墨子言曰："我有天志，譬若轮人之有规，匠人之有矩①。

轮匠执其规矩,以度天下之方圆,曰:'中者是也,不中者非也。'今天下之士君子之书,不可胜载,言语不可尽计,上说诸侯,下说列士,其于仁义则大相远也②。"何以知之?曰:"我得天下之明法以度之。"

【注释】

① 轮人:制作车轮的工匠。规:矫正圆形的工具。矩:矫正方形的工具。

② 今天下之士君子之书,不可胜载,言语不可尽计,上说(shuì)诸侯,下说列士,其于仁义则大相远也:现在天下的士君子,他们的书多多载不胜载,言语多多不能尽计,对上游说诸侯,对下游说有名望的人,但是对仁义之道,却大相违背。说,游说,劝说。远,当为"违",违背。

天 志〔中〕

【原文】

子墨子言曰:"今天下之君子之欲为仁义者,则不可不察义之所从出。"既曰不可以不察义之所欲出,然则义何从出?子墨子曰:"义不从愚且贱者出,必自贵且知者出①。"何以知义之不从愚且贱者出,而必自贵且知者出也?曰:"义者,善政也。"何以知义之为善政也?曰:"天下有义则治,无义则乱,是以知义之为善政也。夫愚且贱者,不得为政乎贵且知者,然后得为政乎愚且贱者,此吾所以知义之不从愚且贱者出,而必自贵且知者出也。"然则孰为贵?孰为知?曰:"天为贵,天为知而已矣。"然则义果自天出矣。今天下之人曰:"当若天子之贵诸侯,诸侯之贵大夫,傐明知之②,然吾未知天之贵且知于天子也。"子墨子曰:"吾所以知天之贵且知于天子者,有矣。曰:'天子为善,天能赏之;天子为暴,天能罚之;天子有疾病祸祟,必斋戒沐浴,洁为酒醴粢盛,以祭祀天鬼,则天能除去之。然吾未知天之祈福于天子也,此吾所以知天之贵且知于天子者。不止此而已矣,又以先王之书驯天明不解之道也知之③。'曰:'明哲维天,临君下土④。'则此语天之贵且知于天子。"不知亦有贵知夫天者乎⑤?曰:"天为贵、天为知而已矣。然则义果自天出矣。"是故子墨子曰:"今天下之君子,中实将欲遵道利民,本察仁义之本⑥,天之意不可不慎也⑦。"

【注释】

① 义不从愚且贱者出,必自贵且知者出:义不是从愚蠢而卑贱的人那里来的,必定是从尊贵而智慧的人那里来的。知,通"智",智慧。

② 儇明知之:诚然明确地知道。

③ 又以先王之书驯天明不解之道也知之:从先王的那些书籍里,那些解释上天明察人所不能认识的道理,知道天比天子更尊贵和更有智慧。驯,同"训",解释。

④ 明哲维天,临君下土:天是聪明圣智的,临照着下面的天子。

⑤ 不知亦有贵知夫天者乎:不知是否还有比天更尊贵、更有智慧的存在呢?

⑥ 本察:推究。

⑦ 天之意不可不慎也:天意不可不顺从。慎,同"顺",顺从。

【品鉴】

夫愚且贱者,不得为政乎贵且知者,然后得为政乎愚且贱者。

那些愚蠢而卑贱的人,不能去统治尊贵而有智慧的人;那些尊贵而有智慧的人,才能够去统治愚蠢而卑贱的人。

表面上看来,墨子的这一主张所强调的是政治统治的基本原则应是尊贵和有智慧的人统治愚蠢和卑贱的人。将这一原则真正落到实处,无疑会形成一种严格而僵化的尊卑贵贱的等级制度。不过,"醉翁之意不在酒",墨子所关注的主要不是如何建构人与人之间的尊卑贵贱的等级制题,而是人与天或者更确切地讲是统治者(天子)与天的关系问题,即天子之于天,究竟谁更尊贵、谁更有智慧的问题。这一问题的背后事实上关系着这样一个重要的政治问题,即谁才能制约人间统治者的权力,并使其政治统治具有正当与合理性。在墨子看来,相对于人间的统治者来讲,唯有"天"才是更为尊贵和富有智慧的。因此,墨子可以顺理成章地推论说,唯有天高于天子而可以统摄人世间的一切,天是监临天下、主宰一切的最高至上神,也唯有天才拥有至高无上的绝对权威,即使是人间的最高统治者也应顺从天志、天意,按照天志、天意来进行统治,才具有正当与合理性。限于时代的局限性,墨子试图以天志、天意来规训或驯化统治者的权力意志,希望统治者能够运用手中的权力造福百姓、消除祸乱,为天下苍生兴利除害,此法未必真正能够奏效,但其良苦用心却是难能可贵的。如果我们抛开其宗教信仰的外衣,那么,我们迄今仍然面临着墨子所欲解决而未解决好的如何有效制约统治者权力的真实政治问题,值得我们深长思之。

【原文】

既以天之意以为不可不慎已,然则天之将何欲何憎?子墨子曰:"天之意,不欲大国之攻小国也,大家之乱小家也,强之暴寡,诈之谋愚,贵之傲贱,此天之所不欲也。不止此而已,欲人之有力相营①,有道相教,有财相分也;又欲上之强听治也②,下之强从事也③。上强听治,则国家治矣;下强从事,则财用足矣。若国家治,财用足,则内有以洁为酒醴粢盛,以祭祀天鬼;外有以为环璧珠玉,以聘挠四邻④。诸侯之冤不兴矣⑤,边境兵甲不作矣。内有以食饥息劳⑥,持养其万民,则君臣上下惠忠,父子弟兄慈孝。故唯毋明乎顺天之意,奉而光施之天下⑦,则刑政治⑧,万民和，国家富，财用足，百姓皆得暖衣饱食，便宁无忧⑨。"是故子墨子曰："今天下之君子，中实将欲遵道利民，本察仁义之本，天之意不可不慎也。"

【注释】

① 有力相营：有力气的去帮助别人。营，救助。

② 上之强听治也：在上位的人努力听政治事。强，勉力，努力。

③ 下之强从事也：居下位的努力从事劳作。

④ 外有以为环璧珠玉，以聘挠四邻：对外有环璧珠玉等珍宝，用以结交四周的邻国。

⑤ 冤：当为"怨"，怨恨。

⑥ 内有以食饥息劳：在国内就可以让饥饿的人得到饭吃，让劳累的人得到休息。

⑦ 光：通"广"，广泛。

⑧ 刑政治：刑法政令清明。

⑨ 便（pián）宁无忧：安宁无忧。便宁，安宁。

【原文】

且夫天子之有天下也，辟之无以异乎国君、诸侯之有四境之内也①。今国君、诸侯之有四境之内也，夫岂欲其臣国万民之相为不利哉②！今若处大国则攻小国，处大家则乱小家，欲以此求赏誉，终不可得，诛罚必至矣。夫天之有天下也，将无已异此。今若处大国则攻小国，处大都则伐小都，欲以此求福禄于天，福禄终不得，而祸祟必至矣。然有所不为天之所欲，而为天之所不欲，则夫天亦且不为人之所欲，而为人之所不欲矣。人之所不欲者，何也？

曰：病疾祸祟也。若己不为天之所欲，而为天之所不欲，是率天下之万民以从事乎祸祟之中也。故古者圣王，明知天鬼之所福，而辟天鬼之所憎③，以求兴天下之利，而除天下之害。是以天之为寒热也节④，四时调，阴阳雨露也时，五谷孰⑤，六畜遂⑥，疾灾戾疫凶饥则不至⑦。是故子墨子曰："今天下之君子，中实将欲遵道利民，本察仁义之本，天意不可不慎也。"

【注释】

① 辟(pi)之：好像，譬如。辟，通"譬"。

② 臣国：当为"国臣"，国中的臣僚。

③ 辟(bì)天鬼之所憎：躲避开上天鬼神所厌恶的事情。辟，通"避"，躲避，退避。

④ 寒热也节：冷热有规律。节，有规律。

⑤ 五谷孰：五谷按时成熟。五谷，即黍、稷、菽、麦、稻。孰，通"熟"。

⑥ 六畜遂：六畜繁盛。六畜，即马、牛、羊、猪、狗、鸡。遂，兴荣，繁盛。

⑦ 疾灾戾(lì)疫凶饥则不至：瘟疫和饥荒不会到来。

【原文】

且夫天下盖有不仁不祥者，曰：当若子之不事父，弟之不事兄，臣之不事君也。故天下之君子与谓之不祥者。今夫天，兼天下而爱之，撽遂万物以利之①，若豪之末，非天之所为也，而民得而利之，则可谓否矣②。然独无报夫天，而不知其为不仁不祥也。此吾所谓君子明细而不明大也。且吾所以知天之爱民之厚者，有矣。曰：以磨为日月星辰，以昭道之③；制为四时春秋冬夏，以纪纲之④；雷降雪霜雨露⑤，以长遂五谷麻丝，使民得而财利之；列为山川溪谷，播赋百事⑥，以临司民之善否⑦；为王公侯伯，使之赏贤而罚暴；贼金木鸟兽⑧，从事乎五谷麻丝，以为民衣食之财。自古及今，未尝不有此也。今有人于此，欢若爱其子，竭力单务以利之⑨。其子长，而无报子求父⑩，故天下之君子，与谓之不仁不祥。今夫天，兼天下而爱之，撽遂万物以利之，若豪之末，非天之所为，而民得而利之，则可谓否矣。然独无报夫天，而不知其为不仁不祥也，此吾所谓君子明细而不明大也。

【注释】

① 撽(qiào)遂万物以利之：育成万物而使天下百姓得利。撽遂，驾驭万物，使之生长。撽，侧击，敲击。

② 若豪之末，非天之所为也，而民得而利之，则可谓否矣：即使是细如秋毫的小物，也都是天之所为，而民众得而利之。"非"前面当有"莫"字。否，当为"厚"。

③ 以昭道之：照耀天下。

④ 以纪纲之：以为时日的纲纪。

⑤ 雷：当为"陨"，降落。

⑥ 播赋百事：布设百官执事。

⑦ 以临司民之善否：以察视民众之善恶。

⑧ 贼金木鸟兽：征收金木鸟兽。贼，当为"赋"之误，征收。

⑨ 竭力单务以利之：竭尽全力为他的孩子谋利。单，同"殚"，竭力。

⑩ 而无报子求父：不报答父亲。子求，当为"乎"。

【原文】

且吾所以知天爱民之厚者，不止此而足矣。曰：杀不辜者，天予不祥①。杀不辜者谁也？曰：人也。予之不祥者谁也？曰：天也。若天不爱民之厚②，夫胡说人杀不辜而天予之不祥哉？此吾所以知天之爱民之厚也。且吾所以知天之爱民之厚者，不止此而已矣。曰：爱人利人，顺天之意，得天之赏者，有矣。憎人贼人，反天之意，得天之罚者，亦有矣。

【注释】

① 杀不辜者，天予不祥：杀害无辜的人，上天将给予不祥。
② 厚：深厚，强烈。

【原文】

夫爱人利人，顺天之意，得天之赏者，谁也？曰：若昔三代圣王，尧、舜、禹、汤、文、武者是也。尧、舜、禹、汤、文、武焉所从事？曰：从事"兼"，不从事"别"。"兼"者，处大国不攻小国，处大家不乱小家，强不劫弱，众不暴寡，诈不谋愚，贵不傲贱。观其事，上利乎天，中利乎鬼，下利乎人。三利无所不利，是谓天德①。聚敛天下之美名而加之焉，曰：此仁也，义也。爱人利人，顺天之意，得天之赏者也。不止此而已，书于竹帛，镂之金石②，琢之盘盂③，传遗后世子孙，曰：将何以为？将以识夫爱人利人④，顺天之意，得天之赏者也。《皇矣》道之曰："帝谓文王，予怀明德，不大声以色，不长夏以革，不识不知，顺帝之则⑤。"帝善其顺法则也，故举殷以赏之，使贵为天子，富有天下，名誉至今不息。故夫爱人利人，顺天之意，得天之赏者，既可得留而已⑥。夫憎人贼人，反天之意，得天之罚者，谁也？曰：若昔者三代暴王桀、纣、幽、厉者是也。桀、纣、幽、厉焉所从事？曰：从事"别"，不从事"兼"。"别"者，处大国则攻小国，处大家则乱小家，强劫弱，众暴寡，诈谋愚，贵傲贱。观其事，上不利乎天，中不利乎鬼，下不利乎人，三不利无所利，是谓天贼。聚敛天下之丑名而加之焉，曰：此非仁也，非义也。憎人贼人，反天之意，得天之罚者也。不止此而已，又书其事于竹帛，镂之金石，琢之盘盂，传遗后世子孙，曰：将何以为？将以识夫憎人贼人，反天之意，得天之罚者也。《大誓》之道之曰⑦："纣越厥夷居⑧，不肯事上帝，弃厥先神祇不祀，乃曰：'吾有命。'天侮其务，天亦纵弃纣而不葆⑨。"察天以纵弃纣而不葆者，反天之意也。故夫憎人、贼人，反天之意，得天之罚者，既可得而知也。

【注释】

① 三利无所不利，是谓天德：对天、鬼神、人民三者都有利，就无所不利了，因此人们说他们有天德。

② 镂之金石：镂刻在金石上。镂，雕刻，镂刻。

③ 琢 (zhuó) 之盘盂 (yú)：雕琢在盘盂器皿上。盂，盛液体的敞口器皿。

④ 将以识 (zhì) 夫爱人利人：将用以使人记住爱人利人。识，记住。

⑤ 帝谓文王，予怀明德，不大声以色，不长夏以革，不识不知，顺帝之则：天帝告诉文王，我思念那明德之人，他不说大话以表现自己，不因做了诸夏之长就变革先王的法则，他不识不知，只是一心顺从天帝的法则。

⑥ 既可得留而已：此句当为"既可得而智已"，意思是就已经可以知道其结果了。

⑦《大誓》：即《太誓》，亦作《泰誓》，《尚书》中的一篇，记载的主要是周武王三次告诫军队的言论。

⑧ 纣越厥夷居：商纣王傲慢不恭。

⑨ 天僇(lù)其务，天亦纵弃纣而不葆：不努力去从事政务，天帝也抛弃纣王而不保佑他。葆，通"保"，保佑。

【原文】

是故子墨子之有天之①，辟人无以异乎轮人之有规，匠人之有矩也。今夫轮人操其规，将以量度天下之圜与不圜也②，曰："中吾规者，谓之圜；不中吾规者，谓之不圜。"是以圜与不圜，皆可得而知也。此其故何？则圜法明也。匠人亦操其矩，将以量度天下之方与不方也，曰："中吾矩者，谓之方；不中吾矩者，谓之不方。"是以方与不方，皆可得而知之。此其故何？则方法明也。故子墨子之有天之意也，上将以度天下之王公大人为刑政也，下将以量天下之万民为文学出言谈也③。观其行，顺天之意，谓之善意行；反天之意，谓之不善意行。观其言谈，顺天之意，谓之善言谈；反天之意，谓之不善言谈。观其刑政，顺天之意，谓之善刑政；反天之意，谓之不善刑政。故置此以为法，立此以为仪，将以量度天下之王公大人卿大夫之仁与不仁，譬之犹分黑白也。

【注释】

① 天之：天志。之，当为"志"之误。

② 圜(yuán)：通"圆"，圆形。

③ 下将以量天下之万民为文学出言谈也：下可以衡量天下民众的学术与言谈。

【原文】

是故子墨子曰：今天下之王公大人士君子，中实将欲遵道利民①，本察仁义之本，天之意不可不顺也。顺天之意者，义之法也②。

【注释】

①中实将欲遵道利民：心里真想遵循先王之道，为人民谋利。

②顺天之意者，义之法也：顺从天的意志，就是义的准则。

天 志【下】

【原文】

子墨子言曰:"天下之所以乱者,其说将何哉①?则是天下士君子,皆明于小而不明于大。"何以知其明于小不明于大也?以其不明于天之意也。何以知其不明于天之意也?以处人之家者知之。今人处若家得罪,将犹有异家所以避逃之者。然且父以戒子,兄以戒弟,曰:"戒之!慎之!处人之家不戒不慎之,而有处人之国者乎?"今人处若国得罪,将犹有异国所以避逃之者矣。然且父以戒子,兄以戒弟,曰:"戒之!慎之!处人之国者,不可不戒慎也。"今人皆处天下而事天,得罪于天,将无所以避逃之者矣。然而莫知以相极戒也②。吾以此知大物则不知者也③。

【注释】

① 其说将何哉:将做何种解释呢?

② 然而莫知以相极戒也:然而天下的士君子们,却没有人知道以此互相劝诫。极戒,当为"儆诫"。

③ 吾以此知大物则不知者也:我由此知道他们对大事情并不明白。

【品鉴】

戒之！慎之！处人之家不戒不慎之，而有处人之国者乎？

要警戒啊！要小心啊！处身于家中都不警戒不谨慎，那又怎么能处身于国中呢？

做事要谨慎小心，要从小事做起。墨子的上述名言旨在告诫世人在明晓大是大非的前提下应该具备从小事做起的精神，正所谓"一屋不扫，何以扫天下""勿以恶小而为之，勿以善小而不为"。轻视一件平凡的小事，就不会做出伟大的创举；轻视一滴水就不会汇成浩瀚的海洋。总之，一种好的习惯可以使人受益终身，坏的习惯会让人在不知不觉中毁掉。要想培养自己良好的行为习惯，就要从小事做起，从点滴做起，在不起眼的小事中不断培养高尚的道德情操。

【原文】

是故子墨子言曰："戒之，慎之，必为天之所欲，而去天之所恶①。"曰：天之所欲者何也？所恶者何也？天欲义而恶其不义者也。何以知其然也？曰：义者，正也。何以知义之为正也？天下有义则治，无义则乱，我以此知义之为正也。然而正者，无自下正上者，必自上正下②。是故庶人不得次己而为正，有士正之③；士不得次己而为正，有大夫正之；大夫不得次己而为正，有诸侯正之；诸侯不得次己而为正，有三公正之；三公不得次己而为正，有天子正之；天子不得次己而为政，有天正之。今天下之士君子，皆明于天子之正天下也，而不明于天之正天子也。是故古者圣人明以此说人，曰："天子有善，天能赏之；天子有过，天能罚之。"天子赏罚不当，听狱不中，天下疾病祸福④，霜露不时。天子必且犓豢其牛羊犬彘，絜为粢盛酒醴，以祷祠祈福于天⑤，我未尝闻天之祷祈福于天子也。吾以此知天之重且贵于天子也。

【注释】

① 戒之，慎之，必为天之所欲，而去天之所恶：要警戒啊！要谨慎啊！一定要去做天所希望的事情，消除天所厌恶的事情。
② 然而正者，无自下正上者，必自上正下：然而正道，没有从下面匡正上面的道理，必定要由上面匡正下面。
③ 是故庶人不得次己而为正，有士正之：平民百姓不能任意去做事，应有士人在上面匡正他们。次，同"恣"，放肆，随意。
④ 天下疾病祸福：上天就会降下疾病灾祸。下，降下。
⑤ 以祷祠祈福于天：向上天祭祀，祈祷上天赐福。

【原文】

是故义者不自愚且贱者出，必自贵且知者出①。曰：谁为知？天为知。然则义果自天出也。今天下之士君子之欲为义者，则不可不顺天之意矣。曰：顺天之意何若？曰：兼爱天下之人。何以知兼爱天下之人也？以兼而食之也②。何以知其兼而食之也？自古及今，无有远灵孤夷之国③，皆犓豢其牛羊犬彘，絜为粢盛酒醴，以敬祭祀上帝、山川、鬼神，以此知兼而食之也。苟兼而食焉，必兼而爱之。譬之若楚、越之君，今是楚王食于楚之四境之内④，故爱楚之人；越王食于越，故爱越之人⑤。今天兼天下而食焉，我以此知其兼爱天下之人也。

【注释】

① 知者：智慧的人。知，通"智"，智慧。

② 以兼而食之也：天享食天下所有人的供奉。

③ 无有远灵孤夷之国：无论如何遥远偏僻的国家。远灵，荒远野僻无人之地。

④ 今是：当为"今夫"，发语词，无实义。

⑤ 越王食于越，故爱越之人：越王就食于越国四境之内，因而爱越国之人。

【原文】

　　且天之爱百姓也，不尽物而止矣①。今天下之国，粒食之民，杀一不辜者，必有一不祥。曰：谁杀不辜？曰：人也。孰予之不祥？曰：天也。若天之中实不爱此民也，何故而人有杀不辜而天予之不祥哉？且天之爱百姓厚矣，天之爱百姓别矣，既可得而知也。何以知天之爱百姓也？吾以贤者之必赏善罚暴也。何以知贤者之必赏善罚暴也？吾以昔者三代之圣王知之。故昔也三代之圣王尧、舜、禹、汤、文、武之兼爱之天下也，从而利之，移其百姓之意焉②，率以敬上帝、山川、鬼神。天以为从其所爱而爱之，从其所利而利之，于是加其赏焉，使之处上位，立为天子以法也③，名之曰圣人。以此知其赏善之证。是故昔也三代之暴王桀、纣、幽、厉之兼恶天下也，从而贼之，移其百姓之意焉，率以诟侮上帝、山川、鬼神。天以为不从其所爱而恶之，不从其所利而贼之，于是加其罚焉，使之父子离散，国家灭亡，抎失社稷④，忧以及其身⑤。是以天下之庶民属而毁之⑥，业万世子孙继嗣，毁之贲不之废也⑦，名之曰失王⑧。以此知其罚暴之证。今天下之士君子欲为义者，则不可不顺天之意矣。

【注释】

① 不尽物而止矣：并不仅仅止于此。物，当为"此"。

② 移其百姓之意：改变百姓的心意。

③ 以法：当为"以为仪法"，即作为效法的标准。

④ 抎(yǔn)失社稷：丧失社稷。抎，通"陨"，丧失。

⑤ 忧以及其身：忧患落到他们身上。

⑥ 天下之庶民属(zhǔ)而毁之：天下的庶民百姓都诅咒毁骂他们。属，汇合，聚集。

⑦ 毁之贲不之废也：责骂不止。废，停止。

⑧ 失王：暴王。

【原文】

曰：顺天之意者，兼也；反天之意者，别也。兼之为道也，义正；别之为道也，力正①。曰：义正者何若？曰：大不攻小也，强不侮弱也，众不贼寡也，诈不欺愚也，贵不傲贱也，富不骄贫也，壮不夺老也②。是以天下之庶国，莫以水火、毒药、兵刃以相害也。若事上利天③，中利鬼，下利人，三利而无所不利，是谓天德。故凡从事此者，圣知也，仁义也，忠惠也，慈孝也，是故聚敛天下之善名而加之。是其故何也？则顺天之意也。曰：力正者何若？曰：大则攻小也，强则侮弱也，众则贼寡也，诈则欺愚也，贵则傲贱也，富则骄贫也，壮则夺老也。是以天下之庶国，方以水火、毒药、兵刃以相贼害也。若事上不利天，中不利鬼，下不利人，三不利而无所利，是谓天贼。故凡从事此者，寇乱也，盗贼也，不仁不义，不忠不惠，不慈不孝，是故聚敛天下之恶名而加之。是其故何也？则反天之意也。

【注释】

① 兼之为道也，义正；别之为道也，力正：实行"兼"的主张，就是以义为治理原则；实行"别"的主张，就是以暴力为统治方法。

② 壮不夺老也：年壮的不掠夺年老的。

③ 若事：假如，如果。

【原文】

故子墨子置立天志，以为仪法，若轮人之有规，匠人之有矩也①。今轮人以规，匠人以矩，以此知方圜之别矣。是故子墨子置立天志，以为仪法。吾以此知天下之士君子之去义远也！何以知天下之士君子之去义远也？今知氏大国之君宽者然曰②："吾处大国而不攻小国，吾何以为大哉③？"是以差论蚤牙之士④，比列其舟车之卒，以攻伐无罪之国，入其沟境，刈其禾稼⑤，斩其树木，残其城郭以御其沟池⑥，焚烧其祖庙，攘杀其牺牷。民之格者则劲拔之，不格者则系操而归⑦。丈夫以为仆圉、胥靡，妇人以为舂酋⑧。则夫好攻伐之君，不知此为不仁义，以告四邻诸侯曰："吾攻国覆军，杀将若干人矣⑨。"其邻国之君，亦不知此为不仁义也，有具其皮币，发其总处，使人飨贺焉⑩。则夫好攻伐之君，有重不知此为不仁不义也⑪，有书之竹帛，藏之府库。为人后子者，必且欲顺其先君之行，曰："何不当发吾府库，视吾先君之法美⑫？"必不曰："文、武之为正者若此矣。"曰："吾攻国覆军，杀将若干人矣。"则夫好攻伐之君不知此为不仁不义也。其邻国之君不知此为不仁不义也。是以攻伐世世而不已者⑬，此吾所谓大物则不知也。

【注释】

① 故子墨子置立天志，以为仪法，若轮人之有规，匠人之有矩也：因此，墨子创立了"天志"的主张，把它作为奉行正义的准则，这就好比造车轮的工匠有了圆规，木匠有了矩尺一样。

② 今知氏大国之君宽者然曰：现在大国的君主肆然自得地说。

③ 吾处大国而不攻小国，吾何以为大哉：我身处大国的地位，不去攻打小国，又怎能显示大国的威严呢？

④ 差论蚤牙之上：挑选精兵猛将。差论，挑选。

⑤ 刈(yì)：割除。

⑥ 御其沟池：填平别人护城的沟池。御，填塞。

⑦ 民之格者则劲拔之，不格者则系操而归：遇到反抗的民众，就杀死他们；遇到不反抗的民众，就捆绑回去。格，抵抗，反抗。

⑧ 丈夫以为仆圉(yǔ)、胥(xǔ)靡，妇人以为舂(chōng)酋：要是男人，就让他做仆人马夫、囚徒苦工；要是女人，就让她做舂米、掌酒的女婢。仆圉，养马的下人。胥靡，男奴。舂酋，古代从事舂米、酿酒的女奴。

⑨ 吾攻国覆军，杀将若干人矣：我攻陷了那个国家，消灭了它的军队，杀死了很多的大将啊。

⑩ 有具其皮币，发其总处，使人飨(xiǎng)贺焉：反而准备好皮革钱币，打开他们聚财的宝库，派人前去祝贺。总处，聚财之地。飨，犒劳。

⑪ 有重不知此为不仁不义也：那些喜好攻伐的君主就更不知道这是不仁不义。

⑫ 何不当发吾府库，视吾先君之法美：为什么不赶紧打开我的府库，看看我先君留下的法则呢？法美，法仪，法则。

⑬ 是以攻伐世世而不已者：所以世世代代攻伐征战不止。已，停止。

【原文】

　　所谓小物则知之者，何若？今有人于此，入人之场园，取人之桃李瓜姜者，上得且罚之，众闻则非之。是何也？曰：不与其劳，获其实，已非其有所取之故①。而况有逾于人之墙垣，格人之子女者乎②？与角人之府库③，窃人之金玉蚤絫④者乎？与逾人之栏牢，窃人之牛马者乎？而况有杀一不辜人乎？今王公大人之为政也，自杀一不辜人者，逾人之墙垣，担格人之子女者，与角人之府库，窃人之金玉蚤絫者，与逾人之栏牢，窃人之牛马者，与入人之场园，窃人之桃李瓜姜者，今王公大人之加罚此也，虽古之尧、舜、禹、汤、文、武之为政，亦无以异此矣。今天下之诸侯将犹皆侵凌攻伐兼并，此为杀一不辜人者数千万矣！此为逾人之墙垣，格人之子女者，与角人府库，窃人金玉蚤絫者数千万矣！逾人之栏牢，窃人之牛马者，与入人之场园，窃人之桃李瓜姜者数千万矣！而自曰义也。

【注释】

① 不与其劳，获其实，已非其有所取之故：不付出自己的劳动，却获取劳动的果实，不是他所有而被他窃取的缘故。

② 格人之子女：抢夺别人的子女。格，拘执。

③ 角人之府库：凿穿人家的府库。角，凿穿，挖通。

④ 蚤(zǎo)絫(lěi)：当为"布帛"之误。

【原文】

故子墨子言曰：是棼我者，则岂有以异是棼黑白、甘苦之辩者哉①？今有人于此，少而示之黑，谓之黑；多示之黑，谓白。必曰："吾目乱，不知黑白之别。"今有人于此，能少尝之甘，谓甘；多尝，谓苦。必曰："吾口乱，不知其甘苦之味。"今王公大人之政也，或杀人，其国家禁之。此蚤越有能多杀其邻国之人，因以为文义②。此岂有异棼白黑、甘苦之别者哉？

【注释】

① 是棼(fén)我者，则岂有以异是棼黑白、甘苦之辩者哉：这是混淆了我所说的义的含义，这和把黑白、甘苦混淆在一起有什么区别呢？棼，紊乱，混淆。我，当为"义"。

② 此蚤越有能多杀其邻国之人，因以为文义：也有爪牙能够杀害众多的邻国百姓，却被认为是大义之人。蚤越，当为"爪牙"之误。文，当为"大"。

【原文】

故子墨子置天志以为仪法。非独子墨子以天之志为法也，于先王之书《大夏》之道之然①："帝谓文王，予怀明德，毋大声以色，毋长夏以革，不识不知，顺帝之则②。"此诰文王之以天志为法也，而顺帝之则也。且今天下之士君子，中实将欲为仁义，求为上士，上欲中圣王之道，下欲中国家百姓之利者，当天之志而不可不察也。天之志者，义之经也③。

【注释】

① 《大夏》：即《诗经·大雅》，古代"夏""雅"通用。

② 帝谓文王，予怀明德，毋大声以色，毋长夏以革，不识不知，顺帝之则：上帝对文王说：我怀念那明德之人，他从不说大话以表现自己，不因自己做了诸夏之长就改变先王的法则。他对一切不识不知，只是顺从天帝的法则。

③ 天之志者，义之经也：天的意志，就是义的准则。

明　鬼

　　《明鬼》亦分上、中、下三篇，其中的上、中两篇已经亡佚，现仅存下篇。所谓"明鬼"，即阐明鬼神有无的意思。墨子相信鬼神的存在，力主有鬼论，故在这篇文章中与无鬼论者展开论辩，力图证明鬼神的存在，宣扬他尊崇鬼神的思想。

　　从整个历史发展的大背景来看，墨子处在一个社会结构、政治体制、思想文化和宗教信仰等全方位急剧变革和转型的时代，在这一时期，传统对"天"和"鬼神"的神秘信仰受到了世俗人文思潮的根本冲击和动摇，人们对鬼神的存在发生了深深的怀疑，如孔子就不喜欢谈论"怪、力、乱、神"（《论语·述而》）的问题，并主张对鬼神采取"敬而远之"的理智态度，老庄道家更从自然本身的角度来探究事物的生成运动、发展变化的法则和规律，并在纯粹自然的含义上对人生、社会、政治乃至天地万物等各种现象做出了系统而深刻的哲学解释，反映了当时思想信仰的变革演化的基本走向和主流。在先秦诸子中，墨子无疑是最富有宗教情怀、思想中保留传统鬼神信仰色彩最浓厚的一位思想家，他运用历史上人们对鬼神的迷信以及现实生活中人们无根据的经验感知和荒诞的传言来论证鬼神的存在，反映了他思想的浅薄和历史的局限性。不过，墨子主要是把鬼神看作一种能够赏善罚恶、对人们的行为进行道德约束和规范的外在力量，他担心人们一旦抛弃了对天志、鬼神的真诚信仰，便会在言语行为上肆无忌惮、恣意妄为，于是他便利用当时仍在中下层民众中还具有相当影响的鬼神迷信思想，大力宣扬鬼神的存在及其对人们的惩罚和制裁力量，以期实现他的"兼相爱，交相利之法"，防止人们之间相恶相贼，重新实现社会的和谐和天下的太平。

因此，可以说，墨子崇尚并大力宣扬鬼神的存在，目的不仅是要世人相信鬼神的存在，更重要的是要世人相信鬼神有"赏善罚恶"的能力，特别是对于统治者而言，墨子认为鬼神的信仰足以催迫或促使他们不去滥杀无辜，勤于治国理政而为国家和人民兴利除害。就普通民众而言，如果他们能够相信鬼神，也就可以努力、本分地从事自己的职业。

总之，在墨子的整个思想体系中，"明鬼"与"天志"之说的作用实具有异曲同工之妙，对墨子来讲，天志和鬼神都是他用以警诫世人特别是统治者的一种精神武器，目的是为了实现国家的富裕与世界的和平以及百姓的福祉和利益。

【原文】

子墨子言曰："逮至昔三代圣王既没①，天下失义，诸侯力正②。是以存夫为人君臣上下者之不惠忠也，父子弟兄之不慈孝、弟长、贞良也③，正长之不强于听治④，贱人之不强于从事也⑤，民之为淫暴寇乱盗贼，以兵刃、毒药、水火，退无罪人乎道路率径⑥，夺人车马、衣裘以自利者，并作由此始，是以天下乱。此其故何以然也？则皆以疑惑鬼神之有与无之别⑦，不明乎鬼神之能赏贤而罚暴也。今若使天下之人，偕若信鬼神之能赏贤而罚暴也⑧，则夫天下岂乱哉！"

【注释】

① 三代圣王既没：三代圣王死后。三代圣王，指夏禹、商汤、周文王和周武王。没，去世。

② 正：通"征"，征伐。

③ 弟长：年少的和年长的互相友爱。贞良：忠正诚实。

④ 正长之不强于听治：行政长官不努力听政治国。正长，各级行政长官。

⑤ 贱人之不强于从事也：百姓不努力做事。贱人，古代对平民百姓的称谓。

⑥ 退无罪人乎道路率径：拦路抢劫无罪之人。径，小路。

⑦ 别：论辩，纷争。

⑧偕：同"皆"，全，都。

【原文】

今执无鬼者曰："鬼神者，固无有①。"旦暮以为教诲乎天下②，疑天下之众，使天下之众皆疑惑乎鬼神有无之别，是以天下乱。是故子墨子曰："今天下之王公大人士君子，实将欲求兴天下之利，除天下之害，故当鬼神之有与无之别，以为将不可以不明察此者也。"既以鬼神有无之别以为不可不察已，然则吾为明察此，其说将奈何而可③？子墨子曰："是与天下之所以察知有与无之道者，必以众之耳目之实知有与亡为仪者也④。请惑闻之见之⑤，则必以为有；莫闻莫见，则必以为无。若是，何不尝入一乡一里而问之，自古以及今，生民以来者，亦有尝见鬼神之物，闻鬼神之声，则鬼神何谓无乎？若莫闻莫见，则鬼神可谓有乎？"

【注释】

①固：本来，根本。

②旦暮：早晚，天天。

③其说将奈何而可：当作怎样的论说才行呢？

④是与天下之所以察知有与无之道者，必以众之耳目之实知有与亡为仪者也：天下用以察知鬼神有无的方法，必应以大众耳目实际见闻的有无作为标准。

⑤请惑闻之见之：的确亲耳所闻，亲眼所见。请，同"情"，确实，的确。惑，通"或"，或者。

【原文】

今执无鬼者言曰:"夫天下之为闻见鬼神之物者,不可胜计也。亦孰为闻见鬼神有无之物哉?"子墨子言曰:"若以众之所同见,与众之所同闻,则若昔者杜伯是也①。周宣王杀其臣杜伯而不辜,杜伯曰:'吾君杀我而不辜,若以死者为无知,则止矣;若死而有知,不出三年,必使吾君知之②。'其三年,周宣王合诸侯而田于圃田③,车数百乘,从数千,人满野。日中,杜伯乘白马素车,朱衣冠,执朱弓,挟朱矢,追周宣王,射之车上,中心折脊,殪车中④,伏弢而死⑤。当是之时,周人从者莫不见,远者莫不闻,著在周之《春秋》。为君者以教其臣,为父者以警其子曰:'戒之!慎之!'凡杀不辜者,其得不祥,鬼神之诛,若此之憯遫也⑥!"以若书之说观之,则鬼神之有,岂可疑哉!

【注释】

① 杜伯:杜国的伯爵。杜国,其地在今陕西西安市东南。

② 吾君杀我而不辜,若以死者为无知,则止矣;若死而有知,不出三年,必使吾君知之:我的君主杀了我,可是我并没有罪。如果死者不再有知,那就罢了;如果死者还有知,不出三年,必定要让君主知道鬼神的惩罚。不辜,无罪。

③ 田于圃(pǔ)田:在圃田打猎。第一个"田"同"畋",打猎。圃田,古代湖泽名,故址在今河南中牟西。

④ 殪(yì)车中:倒在车上。殪。倒下。

⑤ 伏弢(tāo)而死:伏在弓袋上死掉。弢,弓袋。

⑥ 憯(cǎn)遫(sù):急促,迅速。

【原文】

　　非惟若书之说为然也。昔者秦穆公，当昼日中处乎庙，有神入门而左，鸟身，素服三绝①，面状正方。秦穆公见之，乃恐惧，奔。神曰："无惧！帝享女明德，使予锡女寿十年有九，使若国家蕃昌，子孙茂，毋失②。"秦穆公再拜稽首，曰："敢问神名？"曰："予为句芒③。"若以秦穆公之所身见为仪，则鬼神之有，岂可疑哉！非惟若书之说为然也。昔者燕简公杀其臣庄子仪而不辜，庄子仪曰："吾君王杀我而不辜，死人毋知亦已；死人有知，不出三年，必使吾君知之。"期年④，燕将驰祖⑤。燕之有祖，当齐之社稷⑥，宋之有桑林，楚之有云梦也，此男女之所属而观也⑦。日中，燕简公方将驰于祖涂⑧，庄子仪荷朱杖而击之，殪之车上。当是时，燕人从者莫不见，远者莫不闻，著在燕之《春秋》。诸侯传而语之曰："凡杀不辜者，其得不祥，鬼神之诛，若此其憯遬也！"以若书之说观之，则鬼神之有，岂可疑哉！是故子墨子言曰："虽有深溪博林、幽涧毋人之所，施行不可以不董，见有鬼神视之⑨。"

【注释】

①　三绝：古代上衣和下衣相连缀的一种服装。

②　帝享女明德，使予锡女寿十年有九，使若国家蕃昌，子孙茂，毋失：上帝肯定你的明德，派我来赐给你十九年寿命，使你的国家繁荣昌盛，子孙兴旺，不丧失秦国。女，通"汝"，你。

③　句(gōu)芒：古代传说中的木神。

④　期(jī)年：一年。

⑤　燕将驰祖：燕人要去祖泽举行大祭。祖，即"祖泽"，燕人祭祀的地方。

⑥ 社稷：在此指古代齐国的地名。下文的"桑林""云梦"，均指古地名。

⑦ 此男女之所属而观也：这是全国男女百姓聚会游览的地方。属，聚合，会集。

⑧ 涂：同"途"。

⑨ 虽有深溪博林、幽涧毋人之所，施行不可以不董，见有鬼神视之：即使在深山野林幽僻无人处做事，也一定要谨慎，因为一直有鬼神在监视着你。董，为"蕫"之误，蕫，同"谨"，慎重，谨慎。

【原文】

今执无鬼者曰："夫众人耳目之请①，岂足以断疑哉？奈何其欲为高士君子于天下，而有复信众之耳目之请哉！"子墨子曰："若以众人耳目之请，以为不足信也，不以断疑，不识若昔者三代圣王尧、舜、禹、汤、文、武者，足以为法乎？"故于此乎，自中人以上皆曰："若昔者三代圣王，足以为法矣。"若苟昔者三代圣王足以为法，然则姑尝上观圣王之事。昔者武王之攻殷诛纣也，使诸侯分其祭，曰："使亲者受内祀②，疏者受外祀③。"故武王必以鬼神为有，是故攻殷伐纣，使诸侯分其祭。若鬼神无有，则武王何祭分哉！

【注释】

① 请：同"情"，事实，情况。

② 使亲者受内祀：使同姓诸侯掌管祖庙祭祀。内祀，庙祀。

③ 疏者受外祀：异姓诸侯掌管山川祭祀。外祀，郊祀。

【原文】

　　非惟武王之事为然也，故圣王其赏也必于祖①，其僇也必于社②。赏于祖者何也？告分之均也；僇于社者何也？告听之中也③。非惟若书之说为然也，且惟昔者虞、夏、商、周三代之圣王，其始建国营都曰，必择国之正坛，置以为宗庙；必择木之修茂者，立以为菆位④；必择国之父兄慈孝贞良者，以为祝宗⑤；必择六畜之胜腯肥倅毛⑥，以为牺牲，珪璧琮璜⑦，称财为度；必择五谷之芳黄⑧，以为酒醴粢盛，故酒醴粢盛，与岁上下也⑨。故古圣王治天下也，故必先鬼神而后人者，此也。故曰：官府选效⑩，必先祭器祭服，毕藏于府，祝宗有司，毕立于朝，牺牲不与昔聚群⑪。故古者圣王之为政若此。

【注释】

① 其赏也必于祖：行赏必定在祖庙进行。

② 其僇(lù)也必于社：行罚必定在社庙进行。僇，通"戮"，杀戮。

③ 告听之中也：向神灵禀告断案公正。听，听治断案。

④ 立以为菆(cuán)位：建立神社。菆，同"丛"，丛林中的神社。

⑤ 祝宗：古代主持祭祀祈祷的人。

⑥ 腯(tú)肥：肥壮。倅(cuì)毛：毛色纯一。

⑦ 珪璧琮璜：皆为祭祀时所用的玉器。

⑧ 芳黄：谷粒丰满。

⑨ 与岁上下也：根据年成的好坏而有所增减。

⑩ 官府选效：官府备置物品。效，准备。

⑪ 祝宗有司，毕立于朝，牺牲不与昔聚群：太祝和宗伯等官职，全部设立在朝廷中，祭祀用的牛羊也不和普通的牲畜一起喂养。

【原文】

古者圣王必以鬼神为①，其务鬼神厚矣。又恐后世子孙不能知也，故书之竹帛，传遗后世子孙。咸恐其腐蠹绝灭②，后世子孙不得而记，故琢之盘盂，镂之金石，以重之。有恐后世子孙不能敬箬以取羊③，故先王之书，圣人④，一尺之帛，一篇之书，语数鬼神之有也⑤，重有重之。此其故何？则圣王务之。今执无鬼者曰："鬼神者，固无有。"则此反圣王之务⑥。反圣王之务，则非所以为君子之道也。

【注释】

① 为：下脱一"有"字。
② 咸恐其腐蠹绝灭：担心竹帛被腐化蛀蚀绝传。咸，皆，全。
③ 敬箬(jūn)：恭敬。羊，当为"祥"之误。
④ 圣人：下脱二字"之言"。
⑤ 语数鬼神之有也：多言鬼神的存在。
⑥ 务：致力，追求。

【原文】

是故子墨子曰："当若鬼神之能赏贤如罚暴也，盖本施之国家，施之万民，实所以治国家、利万民之道也。"若以为不然，是以吏治官府之不洁廉，男女之为无别者，鬼神见之①。民之为淫暴寇乱盗贼，以兵刃、毒药、水火退无罪人乎道路，夺人车马、衣裘以自利者，有鬼神见之。是以吏治官府不敢不洁廉，见善不敢不赏，见暴不敢不罪。民之为淫暴寇乱盗贼，以兵刃、毒药、水火，退无罪人乎道路，夺人车马、衣裘以自利者，由此止。是以莫放幽间，拟乎鬼神之明显，明有一人，畏上诛罚，是以天下治。故鬼神之明，不可为幽间、广泽、山林、深谷，鬼神之明必知之。鬼神之罚，不可为富贵众强、勇力强武、坚甲利兵，鬼神之罚必胜之。

【注释】

① 鬼神见(xiàn)之：鬼神就出现了。见，同"现"，呈现，出现。

【原文】

今执无鬼者曰："意不忠亲之利，而害为孝子乎①？"子墨子曰："古之今之为鬼，非他也，有天鬼，亦有山水鬼神者，亦有人死而为鬼者。今有子先其父死，弟先其兄死者矣。意虽使然，然而天下之陈物②，曰：先生者先死。若是，则先死者非父则母，非兄而姒也③。今絜为酒醴粢盛，以敬慎祭祀，若使鬼神请有，是得其父母姒兄而饮食之也，岂非厚利哉？若使鬼神请亡，是乃费其所为酒醴粢盛之财耳。自夫费之④，非特注之污壑而弃之也⑤，内者宗族，外者乡里，皆得如具饮食之。虽使鬼神诚亡，此犹可以合欢聚众，取亲于乡里。"

【注释】

① 意不忠亲之利，而害为孝子乎：这样做也许不符合父母的利益，有损于做孝子吧！忠，当为"中"，符合。

② 陈物：常理。

③ 姒(sì)：兄之妻。

④ 自夫费之：这种花费。

⑤ 非特注之污壑而弃之也：并非是倾注于脏水沟中丢弃掉。

【原文】

今执无鬼者言曰:"鬼神者,固请无有,是以不共其酒醴粢盛牺牲之财①。吾非乃今爱其酒醴粢盛牺牲之财乎?其所得者臣将何哉②?"此上逆圣王之书,内逆民人孝子之行,而为上士于天下,此非所以为上士之道也。是故子墨子曰:"今吾为祭祀也,非直注之污壑而弃之也,上以交鬼之福,下以合欢聚众,取亲乎乡里。若神有,则是得吾父母弟兄而食之也。则此岂非天下利事也哉!"是故子墨子曰:"今天下之王公大人士君子,中实将欲求兴天下之利,除天下之害,当若鬼神之有也,将不可不尊明也③,圣王之道也。"

【注释】

① 共:同"供",供给。
② 其所得者臣将何哉:那我将会得到什么呢?
③ 尊明:尊奉明白。

【品鉴】

今吾为祭祀也,非直注之污壑而弃之也,上以交鬼之福,下以合欢聚众,取亲乎乡里。若神有,则是得吾父母弟兄而食之也。则此岂非天下利事也哉!

现在我们去祭祀,并非是把祭品倾注于脏水沟里丢弃掉,而是要用它来上求鬼神的赐福,要用它来下求合欢聚众、联结乡情。假如鬼神存在,那就能够把父母兄弟请来享食,这难道不是对天下很有益处的事吗?

要树立鬼神的权威,需要通过一定的形式,使人们表达对鬼神的崇敬信仰之情，这种形式在过去主要体现在公开的公众祭祀活动上。墨子虽然极力主张"节用"和"节葬"，认为举办祭祀活动也不应铺张浪费，重要的不在于祭物的多少和形式的繁杂，而在于心诚意敬。但由于深信鬼神的存在，所以他也主张世人可以通过一定的祭祀活动来表达对鬼神的信仰敬拜。不仅如此，他认为，祭祀活动还具有一种世俗性的重要功能，那就是合欢聚众、联结乡情。因此，墨子虽然极力抨击世俗重视丧祭、刻意追求"厚葬"的奢侈浪费风气，但并非一概反对丧葬和祭祀活动，他甚至认为，无论鬼神有无，祭祀都是有意义或是有益处的。如果确有鬼神，那么祭祀就可以让去世的父母兄弟享受到供品；如果没有鬼神，那么也可以通过祭祀合欢聚众、联结乡情，因此，祭祀仍然是有实际益处的。

非　乐

"非乐"是对沉湎于高浪费、高奢侈的感官娱乐和享受活动而提出批评与谴责。这也可以说是墨子"节用"思想的一部分。"节用"既可以指日常生活的吃、穿、住、行、用方面的节用，也可以指丧葬方面的节用，同样它也可以指娱乐活动方面的节用。

很长一段时间以来，人们一直笼统地认为墨子的"非乐"就是反对从事一切音乐活动，显然这是对墨子"非乐"思想的一种误解。因为在对待"乐"的问题上，墨子曾明确提出"利人乎即为，不利人乎即止"的原则，这不难看出他对"乐"所持的是一种区别对待的态度，并不一概加以否定和排斥。

墨子生活的时代，大多数统治者都沉湎于享乐之中，极为奢侈浮华，而且劳民伤财，造成了"饥者不得食，寒者不得衣，劳者不得息"的严重社会后果。也正是针对这种状况，墨子提出了自己的"非乐"思想。在墨子看来，过度为"乐"会带来三个具体的危害性后果：第一，制造乐器要消耗大量钱财。如墨子在本篇中所指出的，王公大人们以国家名义制造乐器，并不像舀路上的积水、拆毁土墙那么容易，而是要花大量钱财的，最后只有靠加重人民的赋税负担来完成。第二，音乐的演奏，需要消耗大量身强力壮的劳动力，这会直接妨碍耕种纺织的正常生产。

第三，沉湎于音乐，极易消磨意志，使人堕落，可以导致"君子不强听治，即刑政乱；贱人不强从事，即财用不足"的严重后果。

当然，墨子同时代的思想家对"乐"有着不同的爱好和态度，比如稍早于他的孔子便极为酷爱古乐，而且，孔子和儒家是"礼""乐"并重，他们把礼和乐看作维持社会秩序、调和人的性情、规范人际关系的两种既不同而又相辅相成的重要工具。不过，儒家对乐也是有所区别的，将之分为"雅乐"和"淫乐"，对"淫乐"也是加以排斥的。但就整体而言，儒家还是十分重视音乐的教化作用的。正因如此，在墨子看来，孔子和儒家有一种"繁饰礼乐"的味道，令他极为反感，故作《非乐》以反对和批评儒家的音乐观。

平心而论，墨子"非乐"并不是他不懂得音乐，不懂得欣赏。如他曾说过："食必常饱，然后求美；衣必常暖，然后求丽；居必常安，然后求乐。为可长，行可久，先质而后文，此圣人之务。"（《说苑·反质》）显然，"先质"而"后文"是他的本旨，而他并不是完全重"质"而废"文"，只有在天下万民都能够"常饱""常暖""常安"之后，才可以谈"求美""求丽"和"求乐"。而墨子生活的时代恰恰是诸侯争霸，天下大乱，民众生活在水深火热之中，统治者倒是仍旧沉湎于音乐、娱乐和消遣，因此，墨子出于思想家的良知，对这种现象不能不极力表示反对。总之，墨子的"非乐"，反对的不是一般的欣赏音乐、一般的休息怡情，而是反对那种奢侈浪费、亏夺民利的娱乐活动。墨子的谆谆之言，对于在规模上一味追求娱乐活动大型化或超大型化的现代人来讲，应该说具有深刻的警示作用和教育意义。

【原文】

子墨子言曰："仁之事者①，必务求兴天下之利，除天下之害。将以为法乎天下，利人乎即为，不利人乎即止。且夫仁者之为天下度也，非为其目之所美，耳之所乐，口之所甘，身体之所安，以此亏夺民衣食之财②，仁者弗为也。"是故子墨子之所以非乐者，非以大钟、鸣鼓、琴瑟、竽笙之声以为不乐也；非以刻镂华文章之色以为不美也；非以犓豢煎炙之味以为不甘也③；非以高台厚榭邃野之居以为不安也④。虽身知其安也，口知其甘也，目知其美也，耳知其乐也，然上考之，不中圣王之事；下度之，不中万民之利。是故子墨子曰："为乐非也！"

【注释】

① 仁之事者：当为"仁者之事"。

② 亏夺：损害夺取。

③ 犓(chú)豢(huàn)：人工喂养的各种牲畜。

④ 非以高台厚榭邃野之居以为不安也：不是因为高台、楼榭、房屋不安适。邃野，深宇，深广的房屋。

【品鉴】

夫仁者之为天下度也，非为其目之所美，耳之所乐，口之所甘，身体之所安，以此亏夺民衣食之财，仁者弗为也。

仁者替天下打算，不是为了让人们眼睛看了后觉得漂亮，耳朵听了后觉得好听，嘴巴尝了后觉得甘美，身体居住在里面觉得安适。为了这些享受而去损害和强取人民的衣食财用，仁人是不会做这样的事的。

在墨子看来，仁人就应当为天下兴利除害，对人民有利的事就做，对人民不利的事就不去做，或者说，仁人应为人民谋利益，而不应贪图个人的感官娱乐和享受。墨子所谓的"仁人"，也就是他心目中理想的统治者，而现实生活中的王公大人们只有像仁人那样，首先解决了民众基本的生活需要，才有资格谈论其他的消费行为。然而，当时的王公大人们却以国家名义大量制造乐器、贪图享乐而不顾民生利益，这是为墨子所深恶痛绝的。

"民"是社会发展的基石，是政治稳定的保证，切不可与民争利，而应该处处以有利于民为宗旨和原则。墨子这种极为重视"民利"的思想对于我们当代"民生"工程的建设具有极大的借鉴意义，要把民众的利益时刻放在自己的心上，为人民谋福祉，确实让老百姓从自己的"政绩"中得到实实在在的好处，这也是我们党和国家永葆生机与活力的源头活水。

【原文】

今王公大人虽无造为乐器①，以为事乎国家②，非直掊潦水③、拆壤垣而为之也，将必厚措敛乎万民④，以为大钟、鸣鼓、琴瑟、竽笙之声。古者圣王亦尝厚措敛乎万民，以为舟车，既以成矣⑤，曰："吾将恶许用之⑥？"曰："舟用之水，车用之陆，君子息其足焉，小人休其肩背焉。"故万民出财赍而予之⑦，不敢以为戚恨者⑧，何也？以其反中民之利也。然则乐器反中民之利亦若此,即我弗敢非也。然则当用乐器譬之若圣王之为舟车也,即我弗敢非也。

【注释】

① 虽无:语气词,无实义。
② 以为事乎国家:以为国家服务。
③ 直掊(póu)潦水:像捧取积水。掊,用手捧。潦水,雨后的积水。
④ 措敛:税收。
⑤ 以:通"已",已经。
⑥ 吾将恶许用之:我将用它做什么呢?
⑦ 故万民出财赍(jī)而予之:所以民众出钱出物给予他。赍,送物。
⑧ 不敢以为戚恨者:并不为此怨恨。戚,忧伤。

【原文】

民有三患:饥者不得食,寒者不得衣,劳者不得息①。三者,民之巨患也。然即当为之撞巨钟、击鸣鼓、弹琴瑟、吹竽笙而扬干戚②,民衣食之财将安可得乎?即我以为未必然也。意舍此③,今有大国即攻小国,有大家即伐小家,强劫弱,众暴寡,诈欺愚,贵傲贱,寇乱盗贼并兴,不可禁止也。然即当为之撞巨钟、击鸣鼓、弹琴瑟、吹竽笙而扬干戚,天下之乱也,将安可得而治与?即我未必然也④。是故子墨子曰:"姑尝厚措敛乎万民,以为大钟、鸣鼓、琴瑟、竽笙之声,以求兴天下之利,除天下之害,而无补也⑤。"是故子墨子曰:"为乐非也!"

【注释】

① 饥者不得食，寒者不得衣，劳者不得息：饥饿的人得不到饭吃，挨冻的人得不到衣服穿，劳累的人得不到休息。

② 扬干戚：举着盾牌和斧钺起舞。干戚，盾与斧，常为起舞所持的道具。

③ 意舍此：姑且不论此事，撇开这一点不谈。

④ 即我未必然也："我"下脱"以为"二字，我以为未必如此。

⑤ 而无补也：然而那是毫无补益的。

【原文】

今王公大人唯毋处高台厚榭之上而视之，钟犹是延鼎也①，弗撞击，将何乐得焉哉？其说将必撞击之。惟毋撞击，将必不使老与迟者。老与迟者②，耳目不聪明，股肱不毕强③，声不和调，明不转朴④。将必使当年，因其耳目之聪明，股肱之毕强，声之和调，眉之转朴。使丈夫为之，废丈夫耕稼树艺之时；使妇人为之，废妇人纺绩织纴之事。今王公大人，唯毋为乐，亏夺民衣食之财，以拊乐如此多也⑤。是故子墨子曰："为乐非也！"

【注释】

① 延鼎：像倒放着的鼎，形容钟空悬的样子。

② 老与迟(zhì)者：年老的和年少的。迟，同"稚"，年少者。

③ 股肱(gōng)不毕强：四肢不强劲敏捷。

④ 明不转朴：音调的变化。

⑤ 拊(fǔ)乐：奏乐。拊，打击，敲打。

【原文】

今大钟、鸣鼓、琴瑟、竽笙之声，既已具矣，大人肃然奏而独听之，将何乐得焉哉？其说将必与贱人，不与君子①。与君子听之，废君子听治；与贱人听之，废贱人之从事。今王公大人惟毋为乐，亏夺民之衣食之财以拊乐如此多也。是故子墨子曰："为乐非也！"昔者齐康公兴乐《万》，万人不可衣短褐，不可食糠糟，曰：食饮不美，面目颜色不足视也；衣服不美，身体从容丑羸不足观也②。是以食必粱肉③，衣必文绣。此掌不从事乎衣食之财，而掌食乎人者也④。是故子墨子曰："今王公大人，惟毋为乐，亏夺民衣食之财，以拊乐如此多也。"是故子墨子曰："为乐非也！"

【注释】

① 必与贱人，不与君子：此句应为"不与贱人，必与君子"，意思为势必当与贱人或君子一起欣赏。

② 羸（léi）：疲弱，瘦弱。

③ 粱肉：精美的饭菜。

④ 此掌不从事乎衣食之财，而掌食乎人者也：这些从事乐舞的人，常年不参加衣食之财的生产，而常年吃穿人家的。掌，同"常"，经常，常常。

【原文】

今人固与禽兽、麋鹿、蜚鸟、贞虫异者也①。今之禽兽、麋鹿、蜚鸟、贞虫，因其羽毛以为衣裘，因其蹄蚤以为绔屦②，因其水草以为饮食。故唯使雄不耕稼树艺，雌亦不纺绩织纴，衣食之财固已具矣。今人与此异者也，赖其力者生，不赖其力者不生。君子不强听治，即刑政乱；贱人不强从事，即财用不足。今天下之士君子以吾言不然③，然即姑尝数天下分事，而观乐之害：王公大人蚤朝晏退，听狱治政，此其分事也。士君子竭股肱之力④，亶其思虑之智⑤，内治官府，外收敛关市、山林、泽梁之利，以实仓廪府库，此其分事也。农夫蚤出暮入，耕稼树艺，多聚叔粟，此其分事也。妇人夙兴夜寐，纺绩织纴，多治麻丝葛绪绷布縿，此其分事也。今惟毋在乎王公大人说乐而听之，即必不能蚤朝晏退，听狱治政，是故国家乱而社稷危矣！今惟毋在乎士君子说乐而听之，即必不能竭股肱之力，亶其思虑之智，内治官府，外收敛关市、山林、泽梁之利，以实仓廪府库，是故仓廪府库不实。今惟毋在乎农夫说乐而听之，即必不能蚤出暮入，耕稼树艺，多聚叔粟，是故叔粟不足。今惟毋在乎妇人说乐而听之，即必不能夙兴夜寐，纺绩织纴，多治麻丝葛绪绷布縿，是故布縿不兴。曰：孰为大人之听治而废国家之从事⑥？曰：乐也。是故子墨子曰："为乐非也！"

【注释】

① 蜚鸟：飞鸟。蜚同"飞"。

② 蹄蚤：蹄爪。绔(kù)屦(jù)：裤、鞋。屦，古时用麻、葛制成的鞋。

③ 然：正确，有道理。

④ 竭股肱之力：使尽全身的力量。

⑤ 亶(dǎn)其思虑之智：用尽思虑和计谋。亶，通"殚"，竭尽。

⑥ 孰为大人之听治而废国家之从事：此句当为"孰为而废大人之听治，贱人之从事"，意思是谁使王公大人荒废了公务而平民荒废了工作呢？

【品鉴】

今人与此异者也，赖其力者生，不赖其力者不生。

现在的人类和动物不一样，依靠自己劳作才能生存，不依靠他们自己的劳作就不能生存。

墨子极为重视人的劳动，是因为他已经认识到人不劳动就不能生存，这正是人与动物的本质区别所在。他认为，人与动物的根本不同在于，动物可以凭借它们的羽毛为衣裳，以它们的爪蹄为鞋袜，以它们周围的水草为食物，因此，它们完全可以靠本能生存，而不必从事于耕田织布的工作，衣食之财就已经具备了。然而人只有靠自己的劳动创造社会财富才能生存，否则就不能生存。可以说，在古代中国历史上，墨子是第一次把人类的生存发展与劳动生产最紧密地联系在一起的思想家。墨子在揭示了人类生存的劳动本质和特征的同时，还进一步阐述了劳动分工、各从事其"分事"的必要性和合理性，如王公大人听狱治政、士君子充实仓廪府库、农夫耕种树艺和妇女纺纱织布，他们事实上都是"赖其力"而生者，只要人们都能够尽心尽力地各从事其分内的事务并各司其职、分工合作，而不是耽于娱乐享受的话，那么，整个天下就会被治理得繁荣富庶、安乐太平。

墨子这种重视"劳动"，提倡人人"劳作"的精神对于我们树立新时代的"以辛勤劳动为荣，以好逸恶劳为耻"的荣辱观具有极大的启发意义。劳动是一种美德，我们应该时刻以"我奉献，我参与，我快乐"作为自己的价值导向和人生标尺。

【原文】

何以知其然也？曰：先王之书，汤之《官刑》有之，曰："其恒舞于宫①，是谓巫风。"其刑：君子出丝二卫，小人否，似二伯②。《黄径》乃言曰:"呜乎!舞佯佯,黄言孔章,上帝弗常,九有以亡③。上帝不顺,降之百殃,其家必坏丧④。"察九有之所以亡者⑤,徒从饰乐也。于《武观》曰:"启乃淫溢康乐,野于饮食⑥,将将铭,苋磬以力⑦,湛浊于酒⑧,渝食于野⑨,《万》舞翼翼⑩,章闻于天,天用弗式⑪。"故上者天鬼弗式,下者万民弗利。是故子墨子曰:"今天下士君子,请将欲求兴天下之利,除天下之害,当在乐之为物,将不可不禁而止也。"

【注释】

① 恒:常常,经常。

② 君子出丝二卫,小人否,似二伯:君子罚交二束丝,小人加倍,罚交二匹帛。否,当为"倍",加倍。伯,当为"帛"。

③ 舞佯佯,黄言孔章,上帝弗常,九有以亡:舞洋洋,声音是多么响亮,可是上帝不保佑,九州因而灭亡。孔,很,十分。章,同"彰",彰著。

④ 上帝不顺,降之百殃,其家必坏丧:上帝不答应,降下众多灾难,他的国家必定毁灭沦丧。

⑤ 九有:九州。

⑥ 野于饮食:在野外饮食。

⑦ 将将铭,苋(xiàn)磬(qìng)以力:用力奏响管磬等乐器。

⑧ 湛浊于酒:沉湎于饮酒。

⑨ 渝食于野:随意在野外饮食。

⑩ 翼翼:盛大。

⑪ 天用弗式:天因此不允许把音乐作为法度。弗,不。式,准则,法度。

非 命

  "非命"即批评和驳斥"命定论"。所谓的"命",是指一种躲藏在冥冥之中能左右国家盛衰兴亡,能决定人们吉凶祸福的客观力量,"命定论"或者叫"宿命论"就是要人相信命运是先天注定的,任何个人或团体都无法改变自己的命运,它完全抹杀了个人的积极能动性,要求人们安于现状,不要试图做任何的努力来改变命运,因为这一切都是徒劳的。墨子对这种在当时充塞社会、麻醉人心已久的"命定论"坚决予以驳斥和谴责。

  墨子认为,相信命定的"有命"说危害极大,它"上不利于天,中不利于鬼,下不利于民"。"有命"说宣传命运决定着人的吉凶祸福,上帝、鬼神、国家的刑政和人为的努力等都将因此而失去存在的价值和意义,这样势必使得人们沉溺在消极懈怠当中而难以自拔,从而导致职事的荒废、刑政的败坏、道德的沦丧、社会的混乱,乃至各种不仁、不义、不忠、不孝、不慈、不良、不悌等丑恶的现象层出不穷。为了进一步明辨、驳斥"有命"说的荒谬性,墨子提出了"三表法"作为判断言论是非的标准。这一方法在《非命》上、中、下篇都有论及,大体而言,墨子认为应根据过去的历史经验、老百姓的耳目感官经验以及功利实效性这三项原则或标准来判断人们的言论和思想主张的是非对错。总之,墨子认为，"有命"说其实是"暴王所作，穷人述之，非仁者之言"，即暴王们为了让人们安于他们的残暴统治，穷人们为自己的懒惰不思进取进行辩解，才造出了"有命"说或对"有命"说深信不疑。

读者朋友也许会禁不住产生这样的疑惑：墨子既坚信天帝鬼神的存在，又为何不相信命运呢？这是不是很矛盾呢？其实并非如此，诚如胡适先生所说："墨子既信天，又信鬼，何以不信命呢？原来墨子不信命定之说，正因为他深信天志，正因为他深信鬼神能赏善而罚暴……墨子以为天志欲人兼爱，不欲人相害，又以为鬼神能赏善罚暴，所以他说能顺天之志，能中鬼之利，便可得福；不能如此，便可得祸。祸福全靠个人的行为，全是个人的自由意志招来的，并不由命定。若祸福都由命定，那便不做好事也可得福，不做恶事也可得祸了。若人人都信命定之说，便没有人努力去做好事了。"（胡适：《中国哲学史大纲》，东方出版社，1996年版，第150页）

总之，墨子的"非命"论，一方面批评人们由于信命而自甘懈怠，另一方面又劝告人们不要信命，要"强力从事"。这个"强"就是对"命"的反对和抗争，是不听从命运的摆布，要"勤"、要"力"。应该说，墨子这种为改革社会人心，促进社会进步而坚决"非命"的主张，根本目的也是为了"兴天下之利，除天下之害"。他这种积极的人生态度，迄今对我们仍然有着极大的教益：他告诉我们命运不是天注定的，我们只有靠自己的努力奋斗才能赢得美好的生活，只有我们自己才是命运真正的主宰者，命运永远掌握在我们自己的手中。

非 命〔上〕

【原文】

子墨子言曰:"古者王公大人为政国家者,皆欲国家之富,人民之众,刑政之治①。然而不得富而得贫,不得众而得寡,不得治而得乱,则是本失其所欲②,得其所恶,是故何也?"子墨子言曰:"执有命者以杂于民间者众。执有命者之言曰:'命富则富,命贫则贫,命众则众,命寡则寡,命治则治,命乱则乱,命寿则寿,命夭则夭③。命,虽强劲,何益哉④?'上以说王公大人,下以驵百姓之从事⑤。故执有命者不仁。故当执有命者之言,不可不明辨。"

【注释】

① 治:社会安定,太平。

② 本:完全。

③ 夭:命短,夭折。

④ 命,虽强劲,何益哉:命,你纵然有强劲的力量,又有什么用呢?

⑤ 说(shuì):游说,劝说。驵(jǔ):通"阻",阻止,停止。

【原文】

然则明辨此之说,将奈何哉?子墨子言曰:"必立仪①。言而毋仪,譬犹运钧之上而立朝夕者也②,是非利害之辨,不可得而明知也。故言必有'三表'③。"何谓"三表"?子墨子言曰:"有本之者④,有原之者⑤,有用之者。于何本之?上本之于古者圣王之事。于何原之?下原察百姓耳目之实。于何用之?废以为刑政⑥,观其中国家百姓人民之利。此所谓言有'三表'也。"

【注释】

① 仪:标准,准则。
② 运钧:转动的陶轮。立:确定。朝夕:指东西方向。
③ 表:与"仪"同义,指准则,原则。
④ 本:追根溯源。
⑤ 原:缘由。
⑥ 废以为刑政:应用于刑法政令。废,同"发",运用,实行。

【原文】

然而今天下之士君子,或以命为有,盖尝尚观于圣王之事①:古者桀之所乱,汤受而治之;纣之所乱,武王受而治之。此世未易,民未渝②,在于桀、纣则天下乱,在于汤、武则天下治。岂可谓有命哉?然而今天下之士君子,或以命为有。盖尝尚观于先王之书③?先王之书,所以出国家④、布施百姓者,宪也。先王之宪,亦尝有曰"福不可请⑤,而祸不可讳⑥,敬无益,暴无伤⑦"者乎?所以听狱制罪者,刑也。先王之刑亦尝有曰"福不可请,祸不可讳,敬无益,暴无伤"者乎?所以整设师旅⑧、进退师徒者⑨,

誓也。先王之誓亦尝有曰："福不可请，祸不可讳，敬无益，暴无伤"者乎？是故子墨子言曰：吾当未盐数⑩，天下之良书不可尽计数，大方论数⑪，而五者是也⑫。今虽毋求执有命者之言，不必得，不亦可错乎？今用执有命者之言，是覆天下之义⑬。覆天下之义者，是立命者也，百姓之谇也⑭。说百姓之谇者，是灭天下之人也⑮。然则所为欲义在上者，何也？曰："义人在上，天下必治，上帝、山川、鬼神必有干主⑯，万民被其大利⑰。"何以知之？子墨子曰："古者汤封于亳⑱，绝长继短⑲，方地百里，与其百姓兼相爱，交相利，利则分，率其百姓，以上尊天事鬼，是以天鬼富之，诸侯与之，百姓亲之，贤士归之，未殁其世而王天下，政诸侯。昔者文王封于岐周⑳，绝长继短，方地百里，与其百姓兼相爱，交相利，则利相分。是以近者安其政，远者归其德㉑。闻文王者，皆起而趋之，罢不肖、股肱不利者㉒，处而愿之㉓，曰：'奈何乎使文王之地及我吾㉔，则吾利，岂不亦犹文王之民也哉！'是以天鬼富之，诸侯与之，百姓亲之，贤士归之。未殁其世而王天下，政诸侯。乡者言曰㉕：'义人在上，天下必治，上帝、山川、鬼神必有干主，万民被其大利。'吾用此知之。"

【注释】

① 尚：通"上"。

② 渝：变更，改变。

③ 盍：通"盍"，何不，为什么不。

④ 出：疑为"士"之误（李笠说）。《说文》："士，事也。"士国家，即治国理政、治理国家。

⑤ 请：祈求。

⑥讳：当为"违"的假音字（孙诒让说），避免。

⑦伤：祸害。

⑧螯设：整治、治理。

⑨师徒：士兵。

⑩当：疑为"尚"（孙诒让说）。盐：当为"尽"之误（毕沅说）。吾当未盐数，即我还没有完全统计查阅完。

⑪大方：大概、大略。

⑫五者：当为"三者"，即上文所谓先王之宪、之刑、之誓（毕沅说）。

⑬是覆天下之义：这是败坏、颠覆天下的道义。

⑭百姓之谇也：百姓的忧患所在。谇，当为"悴"，忧患，担忧。

⑮说(yuè)百姓之谇者，是灭天下之人也：喜欢以百姓之忧为乐，这就是在毁灭天下之人。说，通"悦"，以……为乐。

⑯干主：依靠的主体。

⑰被：受。

⑱亳(bó)：古地名，在今河南商丘附近，本为商汤的封地，商汤灭夏后建都于此。

⑲绝长继短：截长补短。

⑳岐(qí)周：岐山、周原，其地在今陕西岐山、扶风二县。

㉑归：向往。

㉒罢不肖、股肱不利者：疲弱不能做事的人和手脚行动不便的人。

㉓处而愿之：处在原地，却也盼望着文王的到来。

㉔及我：达到我们所处之地。指希望文王的势力范围把自己所处之地包括进去。

㉕乡：同"向"。

【品鉴】

今用执有命者之言，是覆天下之义。覆天下之义者，是立命者也，百姓之谇(sui)也。说(yuè)百姓之谇者，是灭天下之人也。

如果现在采用主张命定论者的说法，那就是颠覆天下的道义。如果颠覆天下道义的人是立命之人，那就是百姓的忧患所在了。喜欢以百姓之忧为乐，这就是在毁灭天下之人。

墨子的整个《非命》篇都在论述完全听从命运安排和摆布给人带来的危害，指出它是"上不利天，中不利鬼，下不利民"，命定论者是破坏和颠覆天下道义的凶手，是天下道义的最大敌人。命定论只会使人们不思进取，安于现状，乃至故步自封，对于完善自我和推动社会发展百害而无一利。

当然，墨子破中有立，在批判命定说的同时，他也阐明了人要自强自立、努力做利国利民的事情的正面主张，他教导人们命是靠不住的，他希望人们能够抛弃一切幻想、抛弃对命运的依赖的想法，一切要从自我做起，一切要靠自己的双手，积极奋发、努力创造财富，创造属于自己的美好未来。陶行知先生尝言："淌自己的汗，吃自己的饭，自己的事情自己干，靠天、靠地、靠祖宗，不算是好汉。"这也可以说正是墨子"非命"说的立论宗旨。

【原文】

是故古之圣王，发宪出令，设以为赏罚以劝贤。是以入则孝慈于亲戚，出则弟长于乡里，坐处有度①，出入有节，男女有辨。是故使治官府，则不盗窃；守城，则不崩叛；君有难则死②，出亡则送③。此上之所赏，而百姓之所誉也。执有命者之言曰："上之所赏，命固且赏，非贤故赏也；上之所罚，命固且罚，不暴故罚也④。"是故入则不慈孝于亲戚，出则不弟长于乡里，坐处不度，出入无节，男女无辨。是故治官府则盗窃，守城则崩叛，君有难则不死，出亡则不送。此上之所罚，百姓之所非毁也⑤。执有命者言曰："上之所罚，命固且罚，不暴故罚也；上之所赏，命固且赏，非贤故赏也。"以此为君则不义，为臣则不忠，为父则不慈，为子则不孝，为兄则不长⑥，为弟则不弟⑦。而强执此者，此特凶言之所自生，而暴人之道也⑧！

【注释】

① 坐处有度：举止有规矩。

② 君有难则死：国君有难时能为国君尽忠效死。

③ 出亡则送：君主出奔逃亡，就护送追随。

④ 不暴故罚也：并不是因为他的暴虐而受罚。

⑤ 非毁：非议诋毁。非，同"诽"。

⑥ 长(zhǎng)：长教幼为长，此处引申为爱护。

⑦ 弟：即"悌(tì)"，敬爱、顺从兄长。

⑧ 而强执此者，此特凶言之所自生，而暴人之道也：顽固地主张有天命，这简直就是产生邪恶言论的根源，是残暴之人的邪道。

【原文】

然则何以知命之为暴人之道？昔上世之穷民①，贪于饮食，惰于从事，是以衣食之财不足，而饥寒冻馁之忧至。不知曰："我罢不肖，从事不疾。"必曰："我命固且贫。"昔上世暴王，不忍其耳目之淫，心涂之辟②，不顺其亲戚，遂以亡失国家，倾覆社稷。不知曰"我罢不肖，为政不善"，必曰"吾命固失之"。于《仲虺之告》曰："我闻于夏，人矫天命③，布命于下。帝伐之恶④，龚丧厥师⑤。"此言汤之所以非桀之执有命也。于《太誓》曰："纣夷处，不肯事上帝鬼神，祸厥先神禔不祀⑥，乃曰：'吾民有命。'无廖排漏⑦，天亦纵弃之而弗葆。"此言武王所以非纣执有命也。

【注释】

① 上世：古代。

② 心涂之辟：内心中的邪僻。

③ 矫：假借，伪造。

④ 帝伐之恶：上帝恼怒他的罪恶。

⑤ 龚丧厥师：于是覆灭他的军队。

⑥ 祸厥先神禔(tí)不祀：遗弃他的祖先和天地神灵不去祭祀。

⑦ 无廖排漏：不努力去祭祀鬼神。

【品鉴】

昔上世之穷民，贪于饮食，惰于从事，是以衣食之财不足，而饥寒冻馁之忧至。不知曰："我罢不肖，从事不疾。"必曰："我命固且贫。"

从前古代的穷人，好吃懒做，所以衣食之财不足，而饥寒冻饿的忧患跟着到来。他们不知道说"我懒惰无能，做事不勤勉"，却一定说"我命中注定要贫穷"。

"命定论"在精神上对愚民会造成极大的自我麻醉的作用。人们往往将世间的一切，无论是成功或是失败，无论是荣华富贵或是贫困饥寒都归因于"命中注定"，这是"命定论"者最好的借口，他们不思进取，安于现状，却还振振有词，为自己的所作所为进行辩解，使之合理化。墨子反对的恰恰就是这种思想，他还试图在批判命定论的同时，唤醒民众，使他们重新找回自我，不要觉得命运对自己不公平，命运是掌握在自己手中的；不要觉得自己能力不行，那是因为自己没有付出足够的努力。

总之，墨子的非命论教导我们要在日常的生活中少一些"怨天尤人"，多一些"努力奋斗"，因为生命赋予了我们正视这个世界的勇气，生命掌握在我们自己手中，我们完全有能力去创造、改变、选择和追求我们想要的生活，能够很好地实现自己的人生价值。

【原文】

今用执有命者之言，则上不听治，下不从事。上不听治，则刑政乱；下不从事，则财用不足。上无以供粢盛酒醴，祭祀上帝鬼神；下无以降绥天下贤可之士①；外无以应待诸侯之宾客；内无以食饥衣寒，将养老弱。故命上不利于天，中不利于鬼，下不利于人。而强执此者，此特凶言之所自生，而暴人之道也！是故子墨子言曰："今天下之士君子，忠实欲天下之富而恶其贫②，欲天下之治而恶其乱，执有命者之言不可不非，此天下之大害也。"

【注释】

① 下无以降绥(suí)天下贤可之士：对下就无法安定天下贤良可以当政的人。绥，安抚，安定。
② 忠：同"中"，内心。

非 命〔中〕

【原文】

子墨子言曰:"凡出言谈、由文学之为道也①,则不可而不先立义法。若言而无义②,譬犹立朝夕于运钧之上也,则虽有巧工③,必不能得正焉。然今天下之情伪④,未可得而识也。故使言有'三法'。'三法'者何也?有本之者,有原之者,有用之者。于其本之也,考之天鬼之志,圣王之事;于其原之也,征以先王之书;用之奈何?发而为刑。此言之'三法'也。"

【注释】

① 凡出言谈、由文学之为道也:凡是要发表议论,以著书立说为事。由,以。

② 义:同"仪",准则,原则。

③ 巧工:善机巧的工人。

④ 情伪:真假。情,通"诚"。

【品鉴】

"三法"者何也?有本之者,有原之者,有用之者。于其本之也,考之天鬼之志，圣王之事；于其原之也，征以先王之书；用之奈何？发而为刑。此言之"三法"也。

这三种标准是什么呢？有寻本的标准，有察原的标准，有观用的标准。如何寻本呢？即观察天帝、鬼神的意志，考察圣王的事迹。如何察原呢？即用先王的书来察证。如何观用呢？即把它实行于刑法政令并观察应用的效果，这就是言论的"三法"。

这是墨子为了进一步批判、谴责"有命"论的观点而树立起来的三个标准和原则。对于这三条原则，墨子在《非命》上、中、下三篇中都曾加以论述，只是表述上稍有不同，如《非命上》曰："何谓三表？子墨子言曰：有本之者，有原之者，有用之者。于何本之？上本之于古者圣王之事。于何原之？下原察百姓耳目之实。于何用之？废（通'发'，实施）以为刑政，观其中国家百姓人民之利。此所谓言有'三表'也。""三表"法的提出，是墨子在认识论方面的一个非常重要的理论贡献，他以"三表"法作为检验、判断人们言论、认识之是非真伪的客观标准，可以说是中国哲学史上最先明确提出了真理标准问题的哲学家。具体讲来，第一表是以前人的间接经验作为判断是非的依据，墨子是一位十分重视历史经验教训的思想家。第二表是以民众耳闻目见的、直接经验作为认识的源泉或判断是非标准的依据，把劳动人民的感官经验与认识论或真理标准问题联系起来，正是墨子在认识论史上的一大创举。第三表是以运用于社会政治实践的实际功利效果作为检验认识、判断是非的标准，这一表与马克思主义关于"实践是检验真理的唯一标准"的观点极为类似，值得今人认真学习和借鉴。

【原文】

今天下之士君子，或以命为亡。我所以知命之有与亡者，以众人耳目之情，知有与亡。有闻之，有见之，谓之有；莫之闻，莫之见，谓之亡。然胡不尝考之百姓之情①？自古以及今，生民以来者，亦尝见命之物，闻命之声者乎？则未尝有也。若以百姓为愚不肖，耳目之情，不足因而为法，然则胡不尝考之诸侯之传言流语乎？自古以及今，生民以来者，亦尝有闻命之声、见命之体者乎？则未尝有也。然胡不尝考之圣王之事？古之圣王，举孝子而劝之事亲②，尊贤良而劝之为善，发宪布令以教诲，明赏罚以劝沮③。若此，则乱者可使治，而危者可使安矣。若以为不然，昔者桀之所乱，汤治之；纣之所乱，武王治之。此世不渝而民不改，上变政而民易教，其在汤、武则治，其在桀、纣则乱。安危治乱，在上之发政也，则岂可谓有命哉！夫曰有命云者，亦不然矣。

【注释】

① 考：考察。
② 举：褒举，荐举。
③ 明赏罚以劝沮：明确赏罚，用来劝善止恶。沮，同"阻"，阻止，制止。

【原文】

今夫有命者言曰：我非作之后世也，自昔三代有若言以传流矣。今故先生对之？曰：夫有命者，不志昔也三代之圣、善人与①？意亡昔三代之暴、不肖人也②？何以知之？初之列士桀大夫，慎言知行，此上有以规谏其君长，下有以教顺其百姓。故上得其君长之赏，下得其百姓之誉。列士桀大夫声闻不废③，流传至今。而天下皆曰其力也，必不能曰我见命焉④。是故昔者三代之暴王，不缪其耳目之淫⑤，不慎其心志之辟⑥，外之驱骋、田猎、毕弋，内沉于酒乐，而不顾其国家百姓之政，繁为无用，暴逆百姓，使下不亲其上，是故国为虚厉⑦，身在刑僇之中，不肯曰："我罢不肖，我为刑政不善。"必曰："我命故且亡。"虽昔也三代之穷民，亦由此也。内之不能善事其亲戚，外不能善事其君长，恶恭俭而好简易，贪饮食而惰从事，衣食之财不足，使身至有饥寒冻馁之忧，必不能曰："我罢不肖，我从事不疾。"必曰："我命固且穷。"虽昔也三代之伪民，亦犹此也，繁饰有命⑧，以教众愚朴人⑨。久矣！

【注释】

① 不志：不知道。

② 意亡：或许。

③ 声闻：名声。

④ 而天下皆曰其力也，必不能曰我见命焉：天下人都说这是由于他们自己的力量，必定不能说"这是我命该如此"。

⑤ 不缪其耳目之淫：不纠正他们耳目的奢欲。缪，同"纠"，改正。

⑥ 不慎其心志之辟：不戒慎他内心的邪念。

⑦ 国为虚厉：国家无后嗣以致变成废墟。厉，死而无后。

⑧ 繁饰有命：编造许多谎言来粉饰有命之说。

⑨ 以教众愚朴人：去教给愚钝淳朴的大众。

【原文】

圣王之患此也，故书之竹帛，琢之金石。于先王之书《仲虺之告》曰①："我闻有夏人矫天命，布命于下：帝式是恶，用厥师②。"此语夏王桀之执有命也，汤与仲虺共非之。先王之书《太誓》之言然③，曰："纣夷之居④，而不肯事上帝，弃阙其先神而不祀也。曰：'我民有命。'毋僇其务⑤。天不亦弃纵而不葆⑥。"此言纣之执有命也，武王以《太誓》非之。有于《三代》《不国》有之，曰："女毋崇天之有命也。"命，《三代》《不国》亦言命之无也。于召公之《执令》于然："且！敬哉！无天命！惟予二人而无造⑦？言不自降天之哉得之⑧。"在于商、夏之《诗》《书》曰："命者，暴王作之。"且今天下之士君子，将欲辩是非利害之故，当天有命者，不可不疾非也。执有命者，此天下之厚害也，是故子墨子非也。

【注释】

① 《仲虺(huǐ)之告》：《尚书》中的一篇，是汤命仲虺所作，现已失传。

② 帝式是恶，用厥师：上帝非常恼怒，覆灭他的军队。

③ 《太誓》：《尚书》中的一篇，为周武王会合诸侯讨伐商纣的誓言。

④ 纣夷之居：纣王实行夷灭暴虐之法。

⑤ 毋僇其务：不努力去做该做的事情。

⑥ 葆：通"保"，保佑。

⑦ 惟予二人而无造：只有我们两个人不说假话。二人，指召公和周公。

⑧ 言不自降天之哉得之：吉祥不是凭空而降，是靠我们自己的努力争取的。

非 命 [下]

【原文】

子墨子言曰:"凡出言谈,则必可而不先立仪而言①。若不先立仪而言,譬之犹运钧之上而立朝夕焉也,我以为虽有朝夕之辩②,必将终未可得而从定也。是故言有三法。"何谓三法?曰:"有考之者,有原之者,有用之者。恶乎考之③?考先圣大王之事。恶乎原之?察众之耳目之请④。恶乎用之?发而为政乎国,察万民而观之。此谓三法也。"

【注释】

① 必可:当为"不可"。
② 辩:同"辨",区别。
③ 恶乎:怎样。
④ 请:同"情",实情。

【原文】

故昔者三代圣王禹、汤、文、武方为政乎天下之时,曰:"必务举孝子而劝之事亲,尊贤良之人而教之为善。"是故出政施教,赏善罚暴，且以为若此，则天下之乱也，将属可得而治也①；社稷之危也，将属可得而定也。若以为不然，昔桀之所乱，汤治之；纣之所乱，武王治之。当此之时，世不渝而民不易，上变政而民改俗。存乎桀、纣而天下乱②，存乎汤、武而天下治。天下之治也，汤、武之力也③；天下之乱也，桀、纣之罪也。若以此观之，夫安危治乱，存乎上之为政也，则夫岂可谓有命哉！故昔者禹、汤、文、武方为政乎天下之时，曰："必使饥者得食，寒者得衣，劳者得息，乱者得治。"遂得光誉令问于天下④。夫岂可以为命哉？故以为其力也。今贤良之人，尊贤而好功道术⑤，故上得其王公大人之赏，下得其万民之誉，遂得光誉令问于天下，亦岂以为其命哉？又以为力也。

【注释】

①属：到，及。

②存：在。

③天下之治也，汤、武之力也：天下得到治理，这是商汤和武王的努力。

④遂得光誉令问于天下：于是荣誉和美名流传于天下。问，同"闻"，美名。

⑤尊贤而好功道术：崇尚贤能而喜爱治国的道术。

【原文】

然今夫有命者，不识昔也三代之圣、善人与？意亡昔三代之暴、不肖人与？若以说观之，则必非昔三代圣、善人也，必暴、不肖人也。然今以命为有者，昔三代暴王桀、纣、幽、厉，贵为天子，富有天下，于此乎，不而矫其耳目之欲，而从其心意之辟，外之驱骋、田猎、毕弋，内湛于酒乐①，而不顾其国家百姓之政，繁为无用②，暴逆百姓，遂失其宗庙③。其言不曰："吾罢不肖，吾听治不强。"必曰："吾命固将失之。"虽昔也三代罢不肖之民，亦犹此也，不能善事亲戚、君长，甚恶恭俭而好简易④，贪饮食而惰从事，衣食之财不足，是以身有陷乎饥寒冻馁之忧。其言不曰："吾罢不肖，吾从事不强。"又曰："吾命固将穷。"昔三代伪民，亦犹此也。

【注释】

① 湛：同"沉"，沉湎。
② 繁为无用：忙于各种各样无利于国家和百姓的事情。
③ 宗庙：即国家政权。
④ 甚恶恭俭而好简易：十分厌恶恭敬俭让，喜好简慢无礼。

【原文】

昔者暴王作之，穷人术之①，此皆疑众迟朴②，先圣王之患之也，固在前矣，是以书之竹帛，镂之金石，琢之盘盂，传遗后世子孙。曰："何书焉存？"禹之《总德》有之，曰："允不著，惟天民不而葆③。既防凶心，天加之咎④。不慎厥德，天命焉葆？"《仲虺之告》曰："我闻有夏人矫天命，于下，帝式是增，用丧厥师⑤。"彼用无为有，故谓矫；若有而谓有，夫岂谓矫哉？昔者，桀执有命而行，汤为《仲虺之告》以非之。《太誓》之言也，于去发曰："恶乎！君子！天有显德，其行甚章⑥。为鉴不远，在彼殷王。谓人有命，谓敬不可行，谓祭无益，谓暴无伤。上帝不常⑦，九有以亡；上帝不顺，祝降其丧⑧。惟我有周，受之大帝。"昔纣执有命而行，武王为《太誓》，去发以非之。曰："子胡不尚考之乎商、周、虞、夏之记？从十简之篇以尚，皆无之，将何若者也⁹？"

【注释】

① 术：同"述"，传述。

② 此皆疑众迟朴：这都是蛊惑民众，玩弄忠厚百姓的东西。

③ 允不著，惟天民不而葆：如果不向天表明你的恭顺，即使是上天的子民，也得不到保佑。

④ 既防凶心，天加之咎：既然你放纵自己凶暴的心，天自会降下灾祸。防，同"放"，放纵。

⑤ 我闻有夏人矫天命，于下，帝式是增，用丧厥师：我听说夏人假托天命，布告于天下，上帝因此恼怒夏人，使夏人的军队遭受覆灭。于下，其前当补"布命"。增，同"憎"，憎恶。

⑥ 其行甚章：行为光明磊落。章，通"彰"，明显。

⑦ 常：同"尚"，保佑。

⑧ 上帝不顺，祝降其丧：上帝不顺应他，断然降下灾祸使他丧命。

⑨ 从十简之篇以尚，皆无之，将何若者也：我们从十篇以上的书卷查找，都没有见到有关天命的说法，这又是什么缘故呢？

【原文】

是故子墨子曰："今天下之君子之为文学、出言谈也，非将勤劳其惟舌①，而利其唇吻也②，中实将欲其国家邑里万民刑政者也。"今也王公大人之所以蚤朝晏退，听狱治政，终朝均分③，而不敢怠倦者，何也？曰：彼以为强必治，不强必乱；强必宁，不强必危，故不敢怠倦。今也卿大夫之所以竭股肱之力，殚其思虑之知④，内治官府，外敛关市、山林、泽梁之利，以实官府，而不敢怠倦者，何也？曰：彼以为强必贵，不强必贱；强必荣，不强必辱，故不敢怠倦。今也农夫之所以蚤出暮入，强乎耕稼树艺，多聚菽粟，而不敢怠倦者，何也？曰：彼以为强必富，不强必贫；强必饱，不强必饥，故不敢怠倦。今也妇人之所以夙兴夜寐，强乎纺绩织纴，多治麻丝葛绪，捆布縿，而不敢怠倦者，何也？曰：彼以为强必富，不强必贫；强必暖，不强必寒，故不敢怠倦。今虽毋在乎王公大人⑤，藉若信有命而致行之⑥，则必怠乎听狱治政矣，卿大夫必怠乎治官府矣，农夫必怠乎耕稼树艺矣，妇人必怠乎纺绩织纴矣。王公大人怠乎听狱治政，卿大夫怠乎治官府，则我以为天下必乱矣。农夫怠乎耕稼树艺，妇人怠乎纺绩织纴，则我以为天下衣食之财将必不足矣。若以为政乎天下，上以事天鬼，天鬼不使⑦；下以持养百姓，百姓不利，必离散，不可得用也。是以入守则不固，出诛则不胜⑧。故虽昔者三代暴王桀、纣、幽、厉之所以共抎其国家⑨，倾覆其社稷者，此也。

【注释】

① 非将勤劳其惟舌：不是为了活动一下喉舌。惟舌，当为"喉舌"。

② 利其唇吻也：练一下嘴皮。

③ 终朝（zhāo）：整天。均分（fēn）：均衡恰当地分授职事。

④ 殚其思虑之知：竭尽头脑的智慧。殚，竭尽。知，通"智"，智慧。

⑤ 虽毋：发语词，无实义。

⑥ 藉若：假如。

⑦ 使：依从，顺从。

⑧ 出诛则不胜：对外出征，就不能取胜。

⑨ 共抎(yǔn)：失去。共，当为"失"，失去。抎，通"陨"，丧失。

【品鉴】

强必富，不强必贫；强必饱，不强必饥，故不敢怠倦。

勤劳必会富足，不勤劳必会穷困；勤劳必能吃饱，不勤劳必会饿肚子，所以才不敢有丝毫的懈怠。

墨子在这里强调的是勤劳的重要性，墨子认为人们生活的贫或富并不是由命运来安排和赐予的，人们只要勤奋劳动、尽力从事生产，就能过上富足的生活，否则便会陷入贫困。儒家讲"死生有命，富贵在天"，这是墨子极力反对和批评的思想观念。儒家教导人们积极修养自己的品行德性，要尽人事、听天命，并非要人完全放弃任何的努力，但"死生有命，富贵在天"的说法毕竟带有浓厚的宿命论的意味，墨子则要人们完全彻底地摒弃任何宿命论的念头，认为人们只有通过劳动，通过自己的辛勤耕耘，才能创造出真正属于自己的美好生活和未来。

【原文】

是故子墨子言曰："今天下之士君子，中实将欲求兴天下之利，除天下之害，当若执有命者之言，不可不强非也。曰：命者，暴王所作，穷人所术，非仁者之言也①。今之为仁义者，将不可不察而强非者，此也。"

【注释】

①命者，暴王所作，穷人所术，非仁者之言也：有天命的主张，是从前的暴王编造出来的，穷困的人又去传述它，这不是仁人的言论。

非　儒

"非儒"就是对儒家的批评和指责，反映了儒、墨两家在思想领域的尖锐对立。

根据《淮南子》的记载，墨子虽然最初所学的是"儒者之业""孔子之术"，但是后来他由于不满孔子和儒家的那种特别讲究繁文缛节和厚葬久丧的礼乐之教，从而走向了儒家的面，对儒家展开激烈的批评，并另创了一个独立的学派与儒家相抗衡，这就是我们所说的墨家学派。《非儒》原本分为上、下两篇，现仅存有下篇，从中我们可以了解到墨子与儒家展开辩难、对儒家进行攻击的一些基本情况。篇中对儒家的亲疏尊卑观念、天命观和命定论、仁义之说和礼乐之教乃至孔子的人格品行等都一一做了批判和驳斥。其中虽然不乏真知灼见，但也有以偏概全、失之偏颇的地方。

儒、墨争锋，两家的弟子徒属"充满天下"，成为战国之世的两大"显学"。不过，由于墨子曾经"学儒者之业，受孔子之术"这一特殊的经历和背景，我们在儒墨两家激烈辩难的话语形式下，也不难发现这两大"显学"之间其实在思想主张上又存在诸多相通之处，譬如：第一，他们都打着古圣先王的旗帜，崇尚尧、舜、禹、汤、文、武之道，将尧、舜、禹三代设定为具有典范治世意义的理想时代，只不过孔子心仪周公、对周代的礼乐典章制度推崇备至，而墨子则推崇夏政，崇尚夏禹，主张节用、节葬等而已。第二，他们都倡导"尚贤使能"和"爱人"，只不过儒家主要是在尊尊、亲亲的血缘基础之上加以践行，而墨家的主张相对更具革命性和平等性的激进意义。第三，儒、墨两家在政治领域都是"人本主义"的代表，都主张贤人政治，都希冀把治理国家的重任委托给贤能之人，所不同的是儒家认为统治者的自我调节机制主要在于为政者个人的自身修养和反省，而墨子认为统治者的自我调节机制主要来自天、鬼等外在的制裁。

  本篇针对儒家而提出的辩难，是儒、墨两家争鸣的具体体现，甚至也可以说是战国时期"百家争鸣"的一个缩影，思想的火花和智慧恰恰就在争鸣中产生，也正是这种争鸣推动了各家各派理论的发展，丰富了中国传统思想文化宝库的资源。

【原文】

儒者曰①："亲亲有术②，尊贤有等。"言亲疏尊卑之异也。其《礼》曰：丧，父母三年；妻、后子三年；伯父、叔父、弟兄、庶子其③；戚族人，五月。若以亲疏为岁月之数，则亲者多而疏者少矣，是妻、后子与父同也。若以尊卑为岁月数，则是尊其妻、子与父母同，而亲伯父、宗兄而卑子也④。逆孰大焉⑤？其亲死，列尸弗敛，登屋窥井，挑鼠穴，探涤器⑥，而求其人矣。以为实在，则赣愚甚矣⑦。如其亡也⑧，必求焉，伪亦大矣！取妻身迎，祇襘为仆，秉辔授绥，如仰严亲；昏礼威仪，如承祭祀⑨。颠覆上下，悖逆父母，下则妻、子，妻、子上侵。事亲若此，可谓孝乎？儒者迎妻，妻之奉祭祀，子将守宗庙，故重之。应之曰：此诬言也！其宗兄，守其先宗庙数十年，死，丧之其；兄弟之妻，奉其先之祭祀，弗服，则丧妻、子三年，必非以守奉祭祀也。夫忧妻、子以大负累⑩，有曰：所以重亲也。为欲厚所至私，轻所至重，岂非大奸也哉⑪！

【注释】

① 儒者：儒家的人。他们都崇尚孔子的学说，倡导"仁义""礼乐"，政治上主张"德治""仁政"等。

② 术：差别，等差。

③ 其(jī)：同"期"，一年。

④ 卑子：庶子。

⑤ 逆孰大焉：还有比这更违背常理的事情吗？

⑥ "登屋"三句：都是指古代招魂的活动。

⑦ 赣：愚蠢。

⑧ 如：当为"知"，知道。

⑨ 取妻身迎，祇褍为仆，秉辔授绥，如仰严亲；昏礼威仪，如承祭祀：娶妻亲自前往迎接，穿黑色礼服，像仆人似的牵着马缰，把登车的引线递给新娘，宛如敬待严父；婚礼中的仪式隆重，就像在承受祭祀的使命一样。

⑩ 忧妻、子以大负累：过于看重妻子、儿子，已经是大错了。忧，通"优"，优先，以……为重。

⑪ 为欲厚所至私，轻所至重，岂非大奸也哉：想厚待自己最偏爱的人，便轻视最重要的人，这样做，难道不是奸诈吗？

【原文】

有强执"有命"以说议曰①："寿夭贫富，安危治乱，固有天命，不可损益。穷达赏罚②，幸否有极③，人之知力④，不能为焉！"群吏信之，则怠于分职；庶人信之，则怠于从事。吏不治则乱，农事缓则贫，贫且乱政之本，而儒者以为道教⑤，是贼天下之人者也⑥。且夫繁饰礼乐以淫人，久丧伪哀以谩亲⑦，立命缓贫而高浩居⑧，倍本弃事而安怠傲，贪于饮食，惰于作务，陷于饥寒，危于冻馁，无以违之⑨。是若人气，兼鼠鼠藏，而羝羊视，贲彘起⑩。君子笑之，怒曰："散人焉知良儒⑪！"夫夏乞麦禾，五谷既收，大丧是随，子姓皆从，得厌饮食⑫。毕治数丧，足以至矣。因人之家翠以为⑬，恃人之野以为尊⑭，富人有丧，乃大说喜，曰："此衣食之端也⑮！"

【注释】

① 说议：辩解。

② 穷：困窘。达：显达。

③ 幸否(pǐ)有极：吉祥、祸殃都有定数。否，灾祸。

④ 知：通"智"，智慧。

⑤ 道教：教导。

⑥ 贼：残害。

⑦ 谩(mán)：欺骗。

⑧ 浩居：同"傲倨"。

⑨ 无以违之：无法摆脱。

⑩ 是若人气，兼鼠鼠藏，而羝羊视，贲彘起：像乞丐一样讨求温饱，像田鼠一样藏食物，像公羊一样盯住不放，像野猪一样纵身跃起。气，当为"乞"，乞丐。兼鼠鼠，田鼠。羝羊，公羊。贲彘，野猪。

⑪ 散人：蠢笨之人。

⑫ 得厌饮食：尽量吃喝。

⑬ 因人之家翠以为：借助他人的丧事来养活自己。翠，肥，富足。

⑭ 恃人之野以为尊：靠别人田野上的米麦酿酒喝。

⑮ 此衣食之端也：这是衣食的来源啊！端，源泉，来源。

【原文】

儒者曰："君子必古言服，然后仁①。"应之曰："所谓古之言服者，皆尝新矣，而古人服之言之，则非君子也？然则必服非君子之服，言非君子之言，而后仁乎？"又曰："君子循而不作②。"应之曰："古者羿作弓③，伃作甲④，奚仲作车⑤，巧垂作舟⑥。然则今之鲍、函、车、匠皆君子也⑦，而羿、伃、奚仲、巧垂皆小人邪？

且其所循，人必或作之，然则其所循，皆小人道也？"又曰："君子胜不逐奔⑧，掩函弗射⑨，施则助之胥车⑩。"应之曰："若皆仁人也，则无说而相与⑪。仁人以其取舍是非之理相告，无故从有故也⑫，弗知从有知也，无辞必服，见善必迁，何故相？若两暴交争，其胜者欲不逐奔，掩函弗射，施则助之胥车，虽尽能，犹且不得为君子也，意暴残之国也⑬。圣将为世除害，兴师诛罚，胜将因用儒术令士卒曰：'毋逐奔，掩函勿射，施则助之胥车。'暴乱之人得活，天下害不除，是为群残父母而深贱世也⑭，不义莫大矣！"

【注释】

① 君子必古言服，然后仁：君子必须说古代话，穿古代服装，然后才称得上是仁人。

② 君子循而不作：君子只遵循前人做的而不创新。

③ 羿 (yì)：传说是夏代东夷族的首领，善射，故以为弓箭的发明者。

④ 伃 (zhù)：即杼，夏代君主少康之子。

⑤ 奚仲：传说是夏代人。

⑥ 巧垂：传说是尧时期巧匠。

⑦ 鲍：通"鞄 (páo)"，皮革工。函：制铠甲工。车：造车工。匠：建房木工。

⑧ 逐奔：追逐败逃的人。

⑨ 掩 (yǎn) 函弗射：敌人被捕于陷阱的，就不再射杀他。

⑩ 施则助之胥车：敌车陷住了，就帮助他推车。

⑪ 则无说而相与：没有相互敌对的理由可说。

⑫ 无故从有故也：没有理由的一方依从有理由的一方。

⑬ 意：同"抑"，或许。

⑭ 贱：当为"贼"之误，残害。

【原文】

又曰："君子若钟，击之则鸣，弗击不鸣。"应之曰："夫仁人事上竭忠，事亲务孝，务善则美，有过则谏，此为人臣之道也。今击之则鸣，弗击不鸣，隐知豫力①，恬漠待问而后对②，虽有君亲之大利，弗问不言；若将有大寇乱，盗贼将作③，若机辟将发也④，他人不知，己独知之，虽其君亲皆在，不问不言，是夫大乱之贼也。以是为人臣不忠，为子不孝，事兄不弟，交遇人不贞良。夫执后不言之朝物，见利使己，虽恐后言⑤。君若言而未有利焉，则高拱下视⑥，会噎为深⑦，曰：'唯其未之学也。'用谁急，遗行远矣⑧。"夫一道术学业，仁义也⑨。皆大以治人，小以任官，远施周遍，近以修身，不义不处，非理不行，务兴天下之利，曲直周旋，不利则止，此君子之道也。以所闻孔某之行，则本与此相反谬也！

【注释】

① 隐知豫力：隐藏自己的智慧和能力。知，通"智"，智慧，才能。豫，隐藏。

② 恬漠：沉静冷漠。

③ 将作：即将行动、兴作。

④ 机辟：机关。

⑤ 夫执后不言之朝物，见利使己，虽恐后言：这种人拘执后言，上朝之时无所表现，一旦看到对自己有利的东西，唯恐比别人说得迟。

⑥ 高拱下视：两手举得高高的，眼睛望着地面。

⑦ 会噎为深：就像吞咽被噎住了一样。会，通"哈"，吞咽。

⑧ 用谁急，遗行远矣：尽管君主急于任用他，可是他却远远地逃避了。谁，当为"虽"之误。

⑨ 夫一道术学业，仁义也：道术及学业的统一，在于仁义。

【原文】

齐景公问晏子曰①："孔子为人何如？"晏子不对。公又复问，不对。景公曰："以孔某语寡人者众矣，俱以贤人也②。今寡人问之，而子不对，何也？"晏子对曰："婴不肖，不足以知贤人。虽然，婴闻所谓贤人者，入人之国，必务合其君臣之亲③，而弭其上下之怨④。孔某之荆⑤，知白公之谋⑥，而奉之以石乞，君身几灭而白公僇⑦。婴闻贤人得上不虚⑧，得下不危⑨，言听于君必利人，教行下必于上⑩，是以言明而易知也，行明而易从也。行义可明乎民，谋虑可通乎君臣。今孔某深虑同谋以奉贼，劳思尽知以行邪⑪。劝下乱上，教臣杀君，非贤人之行也。入人之国而与人之贼，非义之类也。知人不忠，趣之为乱⑫，非仁义之也。逃人而后谋⑬，避人而后言⑭，行义不可明于民，谋虑不可通于君臣。婴不知孔某之有异于白公也，是以不对。"景公曰："呜乎！贶寡人者众矣⑮，非夫子，则吾终身不知孔某之与白公同也。"

【注释】

① 晏子：即晏婴，春秋时齐国的大夫，后做卿相，辅佐齐景公。

② 以孔某语寡人者众矣，俱以贤人也：很多人向我讲到孔子，都认为他是个贤人。

③ 必务合其君臣之亲：一定促使该国的君臣和睦。

④ 弭(mǐ)其上下之怨：平息上下的恩仇。弭，消除，止除。

⑤ 之：到达。荆：楚国。

⑥ 白公：楚平王的孙子，名胜。他与石乞作乱。

⑦ 石乞：白公的党羽。君身几灭而白公僇(lù)：国君几乎被杀而白公被杀掉。僇，通"戮"，杀戮。

⑧ 得上不虚：得到上面的任用，不虚图名位。

⑨ 得下不危：得到下面的民心，不会危及君主。

⑩ 教行下必于上：教导推行于百姓，必然给君主带来利益。

⑪ 今孔某深虑同谋以奉贼，劳思尽知以行邪：现在孔某深虑远谋去侍奉贼人，劳心思索、竭尽智慧，去推行邪恶。

⑫ 趣：当为"促"，促成。

⑬ 逃人而后谋：躲开人在背后谋划。

⑭ 避人而后言：避开人在背后议论。

⑮ 贶(kuàng)寡人者众矣：向我进言的人已经很多了。贶，赐予，给予。

【原文】

孔某之齐见景公。景公说①，欲封之以尼溪，以告晏子。晏子曰："不可！夫儒，浩居而自顺者也②，不可以教下；好乐而淫人，不可使亲治；立命而怠事，不可使守职；宗丧遂哀，不可使慈民；机服勉容③，不可使导众。孔某盛容修饰以蛊世，弦歌鼓舞以聚徒，繁登降之礼以示仪，务趋翔之节以观众。博学不可使议世，劳思不可以补民，累寿不能尽其学，当年不能行其礼，积财不能赡其乐，繁饰邪术以营世君，盛为声乐以淫遇民。其道不可以期世，其学不可以导众。今君封之，以利齐俗，非所以导国先众④。"公曰："善。"于是厚其礼，留其封，敬见而不问其道⑤。孔某乃恚怒于景公与晏子⑥，乃树鸱夷子皮于田常之门⑦，告南郭惠子以所欲为，归于鲁。有顷，间齐将伐鲁⑧，告子贡曰："赐乎！举大事于今之时矣！"乃遣子贡之齐，因南郭惠子以见田常，劝之伐吴；以教高、国、鲍、晏，使毋得害田常之乱，劝越伐吴。三年之内，齐、吴破国之难，伏尸以言术数⑨，孔某之诛也。

【注释】

① 说 (yuè)：通"悦"，高兴。

② 自顺：自以为是。

③ 机服勉容：穿着奇异的服装，强作庄敬的面容。

④ 非所以导国先众：这并不是引导齐国及民众的好方法。

⑤ 敬见而不问其道：恭敬地接见他而不询问治国的方法。

⑥ 恚 (huì) 怒：愤怒。

⑦ 鸱 (chī) 夷子皮：即范蠡，越国的大夫，帮助越王勾践灭吴，后来到齐国，称为鸱夷子皮。田常：春秋时齐国的大臣，曾一度专权于齐国。

⑧ 间：当为"闻"之误，听说。

⑨ 伏尸以言术数：死亡的人数以十万计。

【品鉴】

　　博学不可使议世，劳思不可以补民，累寿不能尽其学，当年不能行其礼，积财不能赡其乐，繁饰邪术以营世君，盛为声乐以淫遇民。其道不可以期世，其学不可以导众。

　　学问虽广博，但不可以使他们议论世事，思虑虽劳苦，但无益于民众的生计，人们花几辈子也学不完他们的学术，年富力强也难以奉行他们的礼节，积财聚货也不够供养他们作乐。孔某多方面修饰自己的邪术来迷惑当世的君主，创作盛大的音乐来迷乱愚民，他的道术不能公之于世，他的学说不能引导民众。

　　这是晏婴对孔子的批评之语，墨子引以为自己"非儒"的同道，因此拿来作为"非儒"的论据。这一批评切中了儒家较为致命的缺陷，那就是它的繁文缛节、极重礼乐奢侈的作风，墨子还进一步指斥儒家的仁义之说实质是迷乱愚民、制造混乱。晏婴和墨子都是从重视事功、崇尚实用实效的立场和观点出发对孔子和儒家提出批评的，因此，在他们看来，儒家的学问虽然广博，但是不益于民众实际生活的改善，所以不值得宣传和提倡。这一批评自有其合理之处，但也存在一定的偏颇性，我们要客观公允地看待双方的观点。墨子重视功利实用，儒家崇尚文教事业，这两种观念应该说各有各的道理，需要加以协调，而不应单纯片面地只是强调其中某一种观念。

【原文】

　　孔某为鲁司寇①，舍公家而奉季孙②。季孙相鲁君而走，季孙与邑人争门关，决植③。孔某穷于蔡、陈之间，藜羹不糁④。十日，子路为享豚，孔某不问肉之所由来而食；号人衣以酤酒⑤，孔某不问酒之所由来而饮。哀公迎孔子，席不端弗坐，割不正弗食⑥。子路进，请曰："何其与陈、蔡反也？"孔某曰："来，吾语女⑦。曩与女为苟生，今与女为苟义⑧。"夫饥约，则不辞妄取以活身；赢饱，则伪行以自饰⑨。污邪诈伪，孰大于此？

【注释】

① 司寇：古代掌管刑狱的官职。

② 季孙：春秋后期鲁国掌握政权的贵族。

③ 季孙与邑人争门关，决植：季孙与城中人争夺门闩，孔子撬断了城关大门上的直木放走季孙。

④ 藜(lí)羹(gēng)不糁(sǎn)：用藜做羹，没有米饭吃。糁，同"糁"，米粒。

⑤ 号人衣以酤(gū)酒：剥下别人的衣服去换酒。酤，买酒。

⑥ 席不端弗坐，割不正弗食：座席摆得不正不肯坐，肉切得不方正不肯吃。

⑦ 吾语(yù)女：我告诉你。语，告诉。女，通"汝"，你。

⑧ 曩(nǎng)与女为苟生，今与女为苟义：以前我和你是急于求生，现在我和你是急于行义。曩，从前。

⑨ 夫饥约，则不辞妄取以活身；赢饱，则伪行以自饰：在饥困时，不惜随意取用来谋求生存；饱食有余时，就用虚伪的行为来粉饰自己。

【原文】

孔某与其门弟子闲坐，曰："夫舜见瞽叟就然①，此时天下圾乎②！周公旦非其仁也邪？何为舍其家室而托寓也③？"孔某所行，心术所至也④。其徒属弟子皆效孔某：子贡、季路辅孔悝乱乎卫⑤，阳货乱乎齐⑥，佛肸以中牟叛⑦，漆雕刑残⑧，罪莫大焉。夫为弟子后生其师，必修其言，法其行，力不足、知弗及而后已⑨。今孔某之行如此，儒士则可以疑矣。

【注释】

① 舜见瞽(gǔ)叟(sǒu)就然：舜见到瞽叟就局促不安。瞽叟，舜的父亲。

② 圾(jí)：危险。

③ 托寓：寄居在外。

④ 孔某所行，心术所至也：孔某的所作所为，都因心术不正所致。

⑤ 子贡、季路辅孔悝(kuī)乱乎卫：子贡和季路辅佐孔悝在卫国作乱。季路，即子路，孔子的弟子。孔悝，春秋时卫国的正卿。

⑥ 阳货：或称为"阳虎"，春秋后期鲁国贵族季孙氏的家臣。

⑦ 佛(bì)肸(xī)以中牟叛：佛肸据守中牟叛乱。佛肸，春秋时晋国大夫范中行的家臣。

⑧ 漆雕刑残：漆雕惨遭杀戮。

⑨ 已：罢休，停止。

大 取

"取"就是"取譬",即用譬喻的说理方式论证观点。《大取》和《小取》都是主要采用诸多比喻的方式来阐释墨子的思想学说。同时,它们还集中阐述了墨子的逻辑思想,因而这一部分内容也被后人合称为《墨辩》。

《大取》在阐述若干逻辑问题的同时,也论及"义""兼爱""节用""节葬"等墨家的一些基本主张。作者首先对爱人利人和趋利避害的问题进行了有意思的讨论,认为人们在面临利害取舍的问题时,理应对利害的大小进行理智的权衡和考量,然后做出有利于自己的选择,即"利之中取大,害之中取小也"。作者还对推论和判断涉及的主要范畴做了精辟的分析和概括,认为故(原因)、理(事理)、类(推演)这"三物必具",才能形成正确的命题,而且,判断是由一定的原因而产生的,又通过事理而得以呈现,最后借助于类的推演而可以通行,这就是所谓的"以故生,以理长,以类行"。

《大取》《小取》集中体现了墨子乃至墨家的逻辑体系和论辩特征,可以说这是那个时代特征的反映。春秋战国之世,诸侯争霸、烽烟四起,社会的大动荡为思想的活跃、发展和碰撞提供了较好的条件,正是这种氛围造就了一大批能言善辩的社会活动家、论辩家,他们为了游说为政者采纳其说，而不辞劳苦、穿梭于各诸侯国之间，各展才能，以期成就自己的事业。墨子，作为墨家的创始人，可说是其中的一位佼佼者。诚如有的学者所言：他的论辩不像孟辩那样气势奔放，咄咄逼人，也不像庄辩那样纵横跌宕，变幻莫测，而是朴实无华，推理严密。墨子的论辩讲科学、重事实，持之有据，以理服人，具有强烈的感染力和说服力。的确，通过《大取》《小取》篇，我们可以看出墨子论辩的明显特征，他的这种辩论艺术和逻辑思维方式，仍然值得我们现代人去认真学习、研究和借鉴。《墨子》中的这两篇文章，相对来讲要苦涩难懂一些，为了读者更好地理解、把握其思想内涵和领略墨辩的魅力，在此特将全文进行释读翻译。

【原文】

　　天之爱人也，薄于圣人之爱人也①；其利人也，厚于圣人之利人也②。大人之爱小人也，薄于小人之爱大人也；其利小人也，厚于小人之利大人也。以臧为其亲也而爱之，非爱其亲也；以臧为其亲也而利之③，非利其亲也。以乐为利其子④，而为其子欲之，爱其子也；以乐为利其子，而为其子求之，非利其子也。

【注释】

　　① 薄：淡薄。
　　② 厚：重，大。
　　③ 臧：即"葬"也，葬亲。
　　④ 乐(yuè)：音乐。

【译文】

　　上天爱人比圣人爱人更淡薄；上天利人，比圣人利人更富厚。君子爱小人胜过小人爱君子，君子为小人谋利比小人为君子谋利更富厚。以为厚葬是爱父母的表现，因而喜欢厚葬，这其实并不是爱父母；认为厚葬对父母有利而为之，这并非有利于父母。以为音乐对儿子有益而为儿子去爱音乐，这不是对儿子的爱；以为音乐对儿子有益而为儿子去追求音乐，这并不有利于他的儿子。

【原文】

　　于所体之中而权轻重之谓权①。权,非为是也,亦非为非也。权,正也。断指以存掔②,利之中取大,害之中取小也。害之中取小也,非取害也,取利也。其所取者,人之所执也③。遇盗人,而断指以免身,利也;其遇盗人,害也。断指与断腕,利于天下相若④,无择也;死生利若,一无择也⑤。杀一人以存天下,非杀一人以利天下也。杀己以存天下,是杀己以利天下。于事为之中而权轻重之谓求。求为之,非也。害之中取小,求为义,非为义也。为暴人语天之,为是也;而性为暴人歌天之⑥,为非也。诸陈执既有所为,而我为之陈执,执之所为,因吾所为也。若陈执未有所为,而我为之陈执,陈执因吾所为也。暴人为我为天之⑦,以人非为是也,而性不可正而正之。利之中取大,非不得已也;害之中取小,不得已也。于所未有而取焉,是利之中取大也;于所既有而弃焉,是害之中取小也。

【注释】

① 所体:所实行的事体。权:权衡。

② 掔(wàn):手腕。

③ 执:持守,执有。

④ 相若:相等,相同。

⑤ 一:全,都。

⑥ 性:当为"惟"。

⑦ 之:同"志",志向,意志。

【译文】

在所做的事情中，衡量各种选择的轻重叫作"权"。"权"并不就是肯定，也并不就是否定，但它是正确的选择。断指以保存手腕，是在利中选择大利，在害中选择小害。在害中选择小害，并不是选择害处，而是取利。他所选择的断指，正是一般人紧抓不肯放手的。比如遇上强盗，砍断手指以免杀身之祸，这是利；遇上强盗本身是害。如果砍断手指与砍断手腕，对于天下人来说利益是一样的，那就不存在选择可言。死亡与生存，如果利于天下相同，也是不存在选择的。杀一个人以保存天下，并非杀一个人利于天下；杀死自己以保存天下，是杀死自己以利天下。在做事中权衡轻重叫作"求"。只注重求是不对的。在害中选取小的，谋求为义，并不是真正为义。给暴戾之人讲天志，这是对的，但为暴戾之人歌颂他的行为体现了天志则是错误的。各种学说既然已经流传天下，如果我再为它们陈说诠释，那各种学说必因我而更加发扬光大。如果各种学说没有流传天下，我为它们陈说诠释，那各种学说必因我而流传天下。暴戾的人自私自利，却说是天的意志。把人们认为错误的看作正确的，这些人的天性不可改，但也要想法加以改正。在利中选择大的，不是不得已。在害中选取小的，是不得已。在本来没有的利益中选择，是在诸利中选择大利；在已有的害处中有所放弃，是在诸害中选择小害。

【原文】

义可厚，厚之；义可薄，薄之，谓伦列①。德行、君上、老长、亲戚，此皆所厚也。为长厚，不为幼薄。亲厚，厚；亲薄，薄。亲至，薄不至。义厚亲，不称行而顾行②。

为天下厚禹，为禹也。为天下厚爱禹，乃为禹之人爱也③。厚禹之加于天下④，而厚禹不加于天下。若恶盗之为加于天下，而恶盗不加于天下。爱人不外己，己在所爱之中。己在所爱，爱加于己。伦列之爱己，爱人也。

圣人恶疾病，不恶危难。正体不动，欲人之利也，非恶人之害也。圣人不为其室臧之故⑤，在于臧。圣人不得为子之事。圣人之法，死亡亲⑥，为天下也。厚亲，分也；以死，亡之，体渴兴利⑦。有厚薄而毋伦列之兴利，为己。

【注释】

① 伦列：差别，差等，引申为顺次。
② 顾：当为"类"之误，类推。
③ 人爱：当为"爱人"之误。
④ 之：此后应有"为"字。加：利于。
⑤ 臧：同"藏"，贮藏。
⑥ 亡：同"忘"，忘掉。
⑦ 渴：竭尽。

【译文】

按照义的标准可以厚爱的就厚爱，按照义的标准可以薄待的就薄待，这叫作顺次。有德行的人、君主、年长的、亲戚之类的，这都应该要厚爱的。厚爱年长的，并不意味着要薄待年幼的。亲情厚就要厚爱，亲情薄就薄待。虽有至亲的，却没有至薄的。从义的角度而言，是应该厚爱至亲的，不以那个人的行为而厚爱或薄爱，而是应该根据德行类推而来。

比如为天下而厚待禹，这只是为禹一个人。为了天下厚爱禹，是因为禹有厚爱天下之人的品行。厚爱禹的行为有利于天下，而厚爱禹本身并不加利于天下。就像厌恶强盗的行为能有利于天下，而厌恶某个强盗本人并不能施爱于天下之人。爱别人不排斥爱自己，自己也在所爱的人之中。既然自己也在所爱的人之中，所以爱也施加于自己。根据顺次爱己，这就是爱人。

圣人厌恶疾病，不厌恶危险艰难。能保重自身，希望人们得到利益，并不是要人们畏避祸害。圣人不致力于自己的家室。葬的意义也仅仅是在于埋葬。圣人为天下谋利，往往不能尽做儿子的孝心。圣人的原则是：双亲过世后，丧葬要符合兴天下之利的大业。厚爱父母是做儿子的本分，父母过世后，则应该竭尽全力为天下兴利。爱有外在之厚薄，绝没有内在之差等，为天下兴利也就是为自己谋利益。

【品鉴】

爱人不外己，己在所爱之中。己在所爱，爱加于己。伦列之爱己，爱人也。

这是对墨子"兼爱"思想的进一步阐释，即如何处理好爱他人和爱自己的关系问题。作者认为，应辩证地来看待爱人和爱己的关系问题，两者其实并不是完全对立和相互排斥的，而是一种辩证统一的关系。

作者认为，墨子所倡导的爱别人，并不排斥爱自己，因为墨子所讲的"兼相爱"其实是包含"交相利"在内的。墨子认为，你在关爱别人的同时，别人也会"投桃报李"地关爱你，显然这一过程也就是变相地关爱自己。总之，墨家认为，予人便利就是予己便利。

墨家的这种爱人爱己的思想，仍然有可取之处，值得我们认真学习和借鉴。在爱人、为人谋利的同时，也要适当考虑自己的利益，但是决不能为了自己的利益而做那种损人利己的事情，不能把自己的快乐建立在他人的痛苦之上。我们应该积极倡导并建立起一种互爱互利、有序和谐、"我为人人，人人为我"的新型人际关系及社会关系。

【原文】

《语经》，语经也。求白马焉，执驹焉，说求之无，说非也。杀犬之无犬，非也。三物必具，然后足以生。

臧之爱己①，非为爱己之人也。厚不外己，爱无厚薄。举己，非贤也。义，利；不义，害。志功为辩②。友有于秦马，友有于马也，智来者之马也③。爱众众世与爱寡世相若，兼爱之，有相若④。爱尚世与爱后世⑤，一若今之世人也。鬼，非人也；兄之鬼，兄也。天下之利欢。圣人有爱而无利，儒者之言也，乃客之言也。天下无人，子墨子之言也犹在。不得已而欲之，非欲之也。非杀臧也。专杀盗，非杀盗也。凡学爱人。

【注释】

① 臧：奴仆。
② 功：效果。
③ 智：同"知"，明白，知道。
④ 有：同"又"。
⑤ 尚：同"上"。

【译文】

《语经》是言语的常理。说白马不是马，又坚持认为孤驹不曾有母亲，这是舞弄其说，说杀狗不是杀犬，也是不对的。故、理、类三者都具备，然后才能形成正确的命题。

奴仆爱自己，并不是爱自己一个人。厚爱别人，并不是不爱自己，爱别人与爱自己，是没有厚薄之分的。只举荐自己，不是贤人的作为。义，就是利己利人；不义，就是害己害人。义与不义应该根据实际所做的事情来辨别。朋友有秦马，即朋友有马，由此知道朋友牵来的是马。爱上古之人与爱后世之人，也要与爱现世之人一样。人，并不是人；哥哥的鬼，则是哥哥。天下的人都因获得利益而喜悦。圣人只知道爱人而不知道利，这是儒者的说法，是与我们墨家对立的说法。即使天下没有人存在，但是墨子所倡导的"兼爱"之理依然存在。不得已而要这样做，并不是真想这样做。想杀死奴仆，并非杀了奴仆；专门杀盗，不同于"杀盗"的具体行为。大凡学着去爱人。

【品鉴】

义，利；不义，害。志功为辩。

上述名言简洁而精到地阐述了"义""利"之辩以及如何来判断"义"与"利"的问题。作者认为，"义""利"是完全吻合统一的，只要按"义"行事就可以利人利己，这就是最大的"利"，否则就是最大的害。当然，作者在此处所言的"义"不是墨子所说的"一人一义"之"义"，而是所有天下人的"公义"，或者说就是墨子所倡导的"天志"。

"义利之辩"是中国伦理思想史上讨论较多的问题之一，也是争论较激烈的问题之一，是构成古代伦理思想最基本的一对范畴。在中国古代伦理思想体系中，"义"一般指仁义道德；"利"指的是功利，物质利益。对于这一问题的讨论，尤其以儒、墨两家的观点最具代表性。根据文献记载，最早提出"义利"关系问题的应该是儒家的创始人孔子，他明确提出了"君子喻于义，小人喻于利"（《论语·里仁》）的著名命题，"义"与"利"被看作一对基本的对立范畴。孟子在继承孔子这一观点的基础上，更有所发展，乃至将义利之辩问题推向了一个极端的境地，如他说："王！何必曰利？亦有仁义而已矣。"（《孟子·梁惠王上》）孔孟之后，儒家始终没有跳出和摆脱"重义轻利"的思维定式。与儒家不同，墨家则高举起"义利合一"的大旗,观点鲜明地反对孔孟的"重义轻利"观,认为"义"与"利"是完全统一的,"兼相爱"和"交相利"也是可以互训的,"义"就是"利",反之亦然。墨子在宣扬其"兼爱"思想时,经常是"爱人"和"利人"并提,如墨子说:"古者明王圣人所以王天下,正诸侯者,彼其爱民谨忠,利民谨厚,忠信相连,又示之以利,是以终身不厌,殁世而不卷。"(《墨子·节用中》)

更为难能可贵之处是作者在论述义利关系问题的时候,还提出和阐明了检验义、利的标准和原则的问题,那就是要根据具体实践效果来判断是义还是不义、是利还是不利。这一"志功为辩"的思想和墨子的"三表"法也是一脉相承的。

在我们看来,墨家的这种"义利统一"的思想,对于修正儒家"重义轻利"观的偏颇,特别是对于正致力于发展和完善市场经济的我们来讲,都是富有积极意义和启发作用的。这样既注重满足人们的利益需求,又要规范人们的求利行为,使之合乎道义的准则。只有当人们真正做到了诚实守信、合法营利,人们出自自私自利动机的求利行为才有可能促进整个社会财富的增加,私利和公义的有机统一是市场经济健全和完善的根本体现。

【原文】

小圜之圜与大圜之圜同。方至尺之不至也①,与不至钟之至不异②。其不至同者,远近之谓也。是璜也,是玉也。意楹,非意木也,意是楹之木也。意指之人也③,非意人也。意获也,乃意禽也。志功,不可以相从也。

【注释】

① 方：当为"不"之误。

② 至不：当为"不至"。

③ 意指之人也：当为"意人之指也"。

【译文】

小圆的圆与大圆的圆是一样的，不到一尺之地的不到，与不到千里之地的不到，其"不到"固然有异，但都为"不到"又是相同的，其间只是远近的不同罢了。比如璜虽是半璧，但也是玉。考虑柱子，并不是考虑整个木头。考虑人的指头，并不是考虑整个人。考虑猎物，却是考虑禽鸟。所以动机（志）与效果、功效（功）并不总是一致的。

【原文】

利人也，为其人也。富人，非为其人也，有为也以富人。富人也，治人又为鬼焉。为赏誉利一人，非为赏誉利人也，亦不至无贵于人①。智亲之一利，未为孝也，亦不至于智不为己之利于亲也。智是之世之有盗也②，尽爱是世。智是室之有盗也，不尽是室也③。智其一人之盗也，不尽是二人。虽其一人之盗，苟不智其所在，尽恶其弱也④。

【注释】

① 贵：当为"赏誉"之误。

② 盗：当为"人"之误。

③ 尽：后应有一"恶"字。

④ 弱：当为"朋"，同伙。

【译文】

利人,是为了那个人。使某人富有,并不是为了那个人,使他富有是有目的的。使某人富有的目的,是为了治理人,又是为了祭祀鬼神。奖赏和赞誉使一人得利,不等于奖赏赞誉使一切人得利,但也不能因此取消奖赏和赞誉。只知道做仅仅有利于父母的事,不能算是孝子,但也不能因此不做利于父母的事。知道这个世界上有强盗,但仍要爱世界上所有的人。知道此屋中有强盗,但不能憎恶这个屋中所有的人。知道两人中有一个是强盗,不能对这两个人都憎恶。虽然有一个人是强盗,如果不知道这个强盗在哪里,那就不能憎恶他的所有朋友。

【原文】

诸圣人所先,为人欲名实①。名②,实不必名。苟是石也白,败是石也,尽与白同。是石也唯大,不与大同,是有便谓焉也。以形貌命者,必智是之某也③,焉智某也。不可以形貌命者,唯不智是之某也,智某可也。诸以居运命者,苟入于其中者,皆是也,去之因非也。诸以居运命者,若乡里齐荆者,皆是。诸以形貌命者,若山丘室庙者,皆是也。

【注释】

① 欲:当为"效"。
② 名:下应补入"不必实"三字。
③ 智:同"知",知道。

【译文】

圣人首先要做的是正实名。有名不一定有实,有实也不一定有名。

如果这块石头是白色的，即使将石头砸碎，所有的碎块仍旧是白色的石头。这块石头虽然很大，但和大石不同，因为大石之中仍有大小的不同，这是各依其便而称的。以形貌来命名的具体事物，必须知道它是什么样子的，才能由名称知道它是某种事物。不能用形貌来命名的东西，虽然不知道它是什么样子，但也可以由名称知道它是什么。那些以居住或迁徙来命名的，如果进入其中居住的，就都是；离开了的，就不是了。那些以居住或迁徙地命名的，如乡里、齐人、荆人等都是。那些用形貌命名的，如山、丘、室、庙都是。

【原文】

智与意异。重同，具同，连同，同类之同，同名之同，丘同①，鲋同②，是之同，然之同，同根之同。有非之异，有不然之异。有其异也，为其同也，为其同也异。一曰乃是而然，二曰乃是而不然，三曰迁，四曰强。子深其深，浅其浅，益其益，尊其尊。察次山比因，至优指复。次察声端名③，因请复④。正夫辞恶者⑤，人右以其请得焉⑥。诸所遭执，而欲恶生者，人不必以其请得焉⑦。

【注释】

① 丘：当为"区"。

② 鲋：同"附"。

③ 端：当为"揣"之误，揣测。

④ 因请复：因请得。

⑤ 正夫：匹夫。

⑥ 右：当为"有"之误。

⑦ 请：同"情"。

【译文】

知道与意会是不同的。同的种类很多。有二名一实的重同，同处一所的具同，同属一体的连同，同为一类的类同，同为一名的同名之同，杂集并包的区同，同附一物的附同，同为此物质同，同被肯定之同，同一根本之同。异的种类：有实际不同的异，有是非各执的异。所以有异，是因为有同，正因为有异，所以才有同。是不是的关系有四种：第一种是"是而然"（是实际是）；第二种是"是而不然"（是而实际不是）；第三种是指过去是而现在不是；第四种是非同而同、非异而异，强以为同异。对于名称的解释，墨子认为该深入解释的就要深入解释，该简单解释的就简单解释，该补充内容的就补充内容，该删减内容的就删减内容。接着考察事理产生的根由、学论中的比附、道理成立的原因，直至精益求精地探明事理的要旨；接着考察墨子声音言教的端绪、核证名实的观点以及原因，了解其情实。普普通通的人言辞虽然粗俗，但只要是客观的论辩，人们可以从中了解实情。那些因为自己的经历和遭遇而固执己见、感情用事、产生好恶、妄下断言的人，人们不可能从他的言语中获得实情。

【原文】

圣人之附渍也，仁而无利爱。利爱生于虑。昔者之虑也，非今日之虑也。昔者之爱人也，非今之爱人也。爱获之爱人也，生于虑获之利。虑获之利，非虑臧之利也；而爱臧之爱人也，乃爱获之爱人也。去其爱而天下利，弗能去也[①]。昔之知啬，非今日之知啬也。贵为天子，其利人不厚于匹夫。二子事亲，或遇孰，或遇凶，其亲也相若[②]，非彼其行益也，非加也。外执无能厚吾利者。藉臧也死而天下害[③]，吾持养臧也万倍，吾爱臧也不加厚。

【注释】

① 去：其字前面当应有一"不"字。
② 亲：其字前面当应有一"利"字。相若：相同。
③ 藉：假如，如果。

【译文】

圣人兼爱天下，以仁为本，却没有爱人利人的区别。利人爱人之心产生于谋虑。过去的思虑，不是今天的思虑。过去的爱人，也不是今天的爱人。关爱婢女的行为，产生于考虑婢女的利益。考虑婢女的利益，不是考虑奴仆的利益；但是，关爱奴仆与关爱婢女的抽象的爱人层面是相同的。从前知道节俭，不等于现在知道节俭。贵为天子，他给民众带来的利益也不比普通人更厚重。两个儿子侍奉父母，一个遇到丰年，一个遇到凶年，他们给予父母的供养是相同的，这并不是他事亲的行为有所增加，也不是爱心加厚，而是因为外在因素不能使其为父母谋利之心再加厚。假使奴仆死了对天下有害，我持养奴仆将比从前好万倍，但并没有加厚对奴仆的爱。

【原文】

长人之异，短人之同①，其貌同者也，故同。指之人也与首之人也异。人之体非一貌者也，故异。将剑与挺剑异，剑以形貌命者也，其形不一，故异。杨木之木与桃木之木也，同。诸非以举量数命者，败之尽是也②。故一人指，非一人也；是一人之指，乃是一人也。方之一面，非方也；方木之面，方木也。

【注释】

① 长人之异，短人之同：此句当为"长人之与短人也同"。

② 败：当为"取"之误。

【译文】

高个子的人与矮个子的人有相同这处，他们的外形相同，所以说他们相同。人的手指和人的头是不一样的，因为人的身体不止一种形貌，所以不同。持剑和拔剑是不同的，因为剑是以形貌命名的，形貌不一样，所以不同。杨树的木与桃树的木相同，都是木。许多事物命名时没有强调数量，即使解体分离了，却依然都和解体前的整体称谓相同。一个人的手指，并不是一个人，但是肯定一个人的手指，就是肯定一个人。只有一面是方的，不能算作方体，但是方木的任何一面，都是方木。

【原文】

以故生，以理长，以类行也者①。立辞而不明于其所生，忘也②。今人非道无所行，唯有强股肱而不明于道，其困也，可立而待也。夫辞以类行者也，立辞而不明于其类，则必困矣。

【注释】

① 也者：当为"者也"。

② 忘：同"妄"，随意。

【译文】

判断是由一定原因产生的，又通过事理而呈现，借助类的推演而通行。创立了言辞，却不知道言辞产生的原因，这一定是很荒谬的。人们没有道路就不能行走，即使有强健的四肢，而道路不明确，也注定会陷进困境之中，这是立等可待的事情。判断是以类推来推演的，确立了某一判断，却不明白它的类别，就必定行不通。

【原文】

故浸淫之辞，其类在鼓栗①。圣人也，为天下也，其类在于追迷②。或寿或卒，其利天下也指若③，其类在誉石。一日而百万生，爱不加厚，其类在恶害。爱二世有厚薄，而爱二世相若，其类在蛇文。爱之相若，择而杀其一人，其类在阬下之鼠④。小仁与大仁，行厚相若，其类在申⑤。凡兴利除害也，其类在漏雍。厚亲不称行而类行，其类在江上井。"不为己"之可学也，其类在猎走。爱人非为誉也，其类在逆旅。爱人之亲若爱其亲，其类在官苟。兼爱相若，一爱相若，其类在死也。

【注释】

① 栗：战栗，引申为使人畏惧。
② 追迷：追正迷惑，引申为追求正义。
③ 指若：当为"相若"，相同，差不多。
④ 阬(kēng)：墟。
⑤ 申：当为"田"之误。

【译文】

所以浸淫的言辞，目的在于鼓动人恐惧。圣人为天下谋利，目的在于追求正义。无论长寿与否，圣人利天下的目的都是化民向善，使世人获得快乐。一日之中，使百万人生存，但是爱不会因此而加厚，正如为天下除害。爱上世、今世、后世有厚有薄，但爱其实相同，正如蛇身有纹，纹纹都相似一样。对众人的爱一样，有选择地杀死其中一人，这与杀死墟下的老鼠一样，因其危害天下。小的仁义与大的仁义，德行的厚薄相等，关键看仁义者如何拓展。凡兴利除害，就如瓮漏水，堵住漏，就得到便利。厚爱自己的父母不应当称量以出，不应当根据行事方式来确定或厚爱或薄爱，而应以类推由亲及疏来或厚爱或薄爱，正如江上掘井一样，虽然利人，也很有限。"不为己"是可以学的，就像打猎时追逐、奔驰一样。爱人并非是为了名誉，正像旅店一样，是为了利人。爱别人的亲人，就像爱自己的亲人，自己的亲人也在被爱、被敬之中。对所有的人都同样去爱，对具体的一个人也同样去爱，这与蛇性命受到危害时首尾相救一样。

小　取

　　"取"就是"取譬",即用譬喻的说理方式论证观点。《小取》和《大取》都主要采用诸多比喻的方式来阐释墨子的思想学说。同时,它们还集中阐述了墨子的逻辑思想,因而这一部分内容也被后人合称为《墨辩》。

　　《小取》篇大部分内容主要是讨论"辩"的问题,如其开篇所言:"夫辩者,将以明是非之分,审治乱之纪,明同异之处,察名实之理,处利害,决嫌疑。焉摹略万物之然,论求群言之比,以名举实,以辞抒意,以说出故。以类取,以类予。"阐明了一系列论辩的原则和方法问题,同时指出论辩的目的在于通过理性的思维活动来正确反映和认识外界的客观事物,探求社会和政治治乱的规律,以便找到良法善治。

　　《小取》《大取》集中体现了墨子乃至墨家的逻辑体系和论辩特征,可以说这是那个时代特征的反映。通过《大取》《小取》篇,我们可以看出墨子论辩的明显特征,他的这种辩论艺术和逻辑思维方式,仍然值得我们现代人去认真学习、研究和借鉴。

【原文】

夫辩者，将以明是非之分①，审治乱之纪②，明同异之处，察名实之理，处利害③，决嫌疑。焉摹略万物之然，论求群言之比。以名举实，以辞抒意④，以说出故⑤。以类取，以类予。有诸己不非诸人，无诸己不求诸人。

【注释】

① 分：区别。
② 纪：规律。
③ 处：辨别。
④ 辞：判断。
⑤ 故：推论。

【译文】

辩论的目的，在于分清是非的区别，审察治乱的规律，弄清事物的同异所在，考察名实的道理，辨别利害，决断嫌疑。因而就要探求万事万物本来的样子，分析、比较各种不同的言论。用名称来标举事物，用言辞来表达思想，用推论揭示原因，按类别归纳，根据事物的类别进行演绎。自己有坚持的观点，但不因此而非议别人的观点，自己所不具有的，也不强求他人具有。

【品鉴】

有诸己不非诸人，无诸己不求诸人。

有坚持的观点，但不因此而非议别人的观点，自己所不具有的，也不强求他人具有。

人们对于事物的认识，有时也许能够达成一致意见，但更多的时候却是充满异见歧义的。那么，如何客观而公允地对待相同的观点和不同的观点呢？特别是不同的观点之间难免会发生辩难和争执。在这种时候，尤其需要论辩双方彼此尊重和宽容，应共同遵循一定的原则来交流彼此的观点和看法。强词夺理，只强调自己立论的根据，而不让别人提出自己立论的根据，或者自己立论缺乏根据，却强求别人提出立论的根据，这样，都只会使整个论辩陷入僵局，而不能带来任何有益的论辩效果。

我们也可以把上述名言作为立身处世的原则加以运用，同样是富于教益的。所谓的"有诸己不非诸人，无诸己不求诸人"，我们可以作这样的理解：如果我们自己身上有某种缺点，就不应指责别人身上有同样的缺点；如果我们自己身上缺乏某种优良品行，就不应要求别人具备那样的优良品行。因此，只有加强自身的道德修养，我们才有理由要求别人怎么样。

总之，无论是与人论辩，还是为人处世，"有诸己不非诸人，无诸己不求诸人"的至理名言都是普遍适用的，说到底，它要求人们必须摆脱自我中心的想法和偏见，才能与他人在论辩或交往时建立起一种富有建设性成效的、良性而健康的对话互动关系。

【原文】

或也者①，不尽也。假者②，今不然也。效者③，为之法也；所效者，所以为之法也。故中效则是也，不中效则非也，此效也。辟也者④，举也物而以明之也。侔也者⑤，比辞而俱行也。援也者⑥，曰："子然，我奚独不可以然也？"推也者⑦，以其所不取之同于其所取者，予之也。"是犹谓"也者，同也。"吾岂谓"也者，异也。

【注释】

① 或：或然，或许。
② 假：假设。
③ 效：仿效，模仿。
④ 辟：同"譬"，比喻。
⑤ 侔（móu）：相等，等同，引申为比照参引以证明。
⑥ 援：引用。
⑦ 推：推论求证。

【译文】

或，是不完全如此。假，是现在并非如此。效，是为事物确立一个标准。所效，是指以效法的对象为标准。因此，符合标准的就是对的，不符合标准的就是错误的。这就是"效"。譬如，是列举别的事物来说明这一事物。侔，是意思相同的言辞可以互相引证。援引，是说"你可以这样说，我为什么就不可以这样说呢？"类推，是利用对方所不赞同的而又是和他主张的命题同类的命题进行推论，来反驳对方的观点。"是犹谓"的意思是观点相同。"吾岂谓"意思是观点不相同。

【原文】

夫物有以同而不率遂同①。辞之侔也，有所至而正②。其然也，有所以然也。其然也同，其所以然不必同。其取之也，有所以取之。其取之也同，其所以取之不必同。是故辟、侔、援、推之辞，行而异，转而危③，远而失，流而离本，则不可不审也，不可常用也。故言多方④，殊类异故，则不可偏观也。

【注释】

① 率：叙述。
② 正：当为"止"之误。
③ 危：当为"诡"之误，诡辩。
④ 方：术，方法。

【译文】

事物有可能在某一方面相同，但不可能完全相同。所以引证相同的言辞来表达自己的意思，必须是在一定的限度内才是正确的。事物如此，有它之所以如此的原因。虽然赞同是相同的，但赞同的原因不必相同。列举出来的事物，有它之所以被列举出来的原因。虽然列举事物进行论证是相同的，但之所以列举的原因不必相同。因此，譬如、对比、援引、类推等言辞，使用中会产生差异，会转为诡辩，会因离题太远而产生错误，以至于脱离了本题，这就不能不谨慎从事，更不可以随便使用。所以，言语有多种不同的表达方式，事物有不同的类别，论断的根据、理由也不同，在推论中就不能偏执某一观点。

【原文】

夫物或乃是而然，或是而不然，或一周而一不周，或一是而一非也。不可常用也，故言多方殊类异故，则不可偏观也，非也。白马，马也；乘白马，乘马也。骊马①，马也；乘骊马，乘马也。

获，人也；爱获，爱人也。臧，人也；爱臧，爱人也。此乃是而然者也。

【注释】

① 骊马：深黑色的马。

【译文】

推论事物的前提正确，结论一般也是正确的；有的前提肯定，但结论是否定的；或者一个是极为普遍的，而另一个却不普遍；有些是一个方面正确，而另一个方面是不正确的。不能按常理来推论事物，所以言辞有很多方面、很多类别、很多差异和很多缘故，在推论中不能偏执某一种观点，偏执是不正确的。白马是马，乘白马是乘马。骊马是马，乘骊马是乘马。女仆是人，爱女仆就是爱人。男仆是人，爱男仆就是爱人。这就是前提为肯定，结论也必为肯定的例子。

【原文】

获之亲，人也；获事其亲，非事人也。其弟，美人也；爱弟，非爱美人也。车，木也；乘车，非乘木也。船，木也；乘船，非入木也。盗人，人也；多盗，非多人也；无盗，非无人也。奚以明之？恶多盗，非恶多人也；欲无盗，非欲无人也。世相与共是之。若若是①，则虽"盗人，人也；爱盗非爱人也；不爱盗非不爱人也；杀盗人，非杀人也"，无难盗无难矣。此与彼同类。世有彼而不自非也，墨者有此而非之。无也故焉②，所谓内胶外闭与心毋空乎③，内胶而不不解也，此乃是而不然者也。

【注释】

① 若若：第一个"若"意思是"若使"，后一个"若"意思为"此"。
② 也：其他。
③ 胶：坚固。

【译文】

　　女婢的双亲是人，女婢侍奉她的双亲，不是侍奉别人。她的弟弟是个美人，女婢爱她的弟弟不等于爱美人。车是木头做的，乘车却不是乘木头。船是木头做的，进入船，不是进入木头。强盗是人，强盗多并不等于人多；没有强盗，也不等于没有人。根据什么来说明这一点呢？厌恶强盗多，不等于厌恶人多，希望没有强盗，并不是希望没有人。一般人都会认为这是正确的。如果这的确是正确的，那么，虽然主张"强盗是人，爱强盗并不是爱人，不爱强盗也并不是不爱人，杀强盗也并不是杀人"，也就很容易成立了。然而，一般人都称赞前者，并认为自己是对的，然而墨家主张后者却被认为是错误的。这没有什么其他缘故，这就是所谓的内心固执、耳目闭塞和故步自封而不求明白。这就是前提为肯定，结论为否定的例子。

【原文】

　　且夫读书①，非好书也。且斗鸡，非鸡也；好斗鸡，好鸡也。且入井，非入井也；止且入井，止入井也。且出门，非出门也；止且出门，止出门也。若若是，且夭，非夭也；寿夭也。有命，非命也；非执有命，非命也。无难矣。此与彼同类。世有彼而不自非也，墨者有此而罪非之。无也故焉，所谓内胶外闭与心毋空乎，内胶而不解也。此乃是而不然者也②。

【注释】

①且：将要。

②此乃是而不然者也：此句当为"此乃不是而然者也"。

【译文】

将要读书，并不是读书。喜欢读书，就是喜欢读书。将要斗鸡，并不是斗鸡；喜欢斗鸡，就是喜欢斗鸡。将要跳井，并不是跳井；阻止人要跳井，就是阻止人跳井。将要出门，并不是出门；阻止人将要出门，就是阻止人出门。依此类推，将要夭折不是夭折，寿终才是夭折。有命运，不是命运；反对有命运，就是非命运，也就不难成立了。因为后者和前者都属于同一类命题。然而世人一般肯定前者，并认为自己的观点是正确的，墨家主张后者却被认为是错误的。这没有什么其他缘故，就是所谓的内心固执、耳目闭塞和故步自封而不求明白。这就是前提为否定，结论为肯定的例子。

【原文】

爱人，待周爱人而后为爱人①。不爱人，不待周不爱人；不周爱，因为不爱人矣。乘马，不待周乘马然后为乘马也。有乘于马，因为乘马矣。逮至不乘马，待周不乘马而后为不乘马。此一周而一不周者也。

【注释】

①周：全，都，普遍。

【译文】

爱人,必然普遍地爱所有的人,然后才算是爱人。不爱人,却不必然普遍地不爱人,才算是不爱人;不普遍地爱所有的人,正因为不爱人。乘马,不必等到乘了所有的马才可以称为乘马;只要有马可乘,就可以称为乘马了。至于不乘马,要等到不乘所有的马,然后才可以称为不乘马。这就是某一方面要求周遍而另一方面不要求周遍的例子。

【品鉴】

爱人,待周爱人而后为爱人。

这是对墨子"兼爱"思想的进一步阐释,即"兼爱"作为爱人的方式,就是普遍地爱天下所有的人,当然也包括自己在内。如果只是爱一部分,或者极少数人,那就不是爱人,就不是"兼爱"。这句名言充分反映了墨家主张"兼爱"思想的普遍性和彻底性,体现了他们渴望天下人人彼此相爱相利的最美好的愿望。

显然,墨子所谓的"爱人"是爱普天之下所有的人,大爱无差等,"兼爱"是不分亲疏贵贱的,是一种真正意义上的普遍的爱、平等的爱,比儒家所倡导的建立在亲情、血缘基础之上的等差之爱更富有博大、平等的精神。

【原文】

居于国则为居国,有一宅于国,而不为有国。桃之实,桃也;棘之实,非棘也。问人之病,问人也;恶人之病,非恶人也。人之鬼,非人也;兄之鬼,兄也。祭人之鬼,非祭人也;祭兄之鬼,乃祭兄也。之马之目眇,则为之马眇;之马之目大,而不谓之马大。之牛之毛黄,则谓之牛黄;之牛之毛众,而不谓之牛众。一马,马也；二马，马也。马四足者，一马而四足也，非两马而四足也。一马，马也①。马或白者，二马而或白也，非一马而或白。此乃一是而一非者也。

【注释】

① 一马，马也：此句为衍文，无实义。

【译文】

在某国内居住，就是居住在某国；有一座房子在国内，并不等于有整个国家。桃的果实是桃；棘的果实不是棘。慰问人的疾病，是慰问人；厌恶人的疾病，不是厌恶人。人的鬼魂，不是人；哥哥的鬼魂，却是哥哥。祭祀人的鬼魂，不是祭祀人；祭祀哥哥的鬼魂，却是祭祀哥哥。有匹马的眼睛瞎了，就可以说"这是匹瞎马"；此马的眼睛大，却不能说"这是匹大马"。这一头牛的毛黄，就可以称"这是头黄牛"；此牛的毛多，却不可以说"这头牛多"。一匹马是马，两匹马还是马。马有四个蹄子，是说一匹马有四个蹄子，不是说两匹马有四个蹄子。马有的是白色的，是说两匹马中有一匹是白色的，并不是说一匹马有的是白色的。这就是某一方面正确而另一方面不正确的例子。

耕　柱

　　本篇大部分内容是由对话的形式组成的，记述了墨子与其弟子、时人和儒家人物如耕柱子、巫马子、高石子、叶公子高、鲁阳文君、子夏之徒、公孟子等之间的谈话，涉及的内容较零碎，但是全篇仍以谈论"兼爱""为义"的问题为重点，如文中记录了墨子的一段重要谈话，提出"义"乃天下的"良宝"，"用义为政于国家"，可以使国家富裕、人口增多、刑政治理、社稷安定。在与其弟子高石子的一段对话中，墨子更进一步指出士人游宦入仕应以行道、"为义"为怀，而不能"贪其爵禄"，"为义"也不是为了逃避毁谤和追求赞誉，而是为了利国利民。因此，墨子鄙夷"倍义而乡禄者"，鼓励和赞赏其弟子"倍禄而乡义"的行为。总之，墨子主张贵义尚义，而且，始终坚持不懈地宣扬和奉行"义"，并认为，只要人人做好自己力所能及的事情，行义之事就能取得成功，正所谓"能谈辩者谈辩，能说书者说书，能从事者从事，然后义事成也"。

【原文】

子墨子怒耕柱子①。耕柱子曰:"我毋俞于人乎②?"子墨子曰:"我将上大行③,驾骥与羊,子将谁驱④?"耕柱子曰:"将驱骥也。"子墨子曰:"何故驱骥也?"耕柱子曰:"骥足以责⑤。"子墨子曰:"我亦以子为足以责。"

【注释】

① 耕柱子:墨子的弟子。

② 我毋俞于人乎:难道我不比别人强一些吗?俞,通"愈",超过,胜过。

③ 大行:即太行山。

④ 谁驱:即"驱谁",鞭策哪一个。

⑤ 责:责成。此句指良马足以供驱策的意思。

【原文】

治徒娱、县子硕问于子墨子曰①:"为义孰为大务②?"子墨子曰:"譬若筑墙然,能筑者筑③,能实壤者实壤④,能欣者欣⑤,然后墙成也。为义犹是也,能谈辩者谈辩,能说书者说书,能从事者从事,然后义事成也。"

【注释】

① 治徒娱、县子硕：均为墨子的弟子。

② 为义孰为大务：行义之事，什么是最重要的？大务，最重要的事情。务，事情。

③ 能筑者筑：能筑土的筑土。

④ 能实壤者实壤：能填土的就填土。

⑤ 能欣者欣：能挖土的就挖土。欣，通"掀(xiān)"，引申为挖土。

【原文】

巫马子谓子墨子曰："子兼爱天下，未云利也；我不爱天下，未云贼也①。功皆未至，子何独自是而非我哉②？"子墨子曰："今有燎者于此③，一人奉水将灌之，一人掺火将益之，功皆未至，子何贵于二人？"巫马子曰："我是彼奉水者之意，而非夫掺火者之意。"子墨子曰："吾亦是吾意，而非子之意也。"子墨子游耕柱子于楚④。二三子过之⑤。食之三升，客之不厚⑥。二三子复于子墨子曰⑦："耕柱子处楚无益矣！二三子过之，食之三升，客之不厚。"子墨子曰："未可智也⑧。"毋几何⑨，而遗十金于子墨子⑩，曰："后生不敢死，有十金于此，愿夫子之用也⑪。"子墨子曰："果未可智也。"

【注释】

① 贼：害处，灾难。

② 子何独自是而非我哉：你为什么自以为是而非难我呢？

③ 燎：放火。

④ 子墨子游耕柱子于楚：墨子举荐耕柱子到楚国做官。游，推荐，

举荐。

⑤ 二三子：指耕柱子的几位同门。过：拜访。

⑥ 食之三升，客之不厚：一日三餐只给三升米，招待得不丰厚。

⑦ 复：回复。

⑧ 智：通"知"，知道。

⑨ 毋几何：没过多久。

⑩ 遗：同"馈"，馈赠。十金：即十镒，每镒为二十两。

⑪ 后生不敢死，有十金于此，愿夫子之用也：夫子在，后生不敢贪图财物以取死，这里有十镒黄金，请夫子留着用吧。

【原文】

巫马子谓子墨子曰："子之为义也，人不见而耶①，鬼而不见而富②，而子为之，有狂疾。"子墨子曰："今使子有二臣于此③，其一人者见子从事，不见子则不从事。其一人者见子亦从事，不见子亦从事，子谁贵于此二人？"巫马子曰："我贵其见我亦从事，不见我亦从事者。"子墨子曰："然则，是子亦贵有狂疾也。"子墨子曰："和氏之璧④、隋侯之珠⑤、三棘六异⑥，此诸侯之所谓良宝也。可以富国家，众人民⑦，治刑政，安社稷乎？曰：不可。所为贵良宝者，为其可以利也。而和氏之璧、隋侯之珠、三棘六异，不可以利人，是非天下之良宝也。今用义为政于国家，人民必众，刑政必治，社稷必安。所为贵良宝者，可以利民也，而义可以利人，故曰：义，天下之良宝也。"

【注释】

① 而：同"尔"，你。"耶"字，义不可通，疑是"助"或"服"字

之误。

② 富：同"福"，赐福。

③ 二臣：在此指家臣。古代富贵人家均有家臣。

④ 和氏之璧：楚人卞和于荆山得一璞玉，先后献给文王、武王，均以为石，卞和因欺君之罪被砍断两足；后来成王登位，使人剖璞，果然得到夜光宝玉，因命之曰和氏璧，即"和氏之璧"。

⑤ 隋侯之珠：又称随侯之珠。传说古代随国姬姓诸侯见一大蛇伤断以药敷之而愈；后蛇于江中衔明月珠以报德，因曰随侯珠。

⑥ 三棘六异：同"三翮(hé)六翼"，指九鼎。

⑦ 众：增多。

【品鉴】

义，天下之良宝也。

道义是天下的良宝。

墨子认为道义不同于和氏的玉璧、隋侯的明珠、三足六耳的大鼎，因为它们不能给民众带来实际的利益，而道义则可以富国家、众人民、治刑政和安社稷，可以给国家和民众带来实际的利益，因此，墨子称赞道义是天下真正的良宝。

道义既然是良宝，那世人就应该知道珍惜并且积极地去实行它。即使看不到人们帮助或服从你，也看不到鬼神赐福给你，或者尚未见什么功效，但也要孜孜不倦地坚持宣扬和奉行"义"。

显然，墨子的上述道义理念，无论在具体内涵还是在实践精神方面，都与儒家所谓的"道义"存在着一些重要的差别。譬如，儒家重视道义本身的价值，而对于道义能带来什么样的实际功利或实效则不太在意和计较，正如汉儒董仲舒所言："夫仁人者，正其谊不谋其利，明其道不计其功。"(《汉书·董仲舒传》)然而，墨子之所以贵义尚义，却主要是从其功利实效的角度来加以考量和权衡的。儒家对于道义的实行常常抱着一种"不可则止"而无可奈何的态度，然而，墨子对道义的奉行，所采取的却是强聒不舍、不顾一切而一意力行的态度。也就是说，既然道义是治理天下、利国利民的优良法宝，我们就应当一心一意地去践行实现它，患得患失、优柔寡断绝非仁人义士之所为。这种大无畏的力行精神着实令人钦佩和景仰。

【原文】

叶公子高问政于仲尼曰①："善为政者若之何？"仲尼对曰："善为政者，远者近之，而旧者新之②。"子墨子闻之曰："叶公子高未得其问也，仲尼亦未得其所以对也。叶公子高岂不知善为政者之远者近也，而旧者新是哉？问所以为之若之何也。不以人之所不智告人，以所智告之，故叶公子高未得其问也，仲尼亦未得其所以对也。"子墨子谓鲁阳文君曰："大国之攻小国，譬犹童子之为马也③。童子之为马，足用而劳。今大国之攻小国也，攻者④，农夫不得耕，妇人不得织，以守为事；攻人者，亦农夫不得耕，妇人不得织，以攻为事。故大国之攻小国也，譬犹童子之为马也。"子墨子曰："言足以复行者，常之；不足以举行者，勿常。不足以举行而常之，是荡口也⑤。"

【注释】

① 叶公子高：名诸梁，楚国的大夫。

② 善为政者，远者近之，而旧者新之：善于治理政务的人，要使远方的人亲近，对待老朋友如同新交。

③譬犹童子之为马也：好比小孩子两手撑地做马行一样。

④攻者：被攻伐者。

⑤不足以举行而常之，是荡口也：明明实现不了的话，还是经常去说，这就是耍嘴皮子。荡口，徒费口舌，耍嘴皮子。

【品鉴】

言足以复行者，常之；不足以举行者，勿常。

言论如果能付诸实行的，就不妨常说；要是不能付诸行动的，就不要老是去说。

战国时期是个社会大变动的特殊时期，在这样动荡不安的生存环境下，人们常常言行不一、前后矛盾，执政当权者更是凭借权势之威而朝令夕改、倒言反行。这种人心诡谲、言行不一甚至背信弃义的普遍现象的发生，引起了思想家们的广泛关注和深切忧虑，他们纷纷献计献策，意图矫正这种败坏的世风人心，其中，墨子是积极主张人们言必行、行必果或极力奉行言行合一的思想家。

当然，在现实生活中，人们的确会经常遇到需要讲权变的情况，譬如有人逼迫你讲了违心或违背道义的话，你就没必要一定要落实到行动上，但一般而言，只要是符合或不违背道义的话语或事情，你理所当然应该说到就尽力做到。说了就应该努力去做到，做不到的事情就不要乱说，讲究诚实守信、言行一致，这是做人的一种基本美德，无论是在古今中外，这都是一种具有普世性意义的对人的道德要求或行为规范。

【原文】

子墨子使管黔敖游高石子于卫①，卫君致禄甚厚，设之于卿②。高石子三朝必尽言，而言无行者③。去而之齐④，见子墨子曰："卫君以夫子之故，致禄甚厚，设我于卿，石三朝必尽言，而言无行，是以去之也。卫君无乃以石为狂乎？"子墨子曰："去之苟道，受狂何伤⑤！古者周公旦非管叔⑥，辞三公，东处于商盖⑦，人皆谓之狂，后世称其德，扬其名，至今不息。且翟闻之：'为义非避毁就誉⑧。'去之苟道，受狂何伤！"高石子曰："石去之，焉敢不道也！昔者夫子有言曰：'天下无道，仁士不处厚焉⑨。'今卫君无道，而贪其禄爵，则是我为苟陷人长也⑩。"子墨子说⑪，而召子禽子曰⑫："姑听此乎！夫倍义而乡禄者，我常闻之矣；倍禄而乡义者，于高石子焉见之也。"

【注释】

① 管黔敖、高石子：均为墨子的弟子。

② 设：安排，安置。

③ 高石子三朝必尽言，而言无行者：高石子三次朝见卫君，每次都竭力进言，但是卫君都没有采纳实行。

④ 去而之齐：离开卫国到齐国。之，往，到达。

⑤ 去之苟道，受狂何伤：只要离开是合乎正道的，那么承受狂妄的名声又何妨？

⑥ 非管叔：斥责管叔。管叔，周文王之子，武王的弟弟。

⑦ 商盖：当作"商奄"，地名，在今山东曲阜一带。

⑧ 为义非避毁就誉：奉行道义不是为了逃避毁谤和追求称誉。

⑨ 天下无道，仁士不处厚焉：天下不行道义，仁人不处厚禄之位。

⑩ 则是我为苟陷人长也：那我不是成了只图吃人家粮食的人了吗？

⑪ 说：通"悦"，高兴。

⑫ 子禽子：即禽滑厘，墨子的弟子。

【品鉴】

夫倍义而乡禄者，我常闻之矣；倍禄而乡义者，于高石子焉见之也。

背弃道义而追求爵禄的人，我经常听说到；舍弃爵禄而追求道义的人，却在高石子身上见到了。

高石子，墨子的弟子之一。墨子曾经让他的另一位弟子管黔敖举荐高石子到卫国做官。卫国的国君给了他很高的爵位和优厚的俸禄，但是高石子三次朝见卫君，每次都竭力进言，遗憾的是卫君都没有采纳实行，于是高石子毅然决然地辞去了卫国的高官厚禄。这种"背禄向义"的高尚品行受到墨子的赞赏。在这里，"禄"与"义"实际上就是代表了"个人私利"和"公共道义"的两种不同的价值取向。墨子所倡导的"义"，是以"兴天下之利，除天下之害"为根本目的或价值追求的。在墨子心中，万事莫贵于"义""义"是天下的真正的良宝，是比生命更贵重的东西，更何况高官厚禄这些身外之物。因此，为人处世必须以"义"为准则，符合道义、利于天下的事情，就去做；不符合道义，不利于天下的事情就坚决不能做，无论是给予高官还是厚禄。

墨子的这种"背禄向义"的思想信念，值得我们好好品味，并引以为鉴，拿它反观照察一下自己的仕宦生活和人生追求应是大有裨益的。人莫不有欲，欲求高官厚禄，欲求美满幸福、丰衣足食的生活，但是，欲望的满足和实现却应该有一个原则的限定，那就是"义"，也就是要"得之有道"。如若不然，那就"背义向禄"，甚或以权谋私、贪污腐败，而欲罢不能，终至于身陷囹圄而后止，像这样落一个可悲可叹的下场，倒不如"背禄向义"做一个两袖清风的高洁之士为好。

贵 义

"贵义"即以"义"为贵,就是重视"义"、看重"义"的意思。本篇内容也是以语录体的形式记述了墨子的一些言论,主要强调了"义"的重要性。

墨子在文中明确提出了"万事莫贵于义"的观点,就是说天下万事中,没有什么比道义更可贵的了。他倡导人们的言行举止,都要以"义"为标准,并且应该身体力行。墨子曾说自己"上无君上之事,下无耕农之难",故而一心一意地投身于宣传和奉行为天下兴利除害的"公义"事业中去。同时,文中还描述了墨子对那些嘴上称道仁义,而实际却不能践行仁义的世俗君子的指责和批评。

总之,在墨子看来,天地之间,唯有"义"最为可贵。

【原文】

子墨子曰:"万事莫贵于义。今谓人曰:'予子冠履①,而断子之手足,子为之乎?'必不为。何故?则冠履不若手足之贵也。又曰:'予子天下,而杀子之身,子为之乎?'必不为。何故?则天下不若身之贵也。争一言以相杀②,是贵义于其身也③。故曰:万事莫贵于义也。"子墨子自鲁即齐④,过故人⑤,谓子墨子曰:"今天下莫为义,子独自苦而为义,子不若已⑥。"子墨子曰:"今有人于此,有子十人,一人耕而九人处⑦,则耕者不可以不益急矣。何故?则食者众而耕者寡也。今天下莫为义,则子如劝我者也⑧,何故止我?"

【注释】

① 予子冠履:给你帽子和鞋子。冠,帽子。履,鞋子。

② 争一言以相杀:为了争辩一句话而相互残杀。

③ 贵义:当为"义贵"。

④ 即:到,去。

⑤ 过故人:拜访老朋友。

⑥ 今天下莫为义,子独自苦而为义,子不若已:如今天下没有人去奉行道义了,只有你独自一人苦苦奉行道义,你不如停止吧。已,停止。

⑦ 一人耕而九人处:一个人耕田,而其他九个人都闲居无事。处,

闲居，不劳作。

⑧ 则子如劝我者也：那你应该勉励我。如，应该，应当。

【品鉴】

万事莫贵于义。

天下万事万物之中，没有什么比道义更重要可贵的了。

上述名言充分体现了墨子对"义"的高度评价态度。墨子为何会对"义"做出这样高的评价呢？他心目中的"义"又究竟为何呢？在此，我们有必要对这一问题做简单探讨。可以说，墨子对"义"的理解不同于先秦诸家：首先，墨子认为"义者，利也"，将物质利益作为"义"的具体内涵的重要方面。但是，"利"又有私人之利和国家万民之利的区别，显然不是所有的"利"都可以包含在"义"之内。其次，墨子指出"义者，正也"，认为"义"是"正"，是正义之利，也就是有利于他人之利，将纯粹的个人之私利排除在"义"之外，从而与那种狭隘的自私自利的个人功利主义划清了界限，即墨子所言的"义"是利国、利民、利天下的"公义"。

也正是这种"公义"才能起到富国家、治刑政、安社稷的作用，因而被墨子称为"天下之良宝"，乃至"万事莫贵于义"。因此，在墨子看来，如果对天下万民有利，则生不足重，死不足惜。现实中，墨子也正是亲自以"摩顶放踵"的实际行动来诠释着他的理想和信念，为了行"义"就应该有一种超越生死、宁愿粉身碎骨的大无畏精神和甘于奉献的情怀。

特别是置身于物欲横流、道德沦丧的社会现实当中，墨子的这种"为他人做嫁衣裳"的乐于奉献、不怕牺牲的精神，更显得难能可贵。俗话说得好，人生的价值不在于你从社会中索取了多少，更在于你为社会奉献了什么、贡献了多少。总之，我们应该从墨子利天下的精神中受到鼓舞，以更加饱满的热情为大众、为社会做出更大的贡献，奉献自我，在为他人谋利的过程中实现自己真正的人生价值。

【原文】

子墨子南游于楚，见楚献惠王①，献惠王以老辞，使穆贺见子墨子。子墨子说穆贺②，穆贺大说③，谓子墨子曰："子之言则成善矣④！而君王天下之大王也，毋乃曰'贱人之所为'，而不用乎？"子墨子曰："唯其可行。譬若药然，草之本，天子食之以顺其疾，岂曰'一草之本'而不食哉？今农夫入其税于大人，大人为酒醴粢盛⑤，以祭上帝鬼神，岂曰'贱人之所为'而不享哉？故虽贱人也，上比之农，下比之药，曾不若一草之本乎？且主君亦尝闻汤之说乎⑥？昔者汤将往见伊尹，令彭氏之子御⑦，彭氏之子半道而问曰：'君将何之？'汤曰：'将往见伊尹。'彭氏之子曰：'伊尹，天下之贱人也。若君欲见之，亦令召问焉，彼受赐矣⑧。'汤曰：'非女所知也⑨。今有药此，食之则耳加聪，目加明，则吾必说而强食之⑩。今夫伊尹之于我国也，譬之良医善药也。而子不欲我见伊尹，是子不欲吾善也。'因下彭氏之子⑪，不使御。彼苟然，然后可也。"

【注释】

① 楚献惠王：据史料载楚国无献惠王，献惠王当为惠王之误。

② 说(shuì)：游说，劝说。

③ 说(yuè)：通"悦"，高兴，乐意。

④ 成：同"诚"，确实，的确。

⑤ 酒醴(lǐ)粢(zī)盛：指祭祀用品。醴，甜酒。粢，祭祀的谷物。

⑥ 主君：指穆贺。

⑦ 御：驾车。

⑧ 彼受赐矣：这对他来说已经是蒙受恩惠了。

⑨ 女：通"汝"，你。

⑩ 说：注释同③。

⑪ 因下彭氏之子：因此让彭氏之子下车。

【品鉴】

唯其可行。譬若药然，草之本，天子食之以顺其疾，岂曰"一草之本"而不食哉？

只要主张和建议可以行得通。就好比良药，虽然只是一棵草根，但是天子服用它，就可以治疗疾病，难道能说"这只不过是一棵草根"而拒绝服用吗？

墨子说这句话的背景是，他到楚国拜见楚惠王，但是楚惠王因为墨子是贱人，就以年老为借口推辞，派穆贺接见墨子。墨子接着向他游说，穆贺大悦，对墨子说："你的主张实在好啊！然而，君王是天下的大王，恐怕他会说'是贱人所干的'，而不会采纳吧？"因此，墨子说了上面那段话，并且举例来证明自己的观点：现在农民把他们的赋税缴纳给贵族，贵族置办酒类谷物来祭祀上帝鬼神，上帝鬼神难道会说"这是贱人种的"而拒绝享用吗？所以，即使是贱人，往上可比作农民，往下可比作草药，难道尚不如一把草根吗？

显然，上面的引言充分体现了墨子的平等意识。在墨子看来，见解的高低、才能的大小是不能以出身的尊卑贵贱来衡量论断的。有用的意见和建议，即使是出自卑微之人的口中，只要对治理国家有利，就应该被重视和采纳。像一棵草根，只要这棵草根有药用疗效的价值，能够医治人的疾患，就应该服用一样。因此，统治者应"唯才是举"，而不能因人废言，"出身论"有害而无益。

【原文】

子墨子曰："凡言凡动，利于天鬼百姓者为之；凡言凡动，害于天鬼百姓者舍之。凡言凡动，合于三代圣王尧、舜、禹、汤、文、武者为之；凡言凡动，合于三代暴王桀、纣、幽、厉者舍之。"子墨子曰："言足以迁行者，常之①；不足以迁行者，勿常②。不足以迁行而常之，是荡口也。"子墨子曰："必去六辟③。嘿则思，言则诲，动则事，使三者代御，必为圣人④。必去喜，去怒，去乐、去悲、去爱，而用仁义。手足口鼻耳从事于义，必为圣人。"子墨子谓二三子曰："为义而不能，必无排其道⑤。譬若匠人之斫而不能，无排其绳。"子墨子曰："世之君子，使之为一犬一彘之宰⑥，不能则辞之；使为一国之相，不能而为之。岂不悖哉！"

【注释】

① 言足以迁行者，常之：能够付诸行动的言论，就崇尚它。
② 不足以迁行者，勿常：不能付诸行动的言论，就不去推崇它。
③ 六辟：指"六情"，即喜、怒、悲、乐、爱、憎。
④ 嘿（mò）则思，言则诲，动则事，使三者代御，必为圣人：有静默的心境，就能思索问题；有符合道义的言论，就能教化世人；有符合道义的行动，就能成就事业。如果这三个方面交替运用，必定成为圣人。嘿，同"默"，默不作声。
⑤ 必无排其道：千万不要排斥道义本身。排，排斥，背离。

⑥ 宰：屠夫。

【原文】

子墨子曰："今瞽曰①：'钜者白也②，黔者黑也③。'虽明目者无以易之④。兼白黑，使瞽取焉，不能知也。故我曰瞽不知白黑者，非以其名也，以其取也。今天下之君子之名仁也，虽禹、汤无以易之。兼仁与不仁，而使天下之君子取焉，不能知也。故我曰天下之君子不知仁者，非以其名也，亦以其取也。"子墨子曰："今士之用身，不若商人之用一布之慎也。商人用一布布⑤，不敢继苟而售焉⑥，必择良者。今士之用身则不然，意之所欲则为之，厚者入刑罚⑦，薄者被毁丑⑧。则士之用身不若商人之用一布之慎也。"子墨子曰："世之君子欲其义之成，而助之修其身则愠⑨，是犹欲其墙之成，而人助之筑则愠也。岂不悖哉！"

【注释】

① 瞽 (gǔ)：眼睛失明，盲人。

② 钜：当为"皑"，白色。

③ 黔：黑色。

④ 易：改变。

⑤ 布布：用钱币到市场上买东西。前一个"布"，意思为古代的货币；后一个"布"，当为"市"之误，市场。

⑥ 不敢继苟而售焉：不敢苟且随意乱买。继苟，苟且。

⑦ 厚者入刑罚：过错严重的，陷入刑罚。

⑧ 薄者被毁丑：过错轻的，蒙受非议和羞辱。丑，耻辱。

⑨ 愠 (yùn)：怨恨，痛恨。

【品鉴】

子墨子曰:"今士之用身,不若商人之用一布之慎也。"

墨子说:"现在的士人以身处世,还不如商人使用一个钱币慎重。"

墨子认为,当时的天下士人为官为学都很草率鲁莽,还不如一个商人使用一个钱币那样谨慎。商人在用一个钱币的时候,都要做出再三的权衡,不会随意乱花费的。现在的士人则不是这样,心里怎么想,实际就怎么做,结果是犯错误严重的就受到了刑罚,错误轻的就受到诋毁诽谤。因此,墨子再三告诫他的弟子,为人处世,特别是在行"义"的时候,遇到不能推行的情景,一定也要保持谨慎的态度,万万不可背离道义而行事。

谨慎不等于畏惧,更不等于退缩,而是要求我们遇事要三思而行,在激情之余多一些理性、少一些错误。俗话说得好,"一着不慎,全盘皆输""一失足便成千古恨"。对于任何人而言,成就一番事业都不是轻而易举的事,都需要付出心血和代价,所以做事情才需要谨慎小心,而且要持之以恒、坚持不懈,切不可疏忽懈怠。具体而言,立身处世,要慎微,即要从小事着手做起,平常看似无关紧要的小事也要足够重视;要慎言,即为人不可口无遮拦,夸夸其谈,耍嘴皮子而乱开空头支票,因为很多时候都是祸从口出的;要慎交友,即慎重选择和自己交往的人,诚如墨子所言,人交朋友也就像染丝一样,"染于苍则苍,染于黄则黄","近朱者赤,近墨者黑",也是同样的道理。

【原文】

子墨子曰:"古之圣王,欲传其道于后世,是故书之竹帛,镂之金石,传遗后世子孙,欲后世子孙法之也①。今闻先王之遗而不为②,是废先王之传也。"子墨子南游使卫,关中载书甚多③。弦唐子见而怪之,曰:"吾夫子教公尚过曰:'揣曲直而已④。'今夫子载书甚多，何有也？"子墨子曰："昔者周公旦朝读书百篇，夕见漆十士⑤，故周公旦佐相天子，其修至于今。翟上无君上之事，下无耕农之难，吾安敢废此？翟闻之：'同归之物，信有误者⑥。'然而民听不钧⑦，是以书多也。今若过之心者⑧，数逆于精微⑨，同归之物，既已知其要矣⑩，是以不教以书也。而子何怪焉？"

【注释】

① 法：效法，学习。

② 遗：即先王之道。

③ 扃（jiōng）：车上的横阑可以盛放东西。

④ 揣曲直而已：读书仅仅是为了衡量是非曲直而已。揣，测量，衡量。

⑤ 漆："七"之借字。

⑥ 同归之物，信有误者：殊途同归的道理，也确实会有所误解。

⑦ 然而民听不钧：民众的听闻本来就不能整齐划一。钧，同"均"，一致，同样。

⑧ 今若过之心者：现在有像公尚过这种思维的人。

⑨ 数逆于精微：对于事物能够洞察精微。逆，考究。

⑩ 既已知其要矣：也已经能够把握要领了。

【品鉴】

昔者周公旦朝读书百篇，夕见漆十士，故周公旦佐相天子，其修至于今。翟上无君上之事，下无耕农之难，吾安敢废此？

从前，周公旦早晨读书一百篇，晚上接见七十位士人，因此周公旦辅助天子，美名久久流传，直到今天不绝。我上没有侍奉国君的差事，下没有耕田种地的艰难，我又怎么敢荒废读书呢？

墨子向南游历于卫国，车上载了很多书，弦唐子看到后感到奇怪，就对墨子说："您以前教导公尚过说：'读书只是为了衡量是非曲直而已。'那现在您又为何载这么多书呢？究竟有什么用呢？"墨子针对弦唐子的疑问，才讲了上面这番话。显然，在墨子看来，周公旦的功绩美名之所以为世人传颂，至今不息，就是因为他每天都努力勤奋地学习。像他那样辅佐天子而日理万机的人都学而不倦，自己就更不能停止学习了。

的确，学习文化知识是社会发展的需要，是人类进步的阶梯，也是个人跟上时代步伐的决定性因素。古往今来，人们对知识的渴求都未曾停止过。如宋真宗赵恒的《劝学诗》曾云："富家不用买良田，书中自有千钟粟。安居不用架高堂，书中自有黄金屋。出门莫恨无人随，书中车马多如簇。娶妻莫恨无良媒，书中自有颜如玉。男儿欲遂平生志，六经勤向窗前读。"当然，这段话的本来意思是说读书是考取功名、获得财富和美女的最佳途径。我们暂且不管古人读书出于何种目的，但是他们那种刻苦向学的精神是非常值得我们今人学习的。

英国著名科学家培根曾说过："知识就是力量。"知识可以改变人的命运，可以使我们成为更加坚强、诚实和理性的人，并且使我们成为成功的人、伟大的人。特别是在今天我们所处的这样一个"知识爆炸"的信息时代，知识的学习和信息技术的掌握尤其显得重要，在此情景下，学习如逆水行舟、不进则退，我们每个人都要树立一种终身学习的理念，不断丰富和发展自己。国家公务人员，更应该学习文化知识，使自己拥有渊博的学识，从而提升自身的文化素质和执政能力。

总之，学习是没有止境的，而且，求知是人类的天性，因此，不管你有没有"君上之事"或"耕农之难"，都应当立志求知，以学为乐，增长见识，才能更好地做一个成功之人、有用之人，也才能为他人、为社会、为国家多做一些贡献。

【原文】

子墨子谓公良桓子曰①："卫，小国也，处于齐、晋之间，犹贫家之处于富家之间也。贫家而学富家之衣食多用，则速亡必矣。今简子之家②，饰车数百乘，马食菽粟者数百匹，妇人衣文绣者数百人。吾取饰车、食马之费③，与绣衣之财以畜士④，必千人有余。若有患难，则使百人处于前，数百于后，与妇人数百人处前后，孰安？吾以为不若畜士之安也。"子墨子仕人于卫⑤，所仕者至而反⑥。子墨子曰："何故反？"对曰："与我言而不当⑦。曰'待女以千盆⑧'，授我五百盆，故去之也。"子墨子曰："授子过千盆，则子去之乎？"对曰："不去。"子墨子曰："然则，非为其不审也，为其寡也⑨。"

【注释】

① 公良桓子：卫国的大夫。

② 今简子之家：现在来看看你的家。简，当为"阅"，指公良桓子的家室。

③ 吾：当为"若"之误，如果。

④ 畜 (xù) 士：蓄养、供养士人。

⑤ 子墨子仕人于卫：墨子推荐人到卫国去做官。仕，使动用法，派……做官。

⑥ 反：同"返"，回来，返回。

⑦ 与我言而不当：跟我说话不守信用。

⑧ 待女以千盆：给你一千盆俸禄。女，通"汝"，你。盆，古代贮存

粮食的容器，这里表示俸禄的数目。

⑨ 然则，非为其不审也，为其寡也：然而并不是因为别人不守信用，而是你自己嫌俸禄太少了。审，说话算数。

【原文】

子墨子曰："世俗之君子，视义士不若负粟者①。今有人于此，负粟息于路侧，欲起而不能，君子见之，无长少贵贱，必起之②。何故也？曰：义也。今为义之君子，奉承先王之道以语之③，纵不说而行④，又从而非毁之⑤。则是世俗之君子之视义士也，不若视负粟者也。"子墨子曰："商人之四方，市贾信徙，虽有关梁之难，盗贼之危，必为之⑥。今士坐而言义，无关梁之难，盗贼之危，此为信徙，不可胜计，然而不为，则士之计利，不若商人之察也⑦。"

【注释】

① 世俗之君子，视义士不若负粟者：世俗的君子，看待行义的人还不如看待背米的人。

② 无长少贵贱，必起之：不论老少贵贱，都一定帮助他站起来。

③ 语(yù)：告诉。

④ 纵不说(yuè)而行：不仅会不高兴地离开。

⑤ 又从而非毁之：甚至会加以诋毁、诽谤。非，同"诽"，诽谤。

⑥ 商人之四方，市贾信徙，虽有关梁之难，盗贼之危，必为之：商人去各地做买卖，只要货物购销可获利数倍，即使有通过关卡的险阻和遇到盗贼的危险，也一定要去做。贾，同"价"，价钱，价格。信徙，当为"倍徙"，数倍，几倍。

⑦ 察：看得清楚，精明。

【原文】

子墨子北之齐，遇日者①。日者曰："帝以今日杀黑龙于北方，而先生之色黑，不可以北。"子墨子不听，遂北，至淄水，不遂而反焉②。日者曰："我谓先生不可以北。"子墨子曰："南之人不得北，北之人不得南，其色有黑者，有白者，何故皆不遂也？且帝以甲乙杀青龙于东方，以丙丁杀赤龙于南方，以庚辛杀白龙于西方，以壬癸杀黑龙于北方，若用子之言，则是禁天下之行者也，是围心而虚天下也③，子之言不可用也。"子墨子曰："吾言足用矣，舍言革思者，是犹舍获而拾粟也④。以其言非吾言者，是犹以卵投石也，尽天下之卵，其石犹是也，不可毁也⑤。"

【注释】

① 日者：古时根据天象变化预测吉凶的人，即算命先生。

② 不遂而反焉：没有能成事，就回来了。反，同"返"，回来。

③ 是围心而虚天下也：这是违反人心，使天下人不相往来而致绝无人迹啊。围，同"违"，违反。

④ 吾言足用矣，舍言革思者，是犹舍获而拾粟也：我的话足够用了，如果舍弃我所说的话而另作打算，就和放弃收割而去拾穗一样。

⑤ 以其言非吾言者，是犹以卵投石也，尽天下之卵，其石犹是也，不可毁也：用他的言论来反对我的言论，就犹如拿着鸡蛋去碰石头一样，用尽天下的鸡蛋，石头还是原来的样子，是不可能摧毁的。

公 孟

公孟，即公明子，是一位儒家人物，本篇文章大部分内容是墨子与他的对话，因此命名为《公孟》。墨子和公孟之间的谈话和论辩涉及儒、墨之间的诸多分歧问题，值得我们重视。另外，文中也记述了墨子与其弟子程子、告子之间的一些对话，对于我们理解墨家的思想宗旨和儒墨之间的思想分歧，也是大有帮助的。

在与其弟子程子的一段对话中，墨子对儒家提出了四点尖锐而严厉的批评：第一，儒家不信鬼神，认为天不能明察善恶并予以赏罚；第二，儒家主张厚葬久丧，劳民伤财；第三，儒家喜好弦歌鼓舞，演习声乐，易使人堕落；第四，儒家鼓吹"有命"说，使人安于现状，不思进取。墨子对儒家之道的弊端和缺陷所作的批评，虽然不免偏颇，但也不是毫无根据，而且，墨子正是在对儒家进行系统的批评反思的基础上提出他的"天志""兼爱""明鬼""节葬""节用""非命"等一系列重要主张的。可以说，《公孟》既是墨子反对儒家的一篇纲领性文献，也是我们了解墨子的思想主张较为客观、难得的材料，值得我们仔细品味。

【原文】

公孟子谓子墨子曰："君子共己以待①，问焉则言，不问焉则止。譬若钟然，扣则鸣，不扣则不鸣。"子墨子曰："是言有三物焉，子乃今知其一身也，又未知其所谓也②。若大人行淫暴于国家，进而谏则谓之不逊，因左右而献谏则谓之言议。此君子之所疑惑也。若大人为政，将因于国家之难，譬若机之将发也然③，君子之必以谏，然而大人之利，若此者，虽不扣必鸣者也。若大人举不义之异行，虽得大巧之经④，可行于军旅之事，欲攻伐无罪之国，有之也，君得之，则必用之矣。以广辟土地，著税伪材⑤，出必见辱，所攻者不利，而攻者亦不利，是两不利也。若此者，虽不扣必鸣者也。且子曰：'君子共己待，问焉则言，不问焉则止。譬若钟然，扣则鸣，不扣则不鸣。'今未有扣，子而言，是子之谓不扣而鸣邪？是子之所谓非君子邪？"

【注释】

① 共己以待：拱起双手等待。共，通"拱"，双手相合于胸前。
② 是言有三物焉，子乃今知其一身也，又未知其所谓也：这句话有三层意思，你现在只知道其中的一层，而且还没有弄清楚它的本意。身，当为"耳"。
③ 譬若机之将发也然：好像箭弩的机关一触即发。
④ 大巧之经：指《六韬》等类的古代兵书。

⑤ 著税伪材：聚敛货物钱财。

【原文】

公孟子谓子墨子曰："实为善，人孰不知？譬若良玉①，处而不出有余糈②。譬若美女，处而不出，人争求之；行而自衒，人莫之取也③。今子遍从人而说之④，何其劳也！"子墨子曰："今夫世乱，求美女者众，美女虽不出，人多求之；今求善者寡，不强说人，人莫之知也。且有二生于此，善筮，一行为人筮者，一处而不出者，行为人筮者与处而不出者，其糈孰多⑤？"公孟子曰："行为人筮者，其糈多。"子墨子曰："仁义钧，行说人者，其功善亦多，何故不行说人也⑥？"

【注释】

① 良玉：高明的巫师。玉，当为"巫"之误。

② 糈 (xǔ)：古代祭祀神灵时所用的精米。

③ 行而自衒 (xuàn)，人莫之取也：到处炫耀叫卖，反而没有人娶她。衒，卖，叫卖。

④ 说 (shuì)：游说，劝说。

⑤ 且有二生于此，善筮，一行为人筮者，一处而不出者，行为人筮者与处而不出者，其糈孰多：假如这里有两个人，都善于卜筮，其中一个人出门为人卜筮，另一个居家不出，那么出门为人卜筮的和居家不出的，哪一个人得到的赠粮更多呢？

⑥ 仁义钧，行说人者，其功善亦多，何故不行说人也：同样是主张仁义，外出向人游说的人，他的功德善行就多，我为何不出去游说别人呢？钧，同"均"，相等，同样。

【原文】

公孟子戴章甫①，搢忽②，儒服，而以见子墨子，曰："君子服然后行乎③？其行然后服乎？"子墨子曰："行不在服。"公孟子曰："何以知其然也？"子墨子曰："昔者，齐桓公高冠博带，金剑木盾，以治其国，其国治。昔者，晋文公大布之衣，牂羊之裘④，韦以带剑⑤，以治其国，其国治。昔者，楚庄王鲜冠组缨⑥，绛衣博袍⑦，以治其国，其国治。昔者，越王勾践剪发文身，以治其国，其国治。此四君者，其服不同，其行犹一也。翟以是知行之不在服也。"公孟子曰："善！吾闻之曰'宿善者不祥⑧。'请舍忽，易章甫⑨，复见夫子，可乎？"子墨子曰："请因以相见也。若必将舍忽、易章甫而后相见，然则行果在服也。"

【注释】

① 章甫：商代流行的一种黑布帽子，周代宋人继续沿用。

② 搢 (jìn) 忽："搢"即"晋""忽"即"笏"，为古代官员朝见君王时所执之板。君王有令，臣下即书写于上，以备忘。

③ 君子服然后行乎：君子是讲究服饰，然后才有作为吗？

④ 牂 (zāng) 羊之裘 (qiú)：母羊皮的大衣。牂羊，母羊。

⑤ 韦以带剑：用皮带挂剑。

⑥ 鲜冠组缨：戴着鲜艳的帽子，系着丝织的帽带。

⑦ 绛衣博袍：身披大衣宽袍。

⑧ 宿善者不祥：知道了善行却不马上去实行的人是不吉利的。宿善，懂得善行而不执行。

⑨ 请舍忽，易章甫：请让我拿掉木笏，换下礼帽。

【品鉴】

此四君者，其服不同，其行犹一也。翟以是知行之不在服也。

这四位君主，穿着的服饰不同，但是他们的行为是一样的。我由此知道行为并不取决于服饰。

儒家历来讲究冠服之制，因此，公孟子戴着章甫之冠、穿着儒服去见墨子，并质问墨子：君子是先讲究服饰打扮而后有所作为呢？还是先有所作为，再讲究服饰打扮呢？墨子列举历史上的齐桓公、晋文公、楚庄王及越王勾践四位君主的事迹，指出这四位君主虽然服饰各不相同，但他们都能励精图治，使国家得到很好的治理。因此，他得出的结论就是：一个人能否有所作为，并不在于服饰怎样。这一结论无疑是有说服力的，鲜明而有力地反衬出了儒家学者的某些守旧迂腐之气。儒家极为重视并倡导"君子必服古言然后仁"（《墨子·非儒》），即遵循前人之道，缺乏创新，具有厚古薄今的意味。可以说，上述墨子有关"行"与"服"的论述，在一定程度上暴露的恰恰是儒家思想因循守旧的思想和墨家偏于推陈出新的思想之间的激烈对立和冲突。相比较而言，墨家所具有的创新意识和做事不拘泥于外在形式的精神对我们来说无疑是更有现实意义的。的确，创新是一个民族的灵魂，是一个国家兴旺发达的保证，新时代的我们更应该不断培养自己的创新意识和探索精神。我们必须与时俱进，学会用符合时代要求的新思维、新方法、新手段去解决前进中的各种问题。"空谈误国，实干兴邦。"墨子重实干而不重外表，重本质而不重形式的力行务实的精神，也是非常值得我们借鉴和学习，穿一身笔挺的西装或者穿　身随和的假唐装，光是摆一副花架子，而不做实事是毫无意义的，多一份实干精神，少一份装装样子的花架子，则国可善治，民可富足，社会亦不难实现和谐。

【原文】

公孟子曰："君子必古言服，然后仁。"子墨子曰："昔者，商王纣、卿士费仲为天下之暴人，箕子、微子为天下之圣人。此同言而或仁或不仁也。周公旦为天下之圣人，关叔为天下之暴人，此同服或仁或不仁。然则不在古服与古言矣。且子法周而未法夏也，子之古，非古也。"公孟子谓子墨子曰："昔者圣王之列也，上圣立为天子，其次立为卿、大夫。今孔子博于《诗》《书》，察于礼乐，详于万物，若使孔子当圣王，则岂不以孔子为天子哉？"子墨子曰："夫知者①，必尊天事鬼，爱人节用，合焉为知矣。今子曰'孔子博于《诗》《书》，察于礼乐，详于万物'，而曰可以为天子。是数人之齿而以为富②。"

【注释】

① 知者：聪明人。知，通"智"，智慧，聪明。
② 是数人之齿而以为富：这只不过是数着别人契据上的刻数，而自以为富有罢了。齿，指契木上的刻痕。古人刻竹木以记数，刻痕如齿。

【原文】

公孟子曰："贫富寿夭，齰然在天，不可损益①。"又曰："君子必学。"子墨子曰："教人学而执有命，是犹命人葆而去其冠也②。"公孟子谓子墨子曰："有义不义，无祥不祥③。"子墨子曰："古圣王皆以鬼神为神明，而为祸福，执有祥不祥，是以政治而国安也。自桀、纣以下，皆以鬼神为不神明，不能为祸福，执无祥不祥，是以政乱而国危也。自桀、纣以下，皆以鬼神为不神明，不能为祸福，执无祥不祥，是以政乱而国危也。故先王之书，子亦有之曰：'其傲也出，于子不祥④。'此言为不善之有罚，为善之有赏。"

【注释】

① 贫富寿夭，龤(zé)然在天，不可损益：贫穷、富贵、长寿、夭折，确实由天注定，不能人为地增加或减少。
② 教人学而执有命，是犹命人葆而去其冠也：教导人家学习，却又主张人命天定的说教，这就好比让人家裹起头发却又去掉人家的帽子。
③ 有义不义，无祥不祥：只存在义与不义的问题，不存在祥与不祥的问题。
④ 其傲也出，于子不祥：出言傲慢，对你不吉祥。

【原文】

子墨子谓公孟子曰："丧礼，君与父母、妻、后子死①，三年丧服；伯父、叔父、兄弟，期②；族人五月；姑、姊、舅、甥皆有数月之丧。或以不丧之间③，诵《诗》三百，弦《诗》三百，歌《诗》三百，舞《诗》三百。若用子之言，则君子何日以听治？庶人何日以从事？"公孟子曰："国乱则治之，国治则为礼乐；国治则从事④，国富则为礼乐。"子墨子曰："国之治，治之废，则国之治亦废⑤。国之富也，从事，故富也。从事废，则国之富亦废。故虽治国，劝之无餍⑥，然后可也。今子曰：'国治，则为礼乐，乱则治之'，是譬犹噎而穿井也⑦，死而求医也。古者三代暴王桀、纣、幽、厉，薾为声乐，不顾其民，是以身为刑僇⑧，国为戾虚者⑨，皆从此道也。"

【注释】

① 后子：长子。

② 期 (jī)：一年。

③ 或以不丧之间：此外在不守丧的时候。

④ 治：当为"贫"，贫困。

⑤ 国之治，治之废，则国之治亦废：国家太平，是因为治理才太平的，如果治理停止了，国政也就荒废了。

⑥ 餍 (yàn)：满足。

⑦ 是譬犹噎而穿井也：这好比口渴了才去掘井。

⑧ 僇：同"戮"，杀。

⑨ 戾虚：灭亡。

【原文】

公孟子曰："无鬼神。"又曰："君子必学祭祀。"子墨子曰："执无鬼而学祭礼，是犹无客而学客礼也，是犹无鱼而为鱼罟也①。"公孟子谓子墨子曰："子以三年之丧为非，子之三日之丧亦非也。"子墨子曰："子以三年之丧非三日之丧，是犹倮谓撅者不恭也②。"公孟子谓子墨子曰："知有贤于人，则可谓知乎？"子墨子曰："愚之知有以贤于人，而愚岂可谓知矣哉？"公孟子曰："三年之丧，学吾之慕父母③。"子墨子曰："夫婴儿子之知，独慕父母而已。父母不可得也，然号而不止④，此其故何也？即愚之至也。然则儒者之知，岂有以贤于婴儿子哉？"

【注释】

① 是犹无客而学客礼也，是犹无鱼而为鱼罟 (gǔ) 也：这好比没有客

人而去学习接待宾客的礼仪，没有鱼而去编织捕鱼的渔网一样。

② 是犹倮(luǒ)谓撅者不恭也：这好比自己赤身裸体却说掀起衣角的人不恭敬一样。倮，同"裸"，赤身露体。

③ 学吾之慕父母：学习小孩依恋父母。吾，当为"子"之误。

④ 号：大声哭喊。

【原文】

子墨子曰问于儒者①："何故为乐？"曰："乐以为乐也②。"子墨子曰："子未我应也。今我问曰：'何故为室？'曰：'冬避寒焉，夏避暑焉，室以为男女之别也③。'则子告我为室之故矣。今我问曰：'何故为乐？'曰：'乐以为乐也。'是犹曰：'何故为室？'曰：'室以为室也。'"

【注释】

① 曰：此字当在"儒者"下。

② 乐(yuè)以为乐(lè)也：把音乐作为娱乐。

③ 室以为男女之别也：而且是为了使男女有别。室，当为"且"之误。

【原文】

子墨子谓程子曰①："儒之道足以丧天下者，四政焉。儒以天为不明，以鬼为不神，天、鬼不说，此足以丧天下。又厚葬久丧，重为棺椁，多为衣衾，送死若徙，三年哭泣，扶后起，杖后行，耳无闻，目无见，此足以丧天下。又弦歌鼓舞，习为声乐，此足以丧天下。又以命为有，贫富寿夭、治乱安危有极矣，不可损益也。为上者行之，必不听治矣；为下者行之，必不从事矣。此足以丧天下。"程子曰："甚矣！先生之毁儒也②。"子墨子曰："儒固无此若四政者，而我言之，则是毁也。今儒固有此四政者，而我言之，则非毁也，告闻也③。"程子无辞而出。子墨子曰："迷之④！"反⑤，复坐，进复曰："乡者先生之言有可闻者焉⑥。若先生之言，则是不誉禹，不毁桀、纣也。"子墨子曰："不然。夫应孰辞⑦，称议而为之⑧，敏也⑨。厚攻则厚吾，薄攻则薄吾⑩。应孰辞而称议，是犹荷辕而击蛾也⑪。"

【注释】

① 程子：即程繁，是当时一位兼习儒墨的人。

② 毁：诋毁，诽谤。

③ 告闻也：把我所听说的实情告诉你罢了。

④ 迷：当为"还"之误，回来。

⑤ 反：同"返"，返回。

⑥ 乡者先生之言有可闻者焉：刚才先生的话，也有可以指责的地方。闻，当为"间"之误，指责，批评。

⑦ 夫应孰辞：应对世俗的言论。

⑧ 称议而为之：不需要认真地辩论。

⑨ 敏：聪慧，敏捷。

⑩ 厚攻则厚吾，薄攻则薄吾：对方严词诘难那么我就严词对答，对方婉言相问那么我就缓言以对。

⑪ 应孰辞而称议，是犹荷辕而击蛾也：应对世俗的言论，也认真地去辩论，那就像拿着车辕去击打蚂蚁。蛾，蚂蚁。

【品鉴】

儒以天为不明，以鬼为不神，天、鬼不说，此足以丧天下。又厚葬久丧，重为棺椁，多为衣衾，送死若徙，三年哭泣，扶后起，杖后行，耳无闻，目无见，此足以丧天下。又弦歌鼓舞，习为声乐，此足以丧天下。又以命为有，贫富寿夭、治乱安危有极矣，不可损益也。为上者行之，必不听治矣；为下者行之，必不从事矣。此足以丧天下。

儒家认为天不明察，认为鬼不神灵，天帝鬼神会因此不高兴，这就足以丧天下了。儒家要求丧葬隆重，长期服丧，做双重棺椁和很多衣衾，丧葬如同搬家，哭丧三年，以至于扶着墙才能站起来，拄着拐杖才能站起来，耳朵什么也听不见，眼睛什么也看不到，这就足以丧天下了。儒家还琴瑟伴歌，击鼓起舞，时常欣赏音乐，这也足以丧天下。儒家还主张有命存在，认为人的贫困、富贵、长寿、夭折以及社会的治理、混乱、平安、危难等，都是命中注定的，不能增加或者减少。身居要位的人奉行命定说，一定不会认真处理政事；身处社会下层的人奉行命定说，一定不会努力工作，这也足以丧失天下。

墨子从四个主要方面系统而全面地批评了儒家学说的弊端和缺陷，他认为儒家不信鬼神、主张厚葬久丧、重歌乐、执有命，这些对于天鬼的信仰、国家的治理和人民利益的实现都是极为不利的，应该加以谴责和批判。这一批评体现了儒、墨两大"显学"之间的主要思想分歧所在。客观上讲，墨子对儒家上述四个方面的非议和批评，有一定的合理之处，确实揭露出儒家学说自身内在的一些缺陷，但是由于立场不同，墨子的批判之言存在着过激之处也是在所难免的，尽管墨子也曾经讲过孔子的思想言论也有合理和不可改易的地方。思想的演化进程正是在对立双方不乏偏见的激烈辩难和攻讦中深入展开的，是真金就不怕火炼，是真理就不怕批评，思想是在批判中成熟和发展起来的，真理是在论辩中阐明和传播开来的,温室中培养不出思想的美丽花朵,也放射不出真理的耀眼光芒。这是儒墨之争带给我们的最重要的启示,而究竟孰是孰非倒在其次。

【原文】

子墨子与程子辩①,称于孔子②。程子曰:"非儒,何故称于孔子也?"子墨子曰:"是亦当而不可易者也③。今鸟闻热旱之忧则高,鱼闻热旱之忧则下,当此,虽禹、汤为之谋,必不能易矣。鸟鱼可谓愚矣,禹、汤犹云因焉④。今翟曾无称于孔子乎?"有游于子墨子之门者,身体强良⑤,思虑徇通⑥,欲使随而学。子墨子曰:"姑学乎,吾将仕子。"劝于善言而学⑦。其年,而责仕于子墨子⑧。子墨子曰:"不仕子。子亦闻夫鲁语乎?鲁有昆弟五人者,其父死,其长子嗜酒而不葬,其四弟曰:'子与我葬,当为子沽酒⑨。'劝于善言而葬。已葬而责酒于其四弟。四弟曰:'吾未予子酒矣。子葬子父,我葬吾父,岂独吾父哉?子不葬,则人将笑子,故劝子葬也。'今子为义,我亦为义,岂独我义也哉?子不学则人将笑子,故劝子于学。"

【注释】

① 辩:辩论。
② 称:称引。
③ 是亦当(dàng)而不可易者也:是因为孔子也有合理而不能改变的地方。当,恰当,合理。易,改变,更改。
④ 禹、汤犹云因焉:大禹、商汤时或还要依顺它们。因,因循,依顺。

⑤ 强良：健壮。

⑥ 徇通：敏捷。徇，疾速。

⑦ 劝于善言而学：用好言好语来勉励他，他才得以学习。

⑧ 其(jī)年，而责仕于子墨子：一年后，他向墨子要求出仕做官。其，通"期"，一年。责，要求。

⑨ 沽酒：买酒。沽，买。

【原文】

有游于子墨子之门者，子墨子曰："盍学乎①？"对曰："吾族人无学者。"子墨子曰："不然。夫好美者，岂曰吾族人莫之好，故不好哉②？夫欲富贵者，岂曰我族人莫之欲，故不欲哉？好美、欲富贵者，不视人犹强为之。夫义，天下之大器也，何以视人？必强为之。"有游于子墨子之门者，谓子墨子曰："先生以鬼神为明知③，能为祸人哉福？为善者富之，为暴者祸之。今吾事先生久矣，而福不至，意者先生之言有不善乎④？鬼神不明乎？我何故不得福也？"子墨子曰："虽子不得福，吾言何遽不善⑤？而鬼神何遽不明？子亦闻乎匿徒之刑之有刑乎⑥？"对曰："未之得闻也。"子墨子曰："今有人于此，什子，子能什誉之，而一自誉乎⑦？"对曰："不能。""有人于此，百子，子能终身誉其善，而子无一乎⑧？"对曰："不能。"子墨子曰："匿一人者犹有罪，今子所匿者若此其多，将有厚罪者也，何福之求？"

【注释】

① 盍(hé)：何不。

② 好(hào)：喜欢，爱好。

③ 明知：圣明，智慧。知，通"智"，智慧。

④ 意者：或许，难道。

⑤ 何遽(jù)：怎么。

⑥ 子亦闻乎匿徒之刑之有刑乎：你听说过隐藏犯人也犯罪吗？

⑦ 今有人于此，什子，子能什誉之，而一自誉乎：假如这里有一个人，胜过你十倍，你能十倍地称赞他，而一点也不称赞自己吗？

⑧ 有人于此，百子，子能终身誉其善，而子无一乎：这里有人胜过你百倍，你能终身称赞他，而一点也不称赞自己吗？

【品鉴】

好美、欲富贵者，不视人犹强为之。夫义，天下之大器也，何以视人？必强为之。

真是要爱美，真是希望富贵，就不要管他人的行事如何，自己仍然要努力追求获取它。义是天下最伟大的东西，何必要去看他人的行事呢？关键是自己一定要努力追求它，实行它。

有一个人来到墨子门下，墨子问他为什么不学习，他说："我的族人中没有求学的。"墨子认为这个人不学习的原因极为荒谬，因此讲了上面这番话。墨子这段话的核心意思就是告诫世人，只要是正义之事，做事情就一定要坚持自己正确的观点和主张，切不可随波逐流。

古人云："成大功者，不谋于众；论至德者，不合于俗。"其实，在很多时候，人往往受一种从众心理的影响和支配，故而不能坚持自己正确的观点和看法，这是人性的弱点。因此，一个人要想成就一番功业，就要努力克服这种人性的弱点，具备一种不怕违逆众人和流俗偏见的勇气，始终坚持自己正确的观点和看法。当然，坚持自己正确的观点和看法不等于自以为是，但要想有所成就，就需要对自己满怀信心，需要做自己的主人和生活的强者，永远向着自己追求的理想和目标勇往直前。正如我国大文学家鲁迅先生所说："其实地上本没有路，走的人多了也便有了路。"地上从无路到有路，都是人走出来的，因此，重要的是我们应该勇于走自己的路，不要人云亦云，决不轻易放弃自己的人生理想和目标，而盲目追求和别人保持高度一致。

【原文】

　　子墨子有疾，跌鼻进而问曰①："先生以鬼神为明，能为祸福，为善者赏之，为不善者罚之。今先生，圣人也，何故有疾？意者先生之言有不善乎？鬼神不明知乎？"子墨子曰："虽使我有病，何遽不明？人之所得于病者多方②，有得之寒暑，有得之劳苦。百门而闭一门焉，则盗何遽无从入？"

【注释】

　　① 跌鼻：墨子的弟子。
　　② 多方：多种原因。方，原因，因素。

【原文】

　　二三子有复于子墨子学射者①。子墨子曰："不可。夫知者必量其力所能至而从事焉。国士战且扶人，犹不可及也②。今子非国士也，岂能成学又成射哉③？"二三子复于子墨子曰："告子曰④：'言义而行甚恶⑤。'请弃之。"子墨子曰："不可。称我言以毁我行，愈于亡⑥。有人于此，翟甚不仁，尊天、事鬼、爱人，甚不仁，犹愈于亡也。今告子言谈甚辩，言仁义而不吾毁⑦，告子毁，犹愈亡也！"二三子复于子墨子曰："告子胜⑧为仁。"子墨子曰："未必然也。告子为仁，譬犹跂以为长，隐以为广，不可久也⑨。"告子谓子墨子曰："我治国为政。"子墨子曰："政者，口言之，身必行之⑩。今子口言之，而身不行，是子之身乱也。子不能治子之身，恶能治国政？子姑亡子之身乱之矣⑪！"

【注释】

① 射：射箭，古代的六艺（礼、乐、射、御、书、数）之一。

② 国士战且扶人，犹不可及也：国家的勇士一边同敌人交战，一边搀扶受伤的士兵，尚且不能够兼顾。

③ 岂能成学又成射哉：又怎么能一边完成学业，一边学好射箭的技艺呢？

④ 告子：墨子的弟子。

⑤ 言义而行甚恶：口头称道仁义，行为却十分恶劣。

⑥ 称我言以毁我行，愈于亡：称赞我的言论，诽谤我的行为，总比完全不提到我要好。

⑦ 今告子言谈甚辩，言仁义而不吾毁：告子的言谈固然强辩，但他承认我言谈仁义。

⑧ 胜：胜任。

⑨ 譬犹跂(qǐ)以为长，隐以为广，不可久也：就好比跷起脚尖使个子增高，仰起身子使身体加宽，那是不能持久的。跂，跷起脚后跟。隐，仰身。广，大，胖。

⑩ 政者，口言之，身必行之：政治方面的事务，光凭嘴上说是不行的，还必须身体力行。

⑪ 亡：当为"防"，提防，防止。

【品鉴】

子不能治子之身，恶能治国政？子姑亡子之身乱之矣！

你连你自身尚且治理不好，又怎么能治理国家、主持政务呢？你姑且先提防你自身的悖乱吧！

墨子的弟子告子对他说："我能够治理国家，管理政事。"墨子说："治理国家的事务，光靠嘴上说说是不行的，更重要的是身体力行。现在你只是嘴上说说，却没有身体力行，这是你言行不一、自身错乱的表现，你连自己都治理不好，又怎么能治理国家呢？"墨子认为，一个人自身不正，就不能匡正别人的不当行为。因此，为人做事要严于律己，做出表率，再去约束和管理别人。

墨子的这一主张，与儒家修身治国的主张是相通的，正如孔子所说："其身正，不令而从；其身不正，虽令不从。"(《论语·子路》)可见，他们都希望贤德之人身居高位要职来治理国家，也都希望身居高位要职者能够修身正行、以身作则、率先垂范。即身为执政当权者，如果要求别人做什么事情，自己应该首先做到；自己做不到的事情，也不应苛求别人一定做到。先从自己做起，只有管理好自己才有可能管理好别人，只有治理好自己也才有可能治理好国家。反之，则如孟子所说："不仁而在高位，是播其恶于众也。"(《孟子·离娄上》)如若不信，那就看看现实生活中的例子吧，总有一些名为人民"公仆"而应造福一方的，反而成了一大"公害"而祸害一方的，虽然是少数，却正是因为忘记了孔墨的古训所致。

鲁　问

本篇以第一段鲁君向墨子的发问命篇，故曰《鲁问》。文章主要记载了墨子同诸侯国君及其弟子之间的一些谈话，行文仍以对话体的方式展开。

据该篇记载，面对当时诸侯争霸、社会动荡、政治无序的现实状况，墨子曾一针见血地指出，要救治现实社会政治生活中的各种弊病，就应该坚持"必择务而从事"的原则，即做事要分清主次，善于抓主要矛盾，要就具体问题有针对性地提出相应的解决问题的办法和措施。具体来讲，就是："国家昏乱，则语之尚贤、尚同；国家贫，则语之节用、节葬；国家憙音湛湎，则语之非乐、非命；国家淫僻无礼，则语之尊天、事鬼；国家务夺侵凌，即语之兼爱、非攻。"这段话里论及了墨子所有主要的思想主张，如"尚贤""尚同""节用""节葬""非乐""非命""尊天""事鬼""兼爱""非攻"，这也就是我们通常所说的"墨子十论"，这十条当中的每一条都是针对当时社会政治的弊病提出来的改革方案。可以说，这是墨子对自己的政治纲领的一种总结性的提炼和概括。

墨子在本篇中还多次提到"义"的重要性，倡导要积极从事"义"的宣传与教化，并且更要在实践中实现"义"，坚决反对"见禄忘义"的行为，如文中墨子对其弟子胜绰的批评就是个很好的例子。总之，本篇较为全面地反映了墨子对那种国强民富、天下太平、民众安居乐业的社会理想的向往和追求。

【原文】

鲁君谓子墨子曰①:"吾恐齐之攻我也,可救乎?"子墨子曰:"可。昔者,三代之圣王禹、汤、文、武,百里之诸侯也,说忠行义,取天下。三代之暴王桀、纣、幽、厉,仇怨行暴,失天下。吾愿主君之上者尊天事鬼,下者爱利百姓,厚为皮币②,卑辞令③,亟遍礼四邻诸侯④,驱国而以事齐⑤,患可救也。非此,愿无可为者⑥。"

【注释】

① 鲁君:鲁国的国君。

② 厚为皮币:多置备一些毛皮钱币。厚,丰厚。

③ 卑辞令:辞令要谦卑。

④ 亟(jí)遍礼四邻诸侯:赶紧向四邻诸侯施礼结交。亟,赶快,急忙。

⑤ 驱国而以事齐:驱使全国的民众从事抗击齐国的准备工作。

⑥ 愿:副词,表示轻微转折,无实意。

【原文】

齐将伐鲁,子墨子谓项子牛曰①:"伐鲁,齐之大过也。昔者,吴王东伐越,栖诸会稽②;西伐楚,葆昭王于随③;北伐齐,取国子以归于吴。诸侯报其仇,百姓苦其劳,而弗为用,是以国为虚戾④，身为刑戮也。昔者，智伯伐范氏与中行氏，兼三晋之地，诸侯报其仇，百姓苦其劳，而弗为用，是以国为虚戾，身为刑戮，用是也。故大国之攻小国也，是交相贼也，过必反于国。"子墨子见齐大王曰⑤："今有刀于此，试之人头，倅然断之⑥，可谓利乎？"大王曰："利。"子墨子曰"多试之人头，倅然断之，可谓利乎？"大王曰："利。"子墨子曰："刀则利矣，孰将受其不祥？"大王曰："刀受其利，试者受其不祥⑦。"子墨子曰："并国覆军，贼杀百姓⑧，孰将受其不祥？"大王俯仰而思之，曰："我受其不祥。"

【注释】

① 项子牛：齐国的大将，事迹不详。

② 栖诸会稽：栖居于会稽。栖，停留，栖居。

③ 西伐楚，葆昭王于随：向西攻打楚国，逼迫楚人保护着昭王逃奔到随。葆，同"保"，保护。随，古国名，今湖北州市。

④ 虚戾：灭亡。

⑤ 齐大(tài)王：齐太公田和，大，即"太"。

⑥ 倅(cuì)然断之：一下子就砍断了，形容刀子锋利。

⑦ 刀受其利，试者受其不祥：刀承受了锋利之名，试刀砍头的人将遭受不祥。

⑧ 并国覆军，贼杀百姓：兼并人家的国土，消灭人家的军队，残害百姓。

【品鉴】

故大国之攻小国也，是交相贼也，过必反于国。

大国攻打小国，是相互残害，其结果必然会祸及本国。

这是墨子"非攻"思想的体现，墨子向来反对大国对小国的侵凌，谴责以大欺小、以强凌弱的军事扩张主义的暴行。为了制止这种非正义的攻伐战争，墨子站在大国的层面，从两个方面论述了侵略他人、灾祸必将反及于己的道理。一方面，大国攻打小国，不仅耗费资财，而且还会使民众疲于征战，怨声四起，这便会失去民心，即使获胜取得大片土地，也不能保全。另一方面，马不停蹄地扩张，攻打四邻，必将引起天下诸侯的恐惧与愤恨，他们会群起而攻之，这样即使再强大的国家也不免会灭亡。

墨子还进一步指出，大国发动战争无非就是为了名与利，是"不正"的思想驱使的结果。因此，任何一个国家应该树立起正义之感，维护和平，反对战争，因为这是利人利己的事情。墨子的反战尚和的思想主张，迄今仍然符合世界"和平"与"发展"的时代主旋律。

【原文】

鲁阳文君将攻郑，子墨子闻而止之，谓阳文君曰："今使鲁四境之内，大都攻其小都①，大家伐其小家②，杀其人民，取其牛马、狗豕、布帛、米粟、货财，则何若？"鲁阳文君曰："鲁四境之内，皆寡人之臣也。今大都攻其小都，大家伐其小家，夺之货财，则寡人必将厚罚之。"子墨子曰："夫天之兼有天下也，亦犹君之有四境之内也。今举兵将以攻郑③，天诛其不至乎？"鲁阳文君曰："先生何止我攻郑也？我攻郑，顺于天之志。郑人三世杀其父，而天加诛焉，使三年不全，我将助天诛也。"子墨子曰："郑人三世杀其父，而天加诛焉，使三年不全④，天诛足矣。今又举兵，将以攻郑，曰：'吾攻郑也，顺于天之志。'譬有人于此，其子强梁不材⑤，故其父笞之⑥，其邻家之父举木而击之，曰：'吾击之也，顺于其父之志。'则岂不悖哉？"

【注释】

①都：大城市。

②家：卿大夫统治的地方。

③举兵：起兵，兴兵。

④使三年不全：让郑国五谷收成不全，遭受饥荒。

⑤其子强梁不材：他的孩子蛮横凶暴不成器。

⑥笞(chī)：用鞭、杖、竹板抽打。

【原文】

子墨子谓鲁阳文君曰："攻其邻国，杀其民人，取其牛马、粟米、货财，则书之于竹帛，镂之于金石①，以为铭于钟鼎②，传遗后世子孙，曰：'莫若我多③！今贱人也，亦攻其邻家，杀其人民，取其狗豕、食粮、衣裘④，亦书之竹帛，以为铭于席豆⑤，以遗后世子孙，曰：'莫若我多！'其可乎？"鲁阳文君曰："然，吾以子之言观之，则天下之所谓可者，未必然也⑥。"子墨子为鲁阳文君曰⑦："世俗之君子，皆知小物而不知大物。今有人于此，窃一犬一彘⑧，则谓之不仁，窃一国一都，则以为义。譬犹小视白谓之白，大视白则谓之黑⑨。是故世俗之君子，知小物而不知大物者，此若言之谓也。"

【注释】

①镂之于金石：刻镂在金石上面。镂，雕刻。

②以为铭于钟鼎：刻作铭文记载在钟鼎上。铭，刻在器物上记述生

平、功业或告诫自己的文字。

③ 莫若我多：没有人像我有这样多的战果。

④ 裘(qiú)：皮衣。

⑤ 席：竹席。豆：祭祀时用的器皿。

⑥ 然，吾以子之言观之，则天下之所谓可者，未必然也：是啊，我按照你的说法审视天下的事情，则天下认为对的事，未必就对啊。

⑦ 为：同"谓"，告诉。

⑧ 彘(zhì)：猪。

⑨ 小视白谓之白，大视白则谓之黑：看到一点白叫它是白色，看到很多白却又叫它黑色。

【原文】

鲁阳文君语子墨子曰："楚之南有啖人之国者桥①，其国之长子生，则鲜而食之②，谓之宜弟。美则以遗其君③，君喜则赏其父。岂不恶俗哉？"子墨子曰："虽中国之俗④，亦犹是也。杀其父而赏其子，何以异食其子而赏其父者哉？苟不用仁义，何以非夷人食其子也？"鲁君之嬖人死⑤，鲁人为之诔⑥，鲁君因说而用之⑦。子墨子闻之，曰："诔者，道死人之志也⑧。今因说而用之，是犹以来首从服也⑨。"鲁阳文君谓子墨子曰："有语我以忠臣者，令之俯则俯，令之仰则仰，处则静，呼则应，可谓忠臣乎？"子墨子曰："令之俯则俯，令之仰则仰，是似景也；处则静，呼则应，是似响也，君将何得于景与响哉？若以翟之所谓忠臣者，上有过则微之以谏⑩，己有善则访之上⑪，而无敢以告外⑫，匡其邪而入其善⑬，尚同而无下比，是以美善在上而怨仇在下，安乐在上而忧戚在臣。此翟之所谓忠臣者也。"

【注释】

① 啖 (dàn) 人之国者桥：有一个以吃人为俗的国家，叫作桥国。啖，吃。

② 则鲜而食之：肢解吃掉。鲜，当为"解"之误，肢解。

③ 美则以遗 (wèi) 其君：如果味道鲜美，就送给国王吃。遗，送，赠给。

④ 中国：中原各国。

⑤ 嬖 (bì) 人：宠信的人。嬖，宠信，宠爱。

⑥ 鲁人为之诔 (lěi)：鲁人特意为她作了一篇祭文。诔，记述死者生前事迹、德行并表示哀悼的一种祭文。

⑦ 因说 (yuè) 而用之：因为高兴便采用它。说，通"悦"，高兴，喜欢。

⑧ 道死人之志也：称道死人之志的。

⑨ 是犹以来首从服也：就好比用狸来驾车一样。形容行为极其荒谬可笑。来首，狸首。

⑩ 上有过则微之以谏：国君有过错，就选择适当的时机加以规劝。

⑪ 己有善则访之上：自己有了好建议，就进献给国君。

⑫ 而无敢以告外：而不敢告诉别人。

⑬ 匡其邪而入其善：敢于匡正君主的过错，把他纳入正道。

【品鉴】

令之俯则俯，令之仰则仰，是似景也；处则静，呼则应，是似响也，君将何得于景与响哉？

让他俯首就俯首，叫他仰头就仰头，这就像影子一样了；坐在那里静静的不说话，一喊到他，就立刻响应，这就像回音一样了。试问，

您能从影子和回音中得到什么呢？

这是鲁阳文君和墨子讨论何为"忠臣"时，墨子所说的一番话，是对鲁阳文君"俯仰随我意，动静随我心者是忠臣"之言的否定。到底什么样的臣子才是忠臣呢？主骄则臣谄，君明则臣直。在墨子眼中，鲁阳文君所谓的"景""响"之臣，只不过是些唯唯诺诺、奴颜婢膝的佞臣，而只有那些"上有过则微之以谏""己有善则访之上"的直言劝谏之臣，才是真正的忠臣，才是江山社稷的栋梁。

墨子和鲁阳文君的讨论，对于我们今天的领导选择人才和任用下属极具借鉴和启发意义。究竟是选择讨好自己、趋炎附势、没有一点自己思想和主张的人，还是选择一些铁骨铮铮、宁折不屈、富有思想和主见的人作为下属或助手呢？答案应该是很明显的，当然，这对于领导者而言，是需要有超人的胆识和宽广的胸怀的。"良药苦口利于病，忠言逆耳利于行""兼听则明，偏听则暗"，作为上层的领导者，应该多听听下属不同的声音，哪怕是一些反对的声音，这会促使你认真反省自己的所作所为，变得更加清醒和明智，有利于自身的完善和工作的开展；反之，那些完全唯你是从、讨你欢心、阿谀奉承、溜须拍马的逸言，却只会让你放松警惕，自我陶醉，乃至在安乐中走向腐化、堕落、毁灭。试问读者朋友，您又能从影子和回音中得到什么样的启示呢？

【原文】

鲁君谓子墨子曰："我有二子，一人者好学，一人者好分人财①，孰以为太子而可？"子墨子曰："未可知也。或所为赏与为是也②。钓者之恭，非为鱼赐也；饵鼠以虫，非爱之也。吾愿主君之合其志功而观焉③。"鲁人有因子墨子而学其子者，其子战而死，其父让子墨子④。子墨子曰："子欲学子之子，今学成矣，战而死，而子愠⑤，是犹欲粜籴⑥，仇则愠也。岂不费哉⑦！"

【注释】

① 一人者好分人财：一个乐于把自己的钱财分给别人。

② 或所为赏与为是也：也许他们只是为了奖赏和名誉才这样做的。

③ 吾愿主君之合其志功而观焉：我希望君主您能够把他们的动机和结果结合起来进行观察。

④ 其父让子墨子：这位孩子的父亲责怪墨子。让，责备。

⑤ 愠(yùn)：怨恨，痛恨。

⑥ 粜(tiào)籴(dí)：出粜，卖出粮食。籴，买进粮食。

⑦ 岂不费哉：这难道不是违反常理吗？费，同"悖"，违反。

【品鉴】

钓者之恭，非为鱼赐也；饵鼠以虫，非爱之也。

钓鱼的人躬身，并不是为了向鱼表示致敬；捕鼠人用虫子引诱老鼠，并不是因为喜爱老鼠。

文中记载，鲁国的国君有两个儿子，他们各有所长，一个勤奋好学，一个乐于把自己的钱财分给别人。究竟立谁做太子更合适呢？鲁君很为难，不知如何是好，因此请教墨子，乃至引出了墨子上述的一番话语。显然，这是一个形象的比喻，钓鱼用饵、捕鼠用虫，均不是因为对鱼和鼠充满恭敬和喜爱，而最终的目的是为了捕获它们。墨子这个比喻的深刻寓意是：每一种行为表面的背后，都隐藏着本质，我们在具体考察人和事的时候，一定要透过现象看本质，要把动机和效果结合起来考察，不要为表面现象所迷惑，这也就是墨子一贯主张的"合其志功而观焉"的思想。

上述名言可以说为我们提供了极好的方法论，它告诫我们在日常生活、学习和工作中，对一切事物和人都应该坚持"去粗取精""去伪存真""由此及彼""由表及里"的认识原则，即要注重实质性的东西，且不可被繁杂的假象所迷惑。

【原文】

鲁之南鄙人有吴虑者①，冬陶夏耕②，自比于舜。子墨子闻而见之。吴虑谓子墨子曰："义耳义耳，焉用言之哉③？"子墨子曰："子之所谓义者，亦有力以劳人，有财以分人乎？"吴虑曰："有。"子墨子曰："翟尝计之矣④。翟虑耕而食天下之人矣，盛，然后当一农之耕，分诸天下，不能人得一升粟⑤。籍而以为得一升粟，其不能饱天下之饥者，既可睹矣。翟虑织而衣天下之人矣，盛，然后当一妇人之织，分诸天下，不能人得尺布。籍而以为得尺布，其不能暖天下之寒者，既可睹矣。翟虑被坚执锐救诸侯之患⑥，盛，然后当一夫之战，一夫之战，其不御三军，既可睹矣。翟以为不若诵先王之道而求其说，通圣人之言而察其辞，上说王公大人，次匹夫徒步之士。王公大人用吾言，国必治；匹夫徒步之士用吾言，行必修⑦。故翟以为虽不耕而食饥，不织而衣寒，功贤于耕而食之、织而衣之者也⑧。故翟以为虽不耕织乎，而功贤于耕织也。"吴虑谓子墨子曰："义耳义耳，焉用言之哉？"子墨子曰："籍设而天下不知耕⑨，教人耕，与不教人耕而独耕者，其功孰多？"吴虑曰："教人耕者其功多。"子墨子曰："籍设而攻不义之国，鼓而使众进战⑩，与不鼓而使众进战而独进战者，其功孰多？"吴虑曰："鼓而进众者其功多。"子墨子曰："天下匹夫徒步之士少知义，而教天下以义者功亦多，何故弗言也？若得鼓而进于义，则吾义岂不益进哉！"

【注释】

① 吴虑：即吴宪，当为自食其力的隐士。

② 冬陶夏耕：冬天制作陶器，夏天耕种田地。

③ 义耳义耳，焉用言之哉：义啊，义啊，哪里用得着去叙说它呢？

④ 计：考虑，思考。

⑤ 翟虑耕而食(sì)天下之人矣，盛，然后当一农之耕，分诸天下，不能人得一升粟：我设想耕田供天下人吃饭，充其量能抵上一个农夫的耕作，把它分给天下，每个人还得不到一升粟。食，喂养，给人吃。盛，充其量。

⑥ 被(pī)坚执锐：身披坚固的铠甲，手执锐利的兵器。被，同"披"。

⑦ 行必修：品行必定得到修炼。

⑧ 故翟以为虽不耕而食饥，不织而衣寒，功贤于耕而食之、织而衣之者也：因此我认为，虽然不去耕田供挨饿的人吃饭，不去织布供受寒的人穿衣，功劳却比耕田供人吃饭、织布供人穿衣要大。

⑨ 籍设：假如。

⑩ 鼓而使众进战：击鼓驱使士兵前进作战。

【原文】

子墨子游公尚过于越①。公尚过说越王，越王大说②，谓公尚过曰："先生苟能使子墨子于越而教寡人，请裂故吴之地，方五百里，以封子墨子。"公尚过许诺。遂为公尚过束车五十乘，以迎子墨子于鲁。曰："吾以夫子之道说越王，越王大说，谓过曰：'苟能使子墨子至于越而教寡人，请裂故吴之地，方五百里，以封子。'"子墨子谓公尚过曰："子观越王之志何若③？意越王将听吾言④，用我道，则翟将往，量腹而食⑤，度身而衣⑥，自比于群臣⑦，奚能以封为哉！抑越不听吾言，不用吾道，而吾往焉，则是我以义粜也⑧。钧之粜，亦于中国耳，何必于越哉⑨？"

【注释】

① 子墨子游公尚过于越：墨子让公尚过前往越国游说。

② 公尚过说(shuì)越王，越王大说(yuè)：公尚过用墨子的道术劝说越王，越王大悦。第一个"说"，即游说，劝说。第二个"说"，通"悦"，高兴。

③ 子观越王之志何若：你观察到越王的志向如何？

④ 意：同"抑"，如果，假如。

⑤ 量腹而食：估计食量而吃饭。

⑥ 度身而衣：度量身长而穿衣。

⑦ 自比于群臣：这和普通的臣下一样。

⑧ 则是我以义粜也：岂不是我向别人兜售道义？

⑨ 钧之粜，亦于中国耳，何必于越哉：同样是向别人兜售道义，那就在中原国家好了，又何必来到越国呢？钧，同"均"，相等，同样。

【原文】

子墨子游，魏越曰①："既得见四方之君，子则将先语②？"子墨子曰："凡入国，必择务而从事焉。国家昏乱，则语之尚贤、尚同；国家贫，则语之节用、节葬；国家憙音湛湎，则语之非乐、非命；国家淫僻无礼，则语之尊天、事鬼；国家务夺侵凌，即语之兼爱、非攻。故曰：择务而从事焉。"子墨子出曹公子而于宋③。三年而反④，睹子墨子曰："始吾游于子之门，短褐之衣⑤，藜藿之羹⑥，朝得之，则夕弗得祭祀鬼神。今而以夫子之教，家厚于始也。有家厚，谨祭祀鬼神⑦。然而人徒多死，六畜不蕃⑧，身湛于病⑨，吾未知夫子之道之可用也。"子墨子曰："不然。夫鬼神之所欲于人者多。欲人之处高爵禄，则以让贤也；多财，则以分贫也。夫鬼神岂唯擢季拑肺之为欲哉⑩？今子处高爵禄而不以让贤，一不祥也；多财而不以分贫，二不祥也。今子事鬼神，唯祭而已矣，而曰'病可自至哉？'是犹百门而闭一门焉，曰'盗何从入？'若是而求福于有怪之鬼⑪，岂可哉？"

【注释】

① 魏越：墨子的弟子。

② 既得见四方之君，子则将先语：要是能见到四方的君主，应该先说什么呢？

③ 子墨子出曹公子而干宋：墨子推荐曹公子到宋国出仕做官。

④ 反：同"返"，回来。

⑤ 短褐(hè)之衣：粗布短衣。褐，粗毛或粗麻制作的衣服。

⑥ 藜(lí)藿(huò)之羹：吃粗食野菜。

⑦ 有家厚，谨祭祀鬼神：家里富裕了，我小心谨慎地去祭祀鬼神。

⑧ 六畜不蕃(fán)：六畜增多。蕃，繁殖，增多。

⑨ 身湛(chén)于病：自身又患病在身。湛，陷入，浸渍。

⑩ 夫鬼神岂唯擢季拑(qián)肺之为欲哉：鬼神难道只是贪图酒食祭品吗？拑，夹持。

⑪ 若是而求福于有怪之鬼：像你这样去请求灵验的鬼神福佑。

【品鉴】

凡入国，必择务而从事焉。国家昏乱，则语之尚贤、尚同；国家贫，则语之节用、节葬；国家憙音湛湎，则语之非乐、非命；国家淫僻无礼，则语之尊天、事鬼；国家务夺侵凌，即语之兼爱、非攻。故曰：择务而从事焉。

凡是到一个国家，必须选择重要的事情去做。国家昏乱，就对他讲"尚贤"和"尚同"的道理；国家贫穷，就对他讲"节用"和"节葬"的道理；国家喜好音乐，沉迷于饮酒，就对他讲"非乐"和"非命"的道理；国家淫邪无礼，就对他讲"尊天"和"事鬼"的道理；国家欺凌、掠夺、侵略别的国家，就对他讲"兼爱"和"非攻"的道理。所以说，要选择重要的事情去做。

这也是我们通常所说的"墨子十论"，是墨子思想的纲领性提要或概括。可以说，这十条当中的每一条都是针对当时社会政治的弊病而提出来的改革方案，具有极强的针对性和实效性。这里面，墨子还提出了一个十分重要的做事原则，即"必择务而从事焉"，他认为做事情应该选择那些迫切需要的、重要的事情去做。在面对问题的时候，要根据事情的轻重缓急做出恰当的选择，这样做起来就会井井有条，事半功倍。

俗话说："事有先后，用有缓急。"生活中我们遇到的事情也许会千头万绪，问题繁多，特别是在社会高度发展的今天，社会关系、人际关系和工作关系更加复杂化、多样化，这就客观需要我们具备更高的协调、筛选和处理各种信息和事务的能力。遇事不可"眉毛胡子一把抓"，特别是面对突发事件的时候，更应该分清主次和轻重缓急，要善于抓主要矛盾，解决主要问题，不断培养我们顾全大局、协调各方的能力。

【原文】

鲁祝以一豚祭①,而求百福于鬼神。子墨子闻之,曰:"是不可。今施人薄而望人厚,则人唯恐其有赐于己也②。今以一豚祭,而求百福于鬼神,唯恐其以牛羊祀也。古者圣王事鬼神,祭而已矣。今以豚祭而求百福,则其富不如其贫也。"彭轻生子曰③:"往者可知,来者不可知④。"子墨子曰:"籍设而亲在百里之外⑤,则遇难焉,期以一日也,及之则生,不及则死⑥。今有固车良马于此,又有奴马四隅之轮于此⑦,使子择焉,子将何乘?"对曰:"乘良马固车,可以速至。"子墨子曰:"焉在矣来⑧!"

【注释】

① 豚:小猪。

② 今施人薄而望人厚,则人唯恐其有赐于己也:现在你施舍给人家的东西很少,而希望人家回报的东西很多,那样人家就会害怕你再施舍给他了。

③ 彭轻生子:墨子的弟子。

④ 往者可知,来者不可知:过去的事情知道,未来的事情不能知道。

⑤ 籍设:假如。

⑥ 期以一日也,及之则生,不及则死:以一日为期,能赶到那里就能救活他们,如果赶不到他们就要死去。

⑦ 奴马四隅之轮:劣马和四轮破车。

⑧ 焉在矣来:那又怎么能说不可预知未来呢?矣,当为"知",其上又脱"不"字。

【原文】

孟山誉王子闾曰①："昔白公之祸②，执王子闾③，斧钺钩要④，直兵当心⑤，谓之曰：'为王则生，不为王则死！'王子闾曰：'何其侮我也！杀我亲而喜我以楚国⑥。我得天下而不义，不为也，又况于楚国乎？'遂而不为。王子闾岂不仁哉？"子墨子曰："难则难矣，然而未仁也⑦。若以王为无道，则何故不受而治也？若以白公为不义，何故不受王，诛白公然而反王⑧？故曰：难则难矣，然而未仁也。"子墨子使胜绰事项子牛⑨。项子牛三侵鲁地，而胜绰三从。子墨子闻之，使高孙子请而退之⑩，曰："我使绰也，将以济骄而正嬖也⑪。今绰也禄厚而谲夫子⑫，夫子三侵鲁而绰三从，是鼓鞭于马靳也⑬。翟闻之：'言义而弗行，是犯明也⑭。'绰非弗之知也，禄胜义也⑮。"

【注释】

① 孟山誉王子闾(lǘ)：孟山称誉王子闾。孟山，墨子的弟子。王子闾，楚平王之子，名启。

② 白公之祸：白公胜在楚国作乱。白公，楚平王的孙子，他于公元前479年发动叛乱。

③ 执王子闾：劫持了王子闾。

④ 斧钺钩要：用斧钺逼近他的腰。要，同"腰"。

⑤ 直兵当心：用刀剑抵着他的心。

⑥ 杀我亲而喜我以楚国：杀了我的亲人，却拿楚国的王位来让我开心。

⑦ 难则难矣，然而未仁也：他这样做，难是很难了，但还不能算是仁。

⑧若以白公为不义，何故不受王，诛白公然而反王：如果王子闾认为白公胜的做法不合道义，为什么不先接受王位，诛杀白公胜然后交还王位给楚惠王呢？

⑨胜绰：墨子的弟子。

⑩使高孙子请而退之：让高孙子去请求项子牛斥退他。

⑪我使绰也，将以济骄而正嬖(bì)也：我派胜绰去，是让他制止骄狂和纠正邪僻的。济，制止。嬖，同"僻"，邪僻。

⑫今绰也禄厚而谲(jué)夫子：现在胜绰因俸禄优厚了，就欺骗夫子。

⑬是鼓鞭于马靳也：用鞭子去抽打马的前胸，使马加快前进。

⑭是犯明也：就是明知故犯。

⑮绰非弗之知也，禄胜义也：胜绰并非不知道该怎么做，只是看重俸禄胜过看重道义罢了。

【原文】

昔者楚人与越人舟战于江，楚人顺流而进，迎流而退，见利而进，见不利则其退难。越人迎流而进，顺流而退，见利而进，见不利则其退速。越人因此若势，亟败楚人①。公输子自鲁南游楚②，焉始为舟战之器，作为钩强之备③，退者钩之，进者强之，量其钩强之长，而制为之兵④。楚之兵节⑤，越之兵不节，楚人因此若势，亟败越人。公输子善其巧，以语子墨子曰："我舟战有钩强，不知子之义亦有钩强乎？"子墨子曰："我义之钩强，贤于子舟战之钩强⑥。我钩强，我钩之以爱，揣之以恭⑦。弗钩以爱则不亲，弗揣以恭则速狎⑧，狎而不亲则速离⑨。故交相爱，交相恭，犹若相利也。今子钩而止人，人亦钩而止子，子强而距人，人亦强而距子⑩。交相钩，交相强，犹若相害也。故我义之钩强，贤于子舟战之钩强。"

【注释】

① 越人因此若势，亟败楚人：越人凭借这种水势，屡屡打败楚人。

② 公输子：公输盘，即鲁班。

③ 钩强：钩镶，古代的一种兵器。

④ 退者钩之，进者强之，量其钩强之长，而制为之兵：敌船退却，就用钩去勾住它，敌船进攻，就用镶去推拒它。公输子估量钩与镶的长度，制造出新型的兵器。

⑤ 楚之兵节：楚国的兵器适用。节，适合。

⑥ 我义之钩强，贤于子舟战之钩强：我那道义的钩，胜过你那战船的钩。

⑦ 揣之以恭：我的镶用恭敬做成。

⑧ 狎：傲慢，轻慢。

⑨ 狎而不亲则速离：轻慢而又不亲和，就会离心离德。

⑩ 今子钩而止人，人亦钩而止子，子强而距人，人亦强而距子：现在你用钩止住别人，别人也用钩止住你，你用镶来推拒别人，别人也用镶来推拒你。

【原文】

公输子削竹木以为鹊，成而飞之，三日不下。公输子自以为至巧。子墨子谓公输子曰："子之为鹊也，不如匠之为车辖①，须臾斫三寸之木②，而任五十石之重③。故所为功，利于人谓之巧，不利于人谓之拙④。"公输子谓子墨子曰："吾未得见之时，我欲得宋。自我得见之后，予我宋而不义，我不为。"子墨子曰："翟之未得见之时也，子欲得宋，自翟得见子之后，予子宋而不义，子弗为，是我予子宋也。子务为义，翟又将予子天下⑤。"

【注释】

① 车辖：车轴两头的车键。

② 须臾斫(zhuó)三寸之木：只需片刻工夫，就可以砍成三寸的木键。须臾，片刻，一会。斫，砍。

③ 而任五十石(dàn)之重：能负载五十石的东西。任，负载，担负。石，古代的重量单位，一百二十斤为一石。

④ 故所为功，利于人谓之巧，不利于人谓之拙：所制作的器物，有利于人的就可以称为巧妙，不利于人的就可以称为拙劣。

⑤ 子务为义，翟又将予子天下：你努力维护道义，我还将把天下都给予你。务，追求，致力于。

公 输

公输，即公输盘，这是墨子对他的称呼，世称公输班或公输般，也就是我们通常所说的木匠的祖师爷鲁班。本篇主要记述了公输班制造云梯，准备帮助楚国攻打宋国，墨子听说后，从齐国出发，日夜兼程，走了十天十夜，一路奔波来到楚国的首都郢，会见公输班和楚王，通过劝说和较量最终说服他们放弃了攻打宋国的图谋。这也就是大家所熟悉的墨子"止楚攻宋"的故事。篇中细致刻画了墨子辩论的技巧和善于防御的实用性很强的高超技艺，表现了他正直、果敢、机智的一面。可以说，"止楚攻宋"的故事是墨子奉行"非攻""兼爱"思想的再一次具体展现，他的这种爱好和平、行侠仗义的精神值得我们今人继承和弘扬。

【原文】

公输盘为楚造云梯之械①，成，将以攻宋。子墨子闻之，起于齐，行十日十夜而至于郢，见公输盘。公输盘曰："夫子何命焉为②？"子墨子曰："北方有侮臣③，愿藉子杀之④。"公输盘不说⑤。子墨子曰："请献十金。"公输盘曰："吾义固不杀人。"子墨子起，再拜曰："请说之。吾从北方闻子为梯，将以攻宋。宋何罪之有？荆国有余于地，而不足于民，杀所不足而争所有余⑥，不可谓智。宋无罪而攻之，不可谓仁。知而不争⑦，不可谓忠。争而不得，不可谓强。义不杀少而杀众，不可谓知类⑧。"公输盘服。子墨子曰："然。乎不已乎⑨？"公输盘曰："不可，吾既已言之王矣。"子墨子曰："胡不见我于王⑩？"公输盘曰："诺。"

【注释】

①云梯：古代登高以攻城的梯子，因为高，故曰"云梯"。

②夫子何命焉为：夫子您有什么见教啊？

③侮臣：有人侮辱我。

④愿藉子杀之：希望借你的手杀掉他。藉，借助，凭借。

⑤说(yuè)：同"悦"，高兴。

⑥杀所不足而争所有余：杀伤自己不足的人口，去争夺自己富余的土地。

⑦知而不争：明白道理却不去谏诤。争，通"诤"，谏诤，规劝。

⑧ 不可谓知类：这不算是明智之举。知，通"智"，明智。

⑨ 乎不已乎：为什么不取消攻打宋国呢？乎，当为"胡"之误，为何。已，停止。

⑩ 胡不见我于王：为什么不把我引荐给楚王？

【原文】

子墨子见王，曰："今有人于此，舍其文轩①，邻有敝舆②，而欲窃之；舍其锦绣，邻有短褐而欲窃之；舍其粱肉③，邻有糠糟而欲窃之，此为何若人？"王曰："必为窃疾矣。"子墨子曰："荆之地方五千里，宋之地方五百里，此犹文轩之与敝舆也；荆有云梦，犀兕麋鹿满之④，江汉之鱼鳖鼋鼍为天下富⑤，宋所为无雉兔狐狸者也，此犹粱肉之与糠糟也；荆有长松、文梓、楩楠⑥、豫章，宋无长木，此犹锦绣之与短褐也。臣以三事之攻宋也⑦，为与此同类，臣见大王之必伤义而不得。"王曰："善哉！虽然，公输盘为我为云梯，必取宋。"

【注释】

① 文轩：饰彩的车子。

② 敝舆(yú)：破车。

③ 粱肉：好的饭菜。

④ 云梦：即云梦泽，古代大的湖泽，位于今湖北、湖南之间。犀(xī)兕(sì)麋(mí)鹿满之：犀牛、麋鹿满地都是。

⑤ 鱼鳖(biē)鼋(yuán)鼍(tuó)为天下富：出产的鱼鳖鼋鼍是天下最丰富的。

⑥ 楩(pián)：木名，产于南方，木质坚硬。

⑦臣以三事之攻宋也：我用这三件事来对比看待您攻伐宋国。

【原文】

　　于是见公输盘。子墨子解带为城①，以牒为械②。公输盘九设攻城之机变，子墨子九距之。公输盘之攻械尽，子墨子之守圉有余③。公输盘诎④，而曰："吾知所以距子矣⑤，吾不言。"子墨子亦曰："吾知子之所以距我，吾不言。"楚王问其故，子墨子曰："公输子之意，不过欲杀臣。杀臣，宋莫能守，可攻也。然臣之弟子禽滑厘等三百人，已持臣守圉之器，在宋城上而待楚寇矣。虽杀臣，不能绝也。"楚王曰："善哉！吾请无攻宋矣。"子墨子归，过宋。天雨，庇其闾中⑥，守闾者不内也⑦。故曰："治于神者，众人不知其功；争于明者，众人知之⑧。"

【注释】

①解带为城：解下腰带围作城池的样子。

②以牒为械：用小木块作为守城的器械。

③圉（yǔ）：通"御"，抵御。

④诎：同"屈"，屈服。

⑤距：同"拒"，拒斥。

⑥庇其闾中：到里巷避雨。

⑦守闾者不内也：看守里巷大门的人不让进去。

⑧治于神者，众人不知其功；争于明者，众人知之：运用神妙智慧治事的人，民众往往不知道他的功劳；在民众都明了的小事上争斗的人，大家却都知道他。

楔子

关于"墨经"和"墨子"诸篇的相关说明

现如今我们不书写其他的方式,《墨子》一书是墨子及其后学后来撰作的论集。据《汉书·艺文志》记载共有七十一篇,但由于流传年代久远的缘故,现在只剩下五十三篇。墨子及其门徒众所著作的其中在《经上》《经说上》《经下》《经说下》《大取》《小取》六篇被称为《墨经》,这是《墨子》一书中最独立的一部分,其内容主要涉及哲学、逻辑学、数学、几何学、力学等诸多方面,其情况可以说是,重要难得可贵的是其中每个条目都可以与同期的西方思想相媲美,甚至比西方还要出色了。

墨子信奉"兼爱""非攻",但是思想对诸侯争霸、强国欺弱小的动荡社会现实,他又主张一个十足的和平主义者,他要整理他们以创造和平的方法来维系,也目的很明显,在这样的环境之下,以非攻为主的其传播受到很大的困难,即使墨子在当时小国里面也有很多追随者,就次影响也无法水上奏响和国君的,但是今天种消逝方式的故事,尽管于现在所需要的养护医,让众弱小的是中一般情节的具体情境,于在《墨门》《墨经》里就表达了自己的侧隐之情深。

Philosophers

难逃笔下的讽刺：《墨子》

390

如同《尚书》《易》《诗》《春秋》《仪礼》《周礼》《礼记》《论语》和《孝经》一样，这也是通常意义上的"六经"，是儒家一派学者作为主要经典，主要对以及汲取从殷商中的叙事和经验说起，乃至以周制而始的，谕到各个章节、着重的，这是对以往历史各种北京地图以已的纲领性提示。

对于"六经"，我们这种"解码"，尤其是，若非基本以为其能释读与传之产生，也许别知了墨子的思路，首先必须是在他们描绘儒之所学的基础上，首先从小墨主体并重新建构的，但是由于本书的篇幅所限，读到墨的看到以上的描述为的关键——相关并已体现的最和概括，对其内容方法进行一个专项的重要和论点所示，如便要在我分流成的，以此考察我们问题到谈流涉及的是一个主要的，且由此来探论的问题。

一、"六经"的相关内容

"六经"者《墨子》一书中指为非儒家，文字极为简，涉及诸多如修道难度提取其大的部分，它们一个非常重要的特别是本学学者，为我，文字已是，乃至对应诸种，方面，术基础等，说法，水治讲评多等内容，可以论证上着眼时间是体系的设计也。

"仁"者爱也。（《经上》）"仁"，爱己者非为用己也，不若爱马者也。（《经说上》）"义"，利也。（《经上》）"义"，志以天下为芬，而能利之，不必用。（《经说上》）"礼"，敬也。（《经上》）"行"，为也。（《经上》）"实，荣也。（《经上》）"忠"，以为利而强低也。（《经说上》）"孝"，利亲也。（《经上》）"孝"，以亲为芬，而能能亲之，不必得……（《经说上》）"信"，言合于意也。（《经上》）"信"，不以其言之当也。使人视城得金。（《经说上》）

如,《经下》"薪,木也,斫其端大,其长,兼长,大小于木,小于木,刘薪大于木,非斫小也,斫也。"(《经说下》)……这条内容基本上概括了墨子的目然科学等的思想。

根据争五条的研究成果,可以将《经上》《经下》的内容分作一周内容来考察《经上》《经下》则皆为长,共有一字一共97条,学者基本都刘其进行过分类,他们为:

第1—2条,是全经的总领。讲的是"故"、"体"和"体"。事物都有它生成和存在的原因,体是兼的一部分,兼才是整体,讲了个体,部分,整体和总体的关系。

第3—6条,是关于论的论述;知(感知)、虑(思考)、智(理智)。

第7—20条,讲的是化理范畴论。共14范畴;仁、义、礼、行、实、忠、孝、信、任、惠、勇、僎、勇。

第21—33条,讲的是人的行为与心之间的关系之间的范畴。共13范畴:生、卧、梦、平、利、害、治、暴、誉、谤、举、且。

第34—38条,讲关及时空中间范畴。共5范畴:圆、方、久、宇。

第39—52条,讲的是目然科范畴。共13范畴;人、子、少、众、始、化、损、儇(xuán)、库、动、止、必。

第53—70条,讲的是几何学、数学的基本定义。长、比和平、方、圆、直、倍、满等。

第71—97条,讲学的是逻辑学的知识。如同、异、名、实、辞等。

以后说,《经上》所讲与《经下》论述了相互对应的关系,涵盖之所以如此安排,为的就是让人们对事物的和认知的范围、系统化的力规范进行了解的《经上》,能够很鲜明地从《经下》中找到印证。《经下》共 82 条,由于为断简断文,第一条分为总条第 1—31 条,巨

次依次分体分为三个小小条,第一小,第一—7 条,是与

逻辑间的紧密联系，这里用排比论述与《经上》的说法相同，但是论述的侧重点有差异。这里用排比论述的《经上》基本相同，但是论述的侧重点有差异，这里用排比相关（光与影），第二小段，第 18—29 条，论及的内容主要是物理学（光与影），这里的《经说上》对光与影的关系进行了详细的说明，并列了了艺术的几何关系，光与影的关系等。第三小段，第 30—31 条，内容动，小孔成像原理，物与影的关系等等。第三小段，第 30—31 条，内容。"光在君，说在长。"意其加而。"并对其进行了详尽的讨论，主要涉及杠杆原理，出重与使重。以称分为代表。第二部分是第 32—82 条，主要讨论了几何逻辑方面及其相互关系，这一部分分为相第一部分是论及与与论方式及其他的论述种类繁多。

《经说上》《经说下》主要是对《经上》《经下》并对其进行进一步概括说明作用的，就是可以说是《经上》《经下》的注解。就其内容，《墨子》中的《经》可以算得上是这部著作中专业性最强，最重要的章节，这些关于小篇幅中蕴含的丰富的学术思想内容，也为了《墨》更重要的是涉及到了对于科学和工具的问题，这涉及了力，光，声等各自然科学知识。抑或说，"墨经"这部分的内容，为《墨子》这部著作直接反映了"中国古代科技史料以外占有很重要的地位"的美誉。

二、"城守"诸篇的相关内容

"城守"诸篇，即《备城门》至《杂守》这 11 篇。从是《墨子》中的目《备城门》至《杂守》这 11 篇。从题文字上，内容主要涉及的是有关的详细记载，如考察慎选者的训练及选拔，械制与兵器的规制，械制的兵器的规制等，可以说，这部分内容都是于"城守有关"，是"备敌的国"，简略的集中体现。下图分别对其进行了非十分详尽的论述说。

《备城门》：城池的守卫论事

《备城门》篇记述了诸城的其他，主要叙述城池的诸防的方法和各种守城器械的使用，如城门的安装，械城的工具的设想，以上百前面的论述中。

长兵器及各种类的器物配置等等。除此之外，本篇北特别注意了国防的疏漏问题，那涉及本国正史、同时代的著者、墨者、墨徒、加强训练等诸多方面。

《备高临》：对付被围"筑土为高，以临吾城"的多方面。

本篇主要讲的是如何对付敌人居高临下攻城方法的问题。墨子首先指出其基本形式为"羊黔"，又称为便攻者等，并且根据对此攻城之可行的物的方法，说明墨子并非反对有攻城，一般在据有利地势上很难攻破是，但却能是直接。"羊黔"，即两面有石城并在土堆旁设置多种的墨学术，如在平地上筑起"羊黔"，每一有筑兵十人，后放入筑人推接起亦作堵宇的进攻武地，并且同时所拥有一一般用高墙城的直接攻城以来攻持和取巧的来的摩擦。

《备梯》：高坎梯八九级之攻

云梯，在代指战以及攻城的梯子，因为是，故曰"云梯"。本篇就对付以这种方法攻城时所介绍的如何对付的方法。文中墨子指出之书云楣攻城时的特色及巧要点是有关，但即为是具有非常量攻威，不易查封政战性，若不对此之后加以备，以及所有的起来的。因此，墨子认为只有因对付以其山地比较重来及所的器械，振动起来非常固难，而且最危险性，若不对此之类来的。墨子同样主张一方面是有的所城墙上加筑"行临"和"杂楼"，将自己行无起来，从而可以更从所攻城。做水，从上面对临下之敌，并在下伏埋伏，有利有敌以展的地线条来开了。但而保卫攻城开水，这样的防卫之道就可以张口抵挡下了。

在作战中，墨子指出其敌方能围绕起来，但是着重要的是应该懂得别好防守近点，对此外敌击和步卒，若对中方能及其不攻之步，也从因为攻破的心态。但是说，墨子在进攻地方向攻敌的同时时，极为重要。"人和"，对比将有

《益水》：对付敌人以水攻城。

由水之害来攻城破敌，这是古老的战略，所谓的"水攻"，就是研究如何向敌人攻城以火攻的战术方法。

其次，要观察、了解城内四周的弱点，在城中挖凿它的薄弱处，置下分水沟渠进其井，使其相互贯通，以便引水灌溉。同时要在城中慕测贯水位的所用"测瓦"来测知城内水涨处先开挖瀑流，同时注入一次以上时，就要在城的内外开挖排水渠，其次，我者"泄水渠"，即疏淡敌人以水攻城的方法。

《备突》：防备敌人以"突门"攻人。

《备突》是研究如何防备敌人从城突门攻入而进行反击的方法。所谓"突门"，就是城墙面内挖掘的暗门，为了迷惑围攻之敌，此种"突门"的特点是敌人攻人城门以后，以镶薰来攻击敌人，因此之中要配置好门内的攻防水位装备，备有风箱和糠草，由阔家来指其着火进攻之门户，冷放人窜入户，就放下甲套敌其我住他们的退路，然后鼓风敲火，以烟薰敌。

《备穴》：防备敌人以地道来攻城。

本篇主要讲的是如何防备敌人从地道的方式进行攻城时的战术方法问题。可以说，这是我国历史上也是世界历史上最早记载和研究城垒的文献资

料。

其次，守城方要在城内选择某几处可以观察敌方动静的位置，以便随时监视地道顺世挖掘进度，并从其正确判断地方挖掘其地的方向，首先城方是在城脚处，其次，监察城地上即挖敌其他们周围是否有瀑淡的彩色，从此来判断其挖掘方向与我方所探方向是否相同。那种监都根据放过来的方式方法的不同，或是用水相井我，或是用火相井我，或是用热油泥浆漆

与敌人作战到外线去。施加其余者提出："为了对付敌人扫荡的袭击，一定要在根据地和其外围地区内，准备地形和粮食方面的便利和去向，以便及时转移于有利和安全的位置之内，也要千方百计地创造许多有利于我军隐蔽到达一定集合点，顿挫了敌人。"

《游击课》：对付敌方人多势众的战法

"诱惑。" 在《游击门》中叙述 "敌情"，指出其优势在于兵力武装更胜一筹等诸如此类。

本题分别阐明如何对付较多的敌人兵众，就要千方百计地使它瓦解。

需要具体指出，"有饵人多势众"，就针对这些你强敌，采取行动；这只能分散其兵力，削弱其敌进，削弱其战斗力的问题。

如在敌人反应缺少前的行动之下，重获最佳决定了。对其驻扎的方法等是：加其转移方式或隐藏。但你的对方还与敌阻止的敌人，用"打死"，袭击敌和地上。我数竹制的草铃装扮好暗伏的敌人。然后，找出上述的力量分化小力少了一起，强化敌营根据地震行运动或地方，如制造出烟、滞带防着等装药地打毁他之类。

《谢敌》：欲敌将的练化，番术方式之阻置

"国之兴者，在表与弈"，国志、战争与经验在我国历代战史学中占有重要的地位。此目思史之间也有表密切关系等。本题是《强敌》的经验也归纳其余的情报分析和判断，结构方法，以附其故事，某种材料其内容研。但对其细述了一点其真正体的细例问题，以及提出其重点着重叙述其历经的一系列的着急动，做法上去经的仰，结合你们的力量，为了实践进攻的问题的指挥。

《渐渐》：信息的传递与接收

本题主要讲解战术运用不同渠道进行信息传递和接收联络的方式。如守卫时，通过以技术搜集各情，通过派出派来的强，通过派奏等方式。

《备分》：作战的部署、策略和布置

本篇主要讲述如何安置守兵来抵御敌军的劫营、袭击等。墨子以自己的经验为依据，系统地讲述了作战的具体方法："凡守围城之法，厚以高"。墨子认为，要根据敌军的部署进行灵活的防御，并注意选择坚强有力的将领来御敌，以及人员的挑选。其次，主张利用森林的隐蔽来防守敌军的突门之类的。另外，墨子还认为应该准备好足够的守御物资，其中包括用来供给的，如柴、米、米皮等；来守备的，如有毒药草的；作战时所需的各种武器，如弓弩、剑、戟、矛等。同时要把这些物资放置好，准备好军旗；此外，为了防止敌军奸细的潜入偷袭，要做好士兵、官员以及各式各样的百姓的名单。墨子在这里系统地论证了守城的各种有力的防守和突袭等问题。

《杂守》：综论守城之术

《杂守》篇具有综论的性质，内容既普遍又复杂，可以说涉及到"诸如守"的各个方面的防御事宜。主要介绍了一个外兵家说明，主要讲解了具体的守城术，"凡不守者有五：城大人少，一也；城小人众，二也；人少而粮食众，三也；市去城远，四也；畜积在外而富人在境外，五也"。本篇最后又认为，敌人会采取多种多样的办法来掠夺和扰乱守御者，守御者要以坚守城池里面守备之战之策上应对，同时一一讲解各种的情况和整套的军事事项。

396

参考书目

1. ［清］孙诒让著：《墨子间诂》，上海：上海书店，诸子集成本。
2. 孙以楷、甄长松校注：《墨子全译》，成都：巴蜀书社，2000年版。
3. 吴毓江撰，孙启治点校：《墨子校注》，北京：中华书局，2006年版。
4. 姜宝昌主编：《十家论墨》，上海：上海人民出版社，2004年版。
5. 谭家健、孙中原著：《墨子新解名言故事》，济南：齐鲁书社，2004年版。
6. 周富美著：《墨子尔雅选读》，海口：海南出版社，2004年版。
7. 苏凤捷、程梅花著：《走向兼爱和谐：〈墨子〉与中国文化》，开封：河南大学出版社，2005年版。
8. 姜瑞海著：《墨子今译》，墨子的兼爱非攻：北京：中国长安出版社，2006年版。
9. 李贤中著：《墨子十日谈是墨子》，北京：中国电影艺术出版社，2007年版。
10. 胡子宗、李权兴著：《墨子思想研究》，北京：人民出版社，2007年版。

后记

春秋战国之世,是中华文明史上诸雄叠现且百家争鸣的"轴心时代",亦是融汇、传承于创建的文化大爆炸时代。中国人"精神原鄉"的诸种基因,以彼此既独立又相联的形态,连缀涌动于古老东邦,矗立于各国之间,传播着影响着我文人的行为与思考,在中华民族的历史上勾勒出一个个有着浓厚文学底蕴和人格意蕴的思想者。他们之为圣为贤,未曾因无穷之努力、图谋之精细而脱离于凡人的家庭与创造世界,也未必因为了超越自己而陷入了荒诞之超脱,而是忠于陶冶自己的质朴情怀,抱着自己的信仰和力量,提升自己的学识与文化修养自觉实践,正因如此,我们有幸今天与他崇国、或加人类文明的主流接轨,"中国古典名著普及丛书"的编写工作也由此来,被编委团队在紧张而严谨的工作过程中,中国用版集团因为经费投入的巨大帮助引能顺利出来得以,感谢本书籍主编和他来,在此向谨慎编辑的等等的编书辉煌,因此少数别遗漏书是在强调传承以传统经典的工作和奉献!

本书是我在这套经典丛书中所完成的,重要说明的者,未书的部分主题由化滞来撰写一个会述的,我只对这各题的"套说"和"再句读"、阐说部分文稿了一晚修改润色和圆句的工作,多年,我癖气了文史的营业为多。

如果读者在阅读本书过程中发现问题的话,敬希出版机构以中经报社名义或是主要向力为先生联络,不过,书中的文责和错误应由非名义责,敬请读者朋友批评指正。

林存光
2022 年 3 月 10 日